朝鮮人特攻兵の記憶・言説・実像

他者の特攻

山口隆
Yamaguchi Takashi

社会評論社

はじめに

記憶すべきは終わりではなく始まりである。一九三一年九月一八日、中国東北部の柳条湖で、日本軍は満鉄の線路を爆破し、一五年にわたる戦争を開始した。

中国側の仕業だと伝えられた柳条湖事件（満州事変）は、日本の社会を一変させることになり、戦争熱が一気に高まった。デモクラシーは消滅し、新聞や雑誌は中国への制裁を求め、人々は熱気を持って出動する部隊を見送り、募金を集め、神社に勝利を祈願した。

国民の支持がなければ戦争を行えず、国民の支持があれば戦線を拡大できた。やがてアジアだけでなく、欧米をも敵にすることによって、日本は世界から孤立した。しかし、被害者意識を強めた多くの国民は、更なる戦いを求めた。始まりがあれば終わりがある。玉砕から特攻、そして住民を巻き込んだ沖縄戦が行われた。「本土決戦」が叫ばれ、本土でも沖縄のような地上戦を戦うことが目指されたが、原爆投下後、「国体護持」と引き換えに、天皇と軍部は降伏を認めた。

一五年にわたるアジア太平洋戦争は、日本にとっては、対アジア戦争と対英米戦争という二つの側面を持っていた。はじめに対アジア戦争があって、その延長線上に対英米戦争が行われ、その間もアジアでの戦争は継続していた。対英米戦争は、帝国主義国（日本）と帝国主義国（英米）が覇権を争った戦争であり、ファシズム（日本、ドイツなど）と反ファシズム（英米など）との争いという多面性を持っていた。しかし、対アジア戦争は、朝鮮、中国をはじめとするアジアを支配しようとした、日本の侵略戦争以外のなにものでもなかった。仕掛けたのは日本であり、戦場の大部分はアジアであった。

ところが、戦後の日本社会には、「先の戦争は英米帝国主義からアジアを解放するための正義の戦争であり、侵略ではない」とする言説が存在した。この説は、「侵略と認めれば日本人の誇りに傷がつく」からと、戦争を総体として「正しいもの」と肯定しながら、アジアでの日本軍の残虐行為や、自軍兵士の死の大半が戦闘によるものではなく餓死であったことなど、都合の悪いことは忘却した。

しかし、国民の統合（ナショナル・アイデンティティの構築）に有用とされるもの、例えば、「特攻」などは忘却することなく生かされ、神話化が図られた。特攻は若者が命と引き換えに行った特別な行為であり、その死は崇高なもので、「祖国のための尊い犠牲」であるのだから、特攻で死んだ者に感謝を捧げなければならないとし、「慰霊」よりも「顕彰」が求められた。

ここにおいて特攻は、戦争とは切り離され、民族的な自尊心を満足させる「物語」として語られることになる。この「物語」は、過去を美しく飾るだけでなく、「個」を重要視する現代社会を批判する形で、「個」よりも「公」を優先させるよう求め、個人が全体のために犠牲になることが美しいとされる社会を提示する。その裡には、「祖国のために死ぬこと」の意義を自覚させ、将来的な「殉国」に繋げようとする意図が見え隠れしているように、特攻の「物語」は過去－現在－未来を貫く問題性をはらんでいる。

いうまでもなく、特攻は戦争行為そのものであり、アジア太平洋戦争を構成する一部分であった。だから、戦争の歴史的評価と、特攻という行為の歴史的評価は不可分的に結びついていた。しかし、戦争と特攻を切り離してしまうことで、実態の解明に蓋をして、実効性や組織の問題性を不問にした。さらに、特攻を「した者」を讃えることで、「させた者」の存在と、その責任を消し去ることに成功した。その結果、「特攻を否定することは、特攻で死んだ若者を冒瀆することになる」と、死者を楯にした「させた者」の側の自己弁護がまかり通ることになる。

このような特攻評価を再検証しながら、冒頭で述べた歴史認識に基づいて、戦争の歴史的評価と、特攻の歴史的評価を一体のものとして捉えて、〝歴史としての特攻〟を考えるのが、本書の第一の目的である。

この特攻で死んだ将兵の中に朝鮮人がいた。なぜに、朝鮮人が特攻で死ななければならなかったのか。

周知のように、日本は朝鮮、台湾を植民地として支配した。このため日本は、日本人はもとより朝鮮人も総力戦体制に組み込み、一九三八年に志願兵制をつくり、一九四四年には徴兵制を施行して、朝鮮人を戦争にかりたてていった。朝鮮人特攻戦死者はその結果の一つであった。

日本による植民地支配がなかったら、日本がアジア太平洋戦争を引き起こさなかったなら、朝鮮人は日本の戦争で傷つくこともなければ、死ぬこともなかった。戦傷し、戦死した朝鮮人は「戦争の犠牲者」であることはもちろんであるが、同時に「植民地支配の犠牲者」でもあり、二重の被害者であった（台湾人の場合についても同様のことがいえるが、特攻で死んだ台湾人がいたのかどうか不明なので、本書では朝鮮人だけを取り上げる。また、朝鮮民主主義人民共和国の状況は不明であることから割愛している）。

戦闘で死んだり、玉砕を命じられたり、輸送途中に海に沈んだりした朝鮮人兵士や軍属が、戦争と植民地支配の「被害者」であるならば、特攻で死んだ朝鮮人も同じ「被害者」であった。しかし、戦後、日本の一部と韓国の一部の双方から「特別」に扱われることによって、朝鮮人特攻戦死者は「被害者」とは規定されない状況に置かれている。

特攻を崇高な行為と考える一部の日本人は、特攻で死んだ者はすべて賞賛しなければならないとし、朝鮮人特攻戦死者も「朝鮮人であるのに、日本のために命を捧げた讃えるべき人物」であり、「勇敢なる特攻戦士の一人」であると主張し、日本人特攻戦死者と一緒に顕彰を行っている。

これは、朝鮮人特攻戦死者本人は無論、遺族の了解も得ていない行為である。植民地の支配者であり加害者でもあった日本人が、承諾を得ないまま被害者である朝鮮人を日本人と同列で讃えれば、彼らは被害者になりきることができず、加害者側の一員になってしまうだろう。

一部日本人のかかる行為は、戦争から特攻行為を切り離すだけでなく、加害と被害の関係を無視することによって、植民地支配とそれによる被害をも捨象することになる。


朝鮮を支配した日本は、朝鮮人を他者として認めず、「日本人になる」よう強制し、自らの価値観を押し付けた。そのため、朝鮮人は固有の民族性を否認され、人格を否定された。日本の敗戦で植民地支配が終わり、朝鮮人は民族性を回復し、個々人は尊厳を奪還した。にもかかわらず、植民地支配の被害者であり、戦争の被害者である朝鮮人特攻戦死者を、日本人の側が、「彼らは日本のために死んだ」と勝手に解釈し、賞賛し、抱擁したまま離そうとしないのは、回復された朝鮮人の民族性と個々人が奪還した尊厳を否定することになる。

「支配した側の死者」と「支配された側の死者」は同じではない。したがって、朝鮮人を日本人と一緒に顕彰する行為は、朝鮮人特攻戦死者に対して、依然として植民地支配を続けているのと同じになる。


韓国においては、戦後のかなりの間、日本の戦争に動員されて死亡した韓国人は、日本に協力した「親日派」とされ、批判的に捉えられていた。しかし、民主化の進展によって、彼らは日本の戦争による犠牲者であると位置づけられ、立法処置により、名誉の回復と補償がなされるようになった。

ところが、特攻戦死者に関しては、その社会的評価は従前の評価と変化することなく、いまなお、

「日本の戦争に積極的に協力した対日協力者＝親日派」とされている。強制的に動員されたのではなく、「志願して特攻した」という、「志願」の点が重視され、その結果、自ら主体的に日本のために死を選んだと解されることによるものと思われる。

加えて、韓国で制定された「親日派」に関する法律が、朝鮮人特攻戦死者の評価に影響していることも無視できない。韓国では、一九九〇年代から法律を媒介に「過去清算」が開始され、政府の委員会によって一八の「過去事（歴史的事件）」の真相糾明が行われている。これらは未来を語る上で避けては通れない作業だと認識されたもので、封印されてきた国家犯罪の解明を主たる目的とした。それは、事件の真相を明らかにするだけでなく、被害者へ補償を行い、名誉を回復させ、明らかになった事実を社会として記憶しようとする「歴史の見直し」作業であった。

二〇〇四年に成立した「日帝強占下親日反民族行為真相糾明法」は、この流れを構成する一つであり、本法律の目的は一九〇四年から一九四五年までの間に、日本による植民地統治に協力した者（親日行為者）を特定することにあった。特定するためには、親日行為とは何かを規定する必要があり、列記されている項目の中に、「日本軍の少尉以上の将校で、侵略戦争に積極的に協力した者」とする一項があった。

日本軍は朝鮮人が特攻によって死亡した場合、二～四階級特進させることを行った。彼らは、これによって全員が将校になっている。この昇進は、特攻の成果を宣伝し、後に続くことを促すために実施した政策的な「栄誉」であり、彼らは生前、将校としての役割など担わなかった。しかし、韓国においてはこの規定が存在することから、朝鮮人特攻戦死者は「反民族行為者」であるというイメージが強固になる可能性がある。

「日帝強占下親日反民族行為真相糾明法」が、その目的のために一定の基準を設け、これに従い親日行為者を特定することは何ら批判されるべきものではなく、至極当然のことである。また、日本軍の将校になったか否かを基準にする方法も、政治的な駆け引きがあったにせよ、特段に問題を含むものではない。しかしながら、朝鮮人特攻兵の問題を踏まえて本法律を考えると、死後に少尉に昇進したことや、形式的に将校であったことをもって、親日反民族行為者の形式的基準にすることは妥当ではない。朝鮮人特攻戦死者の全員が自動的にこの形式的基準に該当することになるからである。

本法律による親日反民族行為者の最終的判断基準が、「侵略戦争に積極的に協力した者」であるとしても、まず形式的な判断基準をもって一次的な選択を行うことになり、ここで終われば判断が確定することになってしまう。そうしないためにも個々の実態を調査して、最終的判断基準と照合することが必要不可欠な作業となる。

二〇一〇年二月、韓国政府の調査委員会は、朝鮮人特攻戦死者の一人、パクトンフン(朴東薫)の遺族に対して、彼は「生前は将校ではなかった」ことを理由に、「被害者」であると認定した。当然の判断である。しかし、生前から「将校」であった学徒兵は、委員会認定の論理からすると「被害者」と認めてもらうことができなくなる。彼らは、以前は学生であり、職業軍人ではなかったこと、生前は名ばかりの将校であったことを考慮すべきではないだろうか。

朝鮮人特攻戦死者は、韓国では社会的に受け入れられず、法律によって被害者になることができない構造にあることから、行き場がない状況にある。一方、日本では、一部の日本人によって顕彰され、加害者の仲間にされ、結果的に「特攻の価値を高める」ために利用されている状況にある。

この事態を打開するためには、まず、日本人の側が朝鮮人特攻戦死者を他者であると認め、包摂と支配から解き放たなければならず、韓国社会が、彼らを被害者と認め、受け入れることが必要となる。

本書は、朝鮮人特攻戦死者に関する日本人側のことを問題にし、いまだに日本に囚われの状態にある朝鮮人特攻戦死者をつなぎ止めている〝鎖〟を断つことを主たる目的とする。

そのためには「史実」とされていることを疑い、できうるかぎり実態に近づかなければならない。だから考察の重点は日本の側の歴史と現状分析になることはいうまでもないが、この問題は一国で完結することはできないので、韓国側の動向も視野に入れつつ分析を行うことにする。

分析の手始めとして、まず、「特攻は何を目的に行われたのか」を考える必要があり、「志願」という文言に込められた意味内容とその内実を明確にすることが要請される。さらに、これらの作業と同時並行的に、朝鮮人特攻戦死者、個々人の「生」を見つめつつ、その「死」の実相に迫り、彼らは、なぜ死ななければならなかったのかを解明することができれば、一部の日本人が勝手につくり上げた朝鮮人特攻戦死者の虚像を解体し、実像に迫ることができるのではないかと考える。

しかし、そのためには乗り越えるべき問題が二つ存在する。

第一の問題点は、特攻戦死の概念が曖昧であったことである。「何をもって特攻戦死とするのか」明確な基準が存在しなかったことから生じる問題である。一般的には、軍上層部が体当りしたと認定すれば、「証明書」が出され、特攻戦死者として扱われ、二階級特進した。だが、認定に際し、「海軍は甘く、陸軍は厳しかった」といわれているように、正確な基準に基づく判断がなされていたわけではなく、判断はかなり恣意的に行われていたということができよう。また、日本軍には「大本営発表」という負けを勝ちと言い換え、戦果を過大に発表した事実があったことも踏まえなければならない。

かくして、「特攻により戦死した」とされる史実そのものを、疑念を持って見つめなければならず、特攻戦死の真偽の検証から始めなければならないことになる。この場合に留意されるべきことは、日本人特攻戦死者と朝鮮人特攻戦死者とでは、一般的に、その死は正反対に位置づけられることである。日本人の側に見られる一般的な傾向は、特攻戦死ではないとする軍の発表が納得できないので、各部隊の生存者や遺族らが独自の調査を行い、「軍は認めていないが、○○は特攻で死んだ」と主張するそれである。こうした行為の裡には、特攻戦死を名誉とする意識があり、この名誉から排除されるのは許しがたいという怒りがある。

朝鮮人の場合は、逆に、特攻戦死であることを疑い、特攻戦死ではなかったことを証明することができれば、死者の名誉は回復され、遺族に安らぎをもたらすことになる。

第二の問題は氏名の問題である。植民地支配を受けた朝鮮人は、創氏改名により本来の姓名ではなく、日本名（日本式の姓名）を使用するよう強制された。崔貞根《チェジョングン》が高山昇《たかやまのぼる》というように。

日本名を強要された朝鮮人が戦死した場合、日本軍は、戦死者名簿に日本名で載せたため、史料や名簿上からだけでは、当該戦死者が朝鮮人であるのか否かを把握することはできない。だから、遺族がいなくなってしまった朝鮮人戦死者の場合などは、本名不明のまま（誰だか判らないまま）、歴史の闇に葬り去られかねない状況にある。

当該戦死者が朝鮮人であることを特定するためには戸籍の確認が必要となる。日本は、朝鮮人を日本に同化させるために強力なシステムを構築したが、戸籍だけは区別し、移動を認めなかった。よって朝鮮戸籍と特攻戦死者の名簿を照合すれば、問題は解決するが、これは私人のなしえることではない（個人情報保護の問題もあることから、これは公的機関の作業を待つしかない）。

このように、朝鮮人特攻戦死者とされている者であっても、まず、その者が本当に朝鮮人であるのかを確認しなければならず、次に、特攻で死んだということの真偽の検証が不可欠だということになる。

こうしたことから、本書では、遺族の存在が明らかになっている、すなわち朝鮮人であることが確定している五人を検証することにする。五人は、少年兵（少年飛行兵学校）、学徒兵（特別操縦見習士官）、職業軍人（士官学校）という三つのルートを通って飛行機の操縦者になった。三つのルートは、「植民地支配」と「戦争の時代」という、回避することのできない制約の中で強いられた選択であった。

この選択の結果、被抑圧民族が抑圧民族のために戦うことになり、死ななければならないことになった。彼らは「何のために戦い」、「誰のために死ぬのか」と自問し、苦悩し、「意識」と「存在」の矛盾に引き裂かれそうになる。そこに「散華」などという美学はない。

特攻に関する多くの刊行物が、特攻を「美しくも悲しいもの」とし、特攻兵を「死を恐れぬ英雄」として描いているが、本書では、感傷と誇張に満ちた物語を排して、時代背景を重視し、史料と客観的な状況とをつき合わせて、実態により近づくよう試みた。

植民地支配をした側の人間にとって、された側の痛み、葛藤、苦悩、圧迫感などのすべてを把握し、理解することは不可能だが、できうる限り、「自分自身がその立場だったら」という想像力で他者を見つめ、歴史を見つめることが必要だと考える。そのためには、「理解したとの思い込み」を避けるとともに、具体的な人間像から出発することが重要となるのではないだろうか。

こうした観点から、本書の構成は、ケース・スタディの間に一般論を挟み込む形をとっている。メインとなるのはケース・スタディ（第一、三、五、七章）であり、一般論（第二、四、六章）はその参考として読んでいただきたい。

＊ 本書では「特攻兵」としているが、朝鮮人特攻戦死者は、死後、二〜四階級特進して将校になっているので、正確にいうと「将」であり「兵」ではない。しかし、生前は「将」ではない者や、「将」とは名ばかりの形式的「将」がほとんどだったので、あえて「特攻兵」と表記した。このことは、韓国政府の

委員会が、「過去清算」において親日行為者の定義を「少尉（将校）以上の者」としたことにもかかわるので、「兵」にこだわった。

なお、日本軍は、最後まで空軍をつくらず、陸・海軍がそれぞれ航空部隊を持ち、別々の飛行機を製造し、別々に運用していた。朝鮮人特攻戦死者がいたのは陸軍のみとされていることから、「将」と「兵」の関係は、陸軍における地位関係で考えた。

＊名前の表記について。朝鮮人は、一九四〇年の創氏改名から一九四五年までは日本名を名乗るよう強要されていた。だから、日本名を前に書き、後ろに本名を書く順、例えば、「高山昇（崔貞根）」とするのが歴史的呼称になる。本書では、他者性と本来の名前を尊重する意味で、本名を前にし、その後ろに日本名を書いて、「崔貞根（高山昇）」というように表記した。

なお、創氏改名の時期が個人によって異なるので、この表記方法は日本軍に入隊させられた時点からとした。それ以外は、「チェジョングン（崔貞根）」と表記した。

＊国名、地名は歴史的表記である。

＊敬称は省略したので、あらかじめ失礼をお詫びしておきたい。

他者の特攻＊目次

第二章・特攻は何を目的に行われたのか――71

第三章・日本からの「逃亡」——金尚弼（結城尚弼）の計画——129

第一章・「失郷民」のアリラン――卓庚鉉（光山文博）の沈黙

朝鮮人特攻兵で最も知られている人物、それが卓庚鉉（光山文博）であることに異論はないだろう。朝鮮人特攻兵は数が少ないうえに、日本名で日本兵の中に入れられ、他者性が隠されてしまっている中で、「光山文博」の名前はいくつもの文献に登場し、映画のモデルにもなっている。

卓庚鉉（光山文博）を取り上げる日本人の多くは、「朝鮮人である」ことと、「若くして特攻戦死した」という二重の悲劇を背負った人物として彼を描いている。これに、出撃の前夜に涙ながらにアリランをうたったというエピソードが加えられ、悲劇性はさらに高められている。悲劇は同情を生み、同情は事実を融解する。

本章では、彼は、誰に対してアリランをうたったのかを先ず問題にしたい。日本人の側が彼をどのように理解し、その結果、どのような像をつくり上げたのかを明らかにするためであるが、有名な割には彼の肉声や実像はあまり聞こえてこないし、見えてもこない。

1・知覧の富屋食堂

卓庚鉉（光山文博）の名を知らしめたのは、特攻基地があった知覧町（鹿児島県南九州市）で富屋食堂を営んでいた鳥浜トメが、孤独な特攻兵、卓庚鉉（光山文博）の世話をし、その彼が出撃の前夜にアリランをうたったというエピソードを語り続けたことによる。

鳥浜トメは、食糧事情が悪かった当時にあっても、富屋食堂に来る特攻兵に食事を提供し、よく面倒をみたことから「特攻おばさん」と呼ばれていた。戦後も、特攻戦死者の遺族を捜し求め、捜し出した遺族に、戦死した特攻兵が知覧基地にいたときの様子を伝えるなどしていた。しかし、卓庚鉉（光山文博）の遺族は見つけられず、彼の遺品を遺族に届けることができなかったことを悔いながら、彼女は一九九二年に八九歳で亡くなった。

跡を継ぐようにして特攻の語り部となったのが娘の赤羽礼子で、彼女は戦時中（一四歳の高等女学生のとき）に勤労動員され、特攻兵の宿舎で掃除や洗濯をした経験を持つ。戦後、結婚した彼女は、東京で居酒屋を経営しながら、特攻兵のことや母親のことを語り続けていた。

赤羽礼子が韓国のテレビで取り上げられたのをきっかけに、卓庚鉉（光山文博）の遺族と連絡がとれ、二〇〇二年に彼女は韓国に行き、遠縁（従兄の孫）のタクソンス（卓成洙）と会い、遺品を渡している（「日韓感涙SP・特攻隊の母がアリランに流した…奇跡の涙」二〇〇二年四月一〇日、日本テレビ系列で放映）。

卓庚鉉（光山文博）はテレビだけでなく、多くの本でも取り上げられている。中でも、アリランをうたうシーンについては、『日本交響楽・完結編』と『ホタル帰る』が詳しく紹介している。また、彼は映画『ホタル』（二〇〇一年）のモデルとされ、特攻映画『俺は、君のためにこそ死ににいく』（二〇〇七年）でも彼がアリランをうたうシーンが挿入されている[1]。

このように、卓庚鉉（光山文博）はかなり知られた存在であるのに、アリランをうたう以外に彼の肉声は聞こえてこない。後述する金尚弼（結城尚弼）の場合は、「何のために死ぬのか」と苦悩する姿が、兄の証言によって明らかになっているのに比べてみると大きな違いである。彼の周囲には、彼の〝思い〟を伝えようとする親族や知人はいなかったように見える。

だから、彼の人物像は、日本人の都合の良いように解釈され「悲劇の主人公」として同情を集めるだけでなく、一部からは、「朝鮮人であるのに日本のために命を捧げた人物」と賞賛され、「アリラン特攻」として、特攻の物語を美しく粉飾する一人にさせられている。

2・知覧から鉾田へ

タクキョンヒョン（卓庚鉉）は京都府の京都薬学専門学校（現、京都薬科大学）を一九四三年九月に卒業したと思われる。当時の大学・高等専門学校（高専校）は三年制だが、薬専は四年制であったためか、文献によって卒業年次が違っている。九月卒業だから繰上げ卒業になり、これは学生を早く戦地に送るためのもので、卒業と同時に徴兵検査が待っていたことから、一九四三年九月に卒業し、一〇月に、新しい制度である「陸軍特別操縦見習士官」（以下、特操という）に応募し、合格したとみてよいだろう。

特操は、一九四三年九月卒業の大学・高専校生を対象にし、飛行機の操縦者を短期間で養成しようとする制度(2)で、なぜ、彼がこれに応募したのか、その所以は明らかになっていない。

おそらく、高学歴者を対象にした特操の制度ができたことを知り、どうせ徴兵されて軍隊に入らなければならないのだから、最下級の兵士から出発するよりも、この制度では、一年半後には確実に将校になれることから（戦況の悪化により、実際には一年で将校に昇進した）、徴兵よりも有利と思ったからではないだろうか。軍隊内の日常的な暴力から逃れるためには、軍人として出世するしかなく、一挙に八階級も飛び越え、将校になれる特操は魅力的であり、日本人学生も多数応募していた。

フィリピンで最初の体当り攻撃が行われたのは、卓庚鉉（光山文博）が特操に入隊した次の年からである。したがって、彼は、操縦者になることが特攻要員になることに繋がるなどとは想像もせず、戦争の長期化と徴兵制の中で、軍隊内で自己に加えられるであろう差別と暴力から、どのようにしたら逃れることができるのかを考えた末での決断であったと推測できる。

この時、軍上層部は人間を兵器にする体当り攻撃を検討してはいたが、まだ公にしておらず、中国戦線や南太平洋での戦況の悪化も国民に知らされることなく、大本営は華々しく虚偽の勝利を報じていた。

一九四三年一〇月、特操一期生となった卓庚鉉（光山文博）は、第五航空軍知覧教育隊に配属され、三〇〇人の同期生とともに鹿児島県の知覧基地で基礎訓練を受けた。この時、彼は富屋食堂に通い、経営者の鳥浜トメと知り合ったとされている。

知覧での九ヶ月間の基礎訓練を終えた彼は、一九四四年七月、栃木県宇都宮市の教育隊に配属になり、次いで茨城県の鉾田基地に移り訓練に入った。やがて海軍がフィリピンで体当り攻撃を開始、陸軍でも後れてはならないと特攻隊が編成されることになった。

一九四四年一〇月、陸軍最初の特攻隊として、鉾田基地で万朶《ばんだ》隊が、静岡県の浜松基地で富嶽《ふがく》隊が編成された。当時、鉾田基地は、体当り作戦は戦力を消耗するだけで効果はないとして強く反対していた。軍上層部は、陸軍最初の特攻隊の編成を、この鉾田基地に命じた。そして、反対の急先鋒であった岩本益臣（大尉）が隊長に指名された。

反対した者が真っ先に特攻に出される現実を、同じ鉾田基地にいた卓庚鉉（光山文博）も知っていたはずで、軍上層部によるこの決定について、彼がどう思っていたのかについても表には出てこない。

3・二度目の知覧

一九四五年三月、卓庚鉉（光山文博）は三重県の明野教導飛行師団に配属になり、第六航空軍に編入された。第六航空軍は沖縄戦に対応するために新しくつくられた陸軍の航空部隊で、特攻隊を中心に編成されていた。

同年三月二九日、知覧基地に移動した彼は、再び富屋食堂を訪れ、特攻要員になったことを鳥浜トメに告げた。知覧はすでに特攻基地になっており、全国から特攻兵が集結していた。

四月一日、アメリカ軍が沖縄本島に上陸。六日からは陸軍の第一次航空総攻撃（海軍は菊水一号作戦）が始まり、陸・海軍合わせて三〇〇の特攻機が沖縄に向けて飛び立った。

五月四日、沖縄を守備する第三二軍は最後の総攻撃に出たが、アメリカ軍の反撃に遭遇し、押し戻された。

五月七日、ナチス・ドイツが無条件降伏。アメリカのトルーマン大統領は日本に対して降伏を勧告したが、天皇と政府は「戦争遂行」を決定。沖縄の三二軍が陸上での総攻撃に失敗したことによって沖縄戦の大勢が決まった中、彼に出撃命令が出た。

五月一〇日、最後の夜に、卓庚鉉（光山文博）は富屋食堂を訪れ、アリランの歌をうたったとされている。

五月一一日、第七次航空総攻撃の一員となった彼は、知覧を出発した。飛び立った特攻機は約八〇機で、機体不良で引き返す飛行機のほうが多く、結局、飛び続けたのは三五機だけだった。特攻機として多くの老朽機が使われた。軍上層部は満足な飛行機を与えないで、エンジントラブルなどで引き返してきた隊員を「不忠者」「臆病者」とののしり、振武寮[3]に収容、隔離した。

しかしながら、生と死だけに限定して考えるならば、機体不良の飛行機にめぐり合った特攻兵は生きる可能性を得たことになる。この日出撃した半数以上がそれを得たのに、卓庚鉉（光山文博）の飛行機は、まともに飛ぶことができた三五機の中に入っていた。

4・『ホタル帰る』

戦後、鳥浜トメは卓庚鉉（光山文博）の遺族を捜して遺品を渡そうと、NHKのラジオ番組「尋ね人」[4]で、全国に呼びかけたが名乗り出る者はいなかった。

鳥浜トメの死後、娘の赤羽礼子が、母親の遺志を受け継いで、テレビカメラとともに韓国に渡り、遺族（従兄の孫）に遺品を渡したことは先に述べたが、この赤羽礼子の口述を石井宏がまとめたものが『ホタル帰る』であった。

『ホタル帰る』では、卓庚鉉（光山文博）は鳥浜トメに対して、「最初から『ぼくは朝鮮人です』と言っていた。元の名前を卓庚鉉という」「というわけで友だちも少なく、一人ぼっちでいることが多かったので、トメは特別に気をつかった」としている。出撃の前夜に彼がアリランをうたう場面は次のように描かれている。

「小母ちゃん、いよいよ明日出撃なんだ」とボソリと言った。

「長い間いろいろありがとう。小母ちゃんのようないい人は見たことがないよ。おれ、ここにいると朝鮮人ていうことを忘れそうになるんだ。でも、おれは朝鮮人なんだ。長いあいだ、ほんとうに親身になって世話してもらってありがとう。実の親にも及ばないほどだ」

「そんなことはないよ。何もしてやれなかった」

トメはそっと目頭を押さえた。

「小母ちゃん、歌を歌ってもいいかな」

「まあ、光山さん、あんたが歌うの」

トメは驚いた。光山はいつも孤独だから、飛行学校の生徒だったときも、皆と一緒になって高歌放吟するようなことはなかったし、今回、特攻隊になって戻ってきてからも、光山は一度も歌ったことがなかったからである。

「小母ちゃん、今夜は歌いたいんだ。歌ってもいいかい」

「いいわよ、どうぞ、どうぞ」

「じゃ、おれの国の歌を歌うからな」

光山は離れの一間の床柱を背にしてあぐらをかいて坐ると、かぶっていた戦闘帽のひさしをぐいと下げた。光山の眼がそのひさしの下に隠れた。トメと二人の娘は彼のすぐ横に正座した。しばらく瞑想していた光山は、突然びっくりするような大きな声で歌いだした。
アリラン　アリラン　アラリヨ　アリラン峠を越えてゆく
わたしを捨てて去く人は　十里も行かずに足が痛む
この歌はトメたちも知っていたので、一緒になって歌った。光山の調子は、聞いたこともないほど悲痛なものであった。ゆっくりと、しぼり出すように歌っている。一緒になって歌っているうちに、トメも娘たちも悲しくなって、歌はそっちのけで、わあわあ泣き出してしまった。
（赤羽礼子・石井宏『ホタル帰る』二〇〇一年・草思社・一三三、一三四頁）

彼は最初から朝鮮人であると告げ、いつも孤独だった。だから鳥浜トメらはかわいそうに思い、親身になって世話をした。出撃の前夜、彼は富屋食堂に行き、一人で、鳥浜トメと娘の前でアリランをうたった。それは悲痛な歌で、トメも娘たちも泣き出した、というのが要点になる。

さらに、『ホタル帰る』では、彼の悲劇性を増すために「母の死」が加えられている。「礼子たちは何十年も経ってから知ることになる。光山の母親がその前の年の暮れに亡くなっていたのだった」。「多くの朝鮮人が苦労を重ねたように、光山の母も辛酸をなめたに違いない。そのなかで、息子が日本人にバカにされないようにと学歴をつけさせてくれたのであろう」、その「母親が死んだという知らせを受けたときの光山の心の打撃はいかばかりであったろうか。光山が特攻を志願したことと、母親の死とは関係ないとはいえないであろう。だが、このとき富屋では、ひときわ淋しげな光山の表情の意味を知る者はいなかったし、光山も語ろうとしなかった[5]」と、鳥浜トメらは知らなかったが、読者には判るようにして、「祖国を失い、母を失った孤独な朝鮮人青年が、悲しげにアリランをうたい、死んでいった」という物語を提示している。

5・『日本交響楽』

『ホタル帰る』は二〇〇一年の上梓だが、最初に卓庚鉉（光山文博）のことを活字にしたのは、一九五七年に『遺族』を書いた高木俊朗だと考える。しかし、そこにはアリランをうたう場面は出てこない。

アリランをうたうエピソードを最初に紹介したのは、一九八四年に、豊田穣が書いた長編『日本交響楽・完結編』ではないかと思われる。この本はフィクション（歴史小説）の部類に入るもので、豊田穣は、「韓国人特攻に死す——光山文博大尉の突入」とする章を設けて詳しく紹介している。

『日本交響楽』によると、京都薬専に入った光山文博は、軍事教練に熱心に取り組んだので、配属将校から陸軍士官学校を受験して将校になることを勧められた。そのことを母親に話すと「日本人のための戦争で、お前の命を落とすことはない」と反対される。卒業と同時に特操の募集が始まり、「陸軍将校になりたいという根強い願望があったので」応募した。両親は相変わらず反対したが、「朝鮮人は皆、自分の生活だけを考えて、日本の国ということを考えない。だから馬鹿にされるんだよ。俺たちが毎日生活できるのも、天皇陛下の御蔭だよ。飛行機の操縦を志願する以上、戦死は覚悟だよ。一人くらい飛行機で、天皇陛下のために戦死する朝鮮人がいてもいいんじゃないか」と押し切った。知覧基地で基礎訓練を受け、よく殴られたが、「軍隊らしくピリッとして体が引き締まる」と思った。その後、鉾田基地に移動し、ここの岩本大尉が陸軍で最初の特攻となった。光山文博は特攻を志願するかどうか迷った。母親が病気だったからだった。その母親が「お国のために捧げた体だから、十分にご奉公するように」といって亡くなったので、「迷いの雲が晴れた」彼は、特攻を志願した。ところが、「朝鮮人を特攻に出すということになると、いかにも日本人がいないように思われる」から却下された。彼は「私が特攻に行っても突入しないで、敵に投降することを心配しているのか」「では、私に監視の戦果確認機をつけてください」と覚悟を述べることで特攻隊員になることができた。

要約するとこうなるが、いうまでもなく、これは卓庚鉉（光山文博）自身の言葉によるものではない。著者の豊田穣は巻末で、「光山文博大尉の事績に関しては、光山稔氏（大村市在住）の戦後の調査を参考にしました(6)」と書いていることから、光山稔が調べた彼の生い立ちを、豊田穣が肉付けしたことになる（光山稔については本章12項参照）。

ここでは、日本が朝鮮を植民地支配していた時代と何ら変わることのない日本人の意識が綴られており、豊田穣にとっては、戦後三九年という時間の経過も、民主化もまったく関係なかったようである。朝鮮人の他者性は無視され、朝鮮人の誰もが日本人の側が求めた同化の論理を受け入れ、日本人になろうとしているかのように描いている。どれだけ差別されても（朝鮮人は信用できないから特攻隊員にはしないといわれても）、日本人として認めるよう懇願する朝鮮人の姿は、日本人にとって極めて都合の良い朝鮮人像であり、結果として日本人の立場はいつまでも支配者の側にあり、安泰であることになる。

ここには他民族を支配し、抑圧し、苦痛を与え、個々人の人格を否定し、尊厳を傷つけたという意識はなく、朝鮮人に対する日本人の優越意識だけが行間から溢れ出ている。また、軍隊の暴力についても「体が引き締まる」と肯定し、殴る側からしか見ていない。このような本なのだが、最後の夜にアリランをうたう場面は次のようになっている。

「おい、最後の晩だ、陽気にやろうぜ」

少量の芋焼酎に頬を赤くした一人が、「同期の桜」を歌うと、光山の同期生の野島が、「燃える大空」を歌った。こうして一人ずつ歌って、光山の番になった。

「おい、光山、お前も歌えよ。お前の歌は聞いたことがないぞ」野島がそう催促すると、少しはにかんだ後、「では俺の故郷の歌を歌うぞ」

立ち上がった光山は、「アリラン、アリラン、アラリヨ……」と歌い始めた。細いがいい声である。「私を捨てていく君は、十里も行けず、足が痛む……」

光山がそう歌い終わった時、隊員一同はほーっと溜息をついた。光山が朝鮮系であることを、彼らはこの時初めて知ったのである。とめさんも驚いた。何かいわくがあるとは察していたが、朝鮮系であるとは気付かなかった。（略）

「そうかね、光山さん、おはん、半島の出身じゃったとかね。いろいろと辛いこともあったとじゃろうね」とめさんは光山の肩を抱かんばかりにして、涙を流した。やっと出生を打ち明けてくれた時が、もう別れの時であった。

「小母さん、長い間お世話になりました」と光山がいうと、

「水臭い、お母さんと呼ぶがよか」ととめさんは言った。

「ではお母さん、これは俺がお世話になったささやかなお礼です。受取ってください」といって、光山は朝鮮の布地で織った財布を取り出し、その裏に「贈　鳥浜とめ殿　光山文博少尉」と書いた。

(豊田穣『日本交響楽・完結編』一九八四年・講談社・一九九〜二〇一頁。アリランの歌詞は一般的なものと少し違う。)


豊田穣にとっての特攻とは、自己犠牲に基づく英雄的行為であったのだろう、特攻で死んだ朝鮮人もまた英雄であることになり、英雄に涙は必要なかった。特攻は「死を永遠の生にする」ものであって、特攻兵の誰もが国のために死ぬことを喜びとしていたのだから、門出に涙は不要というのが豊田の立場だったのだろう、泣くのは鳥浜トメだけで、卓庚鉉(光山文博)は泣いてはいない。

6・誰がアリランを聴いたのか

『ホタル帰る』と『日本交響楽』の違いは「涙」だけではなく、卓庚鉉（光山文博）は、誰に対してアリランをうたったのか、すなわち、誰がアリランの歌を聴いたのかについても大きく違っている。豊田穣によれば、卓庚鉉（光山文博）は同じ部隊の仲間だけでなく、鳥浜トメにも朝鮮人であることを黙っていた。最後の夜に、彼は故郷の歌であるアリランを、仲間と鳥浜トメの前で披露することで、他者であることを明らかにする。鳥浜トメは驚くと同時に、これまでの彼の寂しげな態度を納得するという筋で、アリランは別れの歌というより、朝鮮人であることを告白するための道具として使われている。彼はアリランをうたうことで、他者性を明らかにし、朝鮮人として死のうとしたことになる。

赤羽礼子の場合は、彼は富屋食堂の別室で、鳥浜トメと二人の娘の前で、泣きながらアリランをうたい、聴いていた三人も「歌はそっちのけで、わあわあ泣き出した」としている。ここにおけるアリランは、別れの歌であり敗北のシンボルとなっている。朝鮮人であること（差別されるかわいそうな人であること）の悲劇性と、明日は死ななければならない悲劇性とを引き出し、涙を誘う仕掛けとしてアリランは使われている。

さらに、アリランを鳥浜親子の前でうたうことにより、彼は鳥浜親子の独占物となり、他から隔離された存在となってしまっている。彼が朝鮮人であることは、鳥浜親子にとっては自明のことで、そんなこととは関係なく仲良く付き合っていたので、最後の夜も、彼は親子のもとを訪れ、親子とともにアリランをうたった。人生最後の夜も、彼の他者性は顕在化することはなく、彼は「家族」に包摂されたまま、似非日本人として死のうとしたことになる。

卓庚鉉（光山文博）は、仲間の特攻兵の前でアリランをうたったのか、鳥浜親子だけにうたったのか、あるいは、そのどちらもフィクションであるのかを判断する資料を見つけることはできていない。『日本交響楽』が書かれたのが一九八四年で、一九九二年に鳥浜トメが死去し、二〇〇一年に『ホタル帰る』が書かれたことから、鳥浜トメが死去したのを境に、アリランをうたう場面が変容したことも考えられるが推測の域を出ない。

シュミット村木眞寿美は『もう、神風は吹かない』において、エンジンがストップしてしまい屋久島に不時着し、重傷を負ったが命は助かった元特攻兵のS（名前は伏せられている）にインタビューしている。一九七一年頃の話として、「今のように、テーマパークになっていない知覧飛行場跡の片隅に小さな観音堂が立っていて、そこへトメ（鳥浜トメ）さんと二人の元特攻隊員（SとT）がお参りに行く。その晩、二人はトメさんの旅館で酒を酌み交わす」という間柄であった。ところが、二〇〇五年になると、「特攻隊員はほとんどが軍用旅館か三角兵舎に宿泊し、富屋に泊まったものは数えるしかいない。富屋の娘の語ることなど、後で聞いた話に尾鰭をつけて売名行為をしているのだ。『ホタル』の映画が当たったので、知覧に『ほたる館富屋食堂』を開店したが、落成式の招待も断わった」というSの話を紹介し、Sには「よほど腹に据え兼ねたことがあるにちがいない。知覧特攻平和会館の現状に関しても、不満をもらしていた[7]」と、鳥浜トメの死後に、娘、赤羽礼子や特攻を町興しにしている知覧町と、元特攻隊員Sとの間に関係の変化があったとする。時間の経過とともに特攻の「見方」や「語られ方」が変容しただけでなく、関係変化の背景には「ビジネス」の存在があることを示唆している。

現在、知覧特攻平和会館がある知覧町が「特攻の町」として有名になり、大型の観光バスが連なり、富屋食堂が特攻資料館として観光名所になっていることから、鳥浜トメの娘、赤羽礼子が語るシーンが通説的なものとなり、そこでの卓庚鉉（光山文博）は、〝泣かせる話〟の主人公にされている。

7・アリランの歌

卓庚鉉（光山文博）がうたったとされるアリランとは「どのような歌か」と問われれば、多くの日本人は、悲しい旋律を持つ別れの歌、敗者の歌、そして諦念的な歌と答えるだろう。このようなステレオタイプのイメージがあるからこそ、鳥浜親子と彼が涙ながらにアリランを歌うシーンは、特攻に行く前夜にふさわしい光景だと納得する。

もともとアリランは朝鮮全土で、一八六種類のメロディーと二二七七連の歌詞が伝えられ[8]、民衆の愛を、遊びを、労働を、別れを、抵抗をうたい、豊かな表情を持つ民謡であった。この古くからあった多種多様なアリランを、新しい歌として朝鮮全土に広めたのが、一九二六年に封切られた映画『アリラン』(無声映画)であった。

二四歳のナウンギュ(羅雲奎)が監督し、朝鮮人が主演したこの映画は、日本人が制作したことにして朝鮮総督府の検閲をパスした。そして朝鮮全土で上映され、大きな反響を巻き起こした。

主人公は日本の官憲に拷問されて気が変になったと思われる青年である。ソウルの大学をやめて故郷の村に帰ってきた彼は、日本の警察や、日本人と結託した村の地主の手下に向かって鎌を振り上げ、大声で訳のわからぬことを叫びながら村中を走り回っていた。「この国も滅びるぞ」などと、不遜なセリフも、障がい者ということで、お目こぼしになっていたが、そのうち主人公の妹をめぐり、友人と地主の手下が激しく争うことになり(手下の男が、妹に襲いかかったとき)、主人公は鎌でその男を殺してしまう。このショックで彼は正気に戻り、殺人の罪を問われて、村人や妹に見送られながら、アリラン峠を越えて去っていく。このとき劇場で唱和されたのが「アリラン」のうたで、映画館を訪れた人びとはみな声を張り上げてこのうたを歌い、客席は感動のるつぼと化したという[9]。

人を殺す前の主人公は、日本人と結託する人々に対して、わけのわからないことを大声で叫びながら鎌を振り上げていた。その姿は、横暴な支配の下では人は正気ではいられないという強烈な皮肉で、日本の武力支配によって抵抗する手段を奪われた朝鮮民衆が、この映画の中に見出したのが、屈服を拒否する姿勢であり、それへの熱い賛同として唱和したのがアリランの歌であったという。

それだけでなく、この映画の「〝アリラン〟は、聞き慣れたメロディーとは違った耳新しいもので」、「誰でもが口ずさめる歌であった。〝アリラン〟は各地に伝播し、それぞれの地方の歴史（伝説）や地勢などを取り入れて作詞・作曲され、それぞれの〝アリラン〟が生まれた。〝密陽アリラン〟や〝珍島アリラン〟などは、日本の植民地時代に編曲された新民謡[10]」であった。

映画『アリラン』のアリランは、大きな影響力を持って各地に広まり、それぞれの地で個性豊かなアリランを生み出した。それゆえに、「アリランは必ずしも悲しい敗北のシンボルとのみいうことはできない。それどころか《密陽アリラン》のように陽気で活発な旋律や、歌詞にも豊年歌や朝鮮の山河をたたえたものなどもあり、アリランに対する固定的なイメージは禁物である[11]」と強調されることになる。

卓庚鉉（光山文博）の出身地は朝鮮の慶尚南道で、ここは「ミリヤン（密陽）アリラン」の地元であることから、彼が出撃前に歌ったアリランは、父や母から口伝された「ミリヤン（密陽）アリラン」であったとも考えられる。しかしながら、「ミリヤン（密陽）アリラン」は陽気なメロディーであったことや、内地の日本人にはそれほど知られていなかったことから、彼がうたったのであれば、内地でも上映され、日本人にも知られていた、映画『アリラン』の主題歌のアリランであったと考えるのが合理的であろう。

8・京都在住の在日朝鮮人

タクキョンヒョン（卓庚鉉）は幼少期（正確な時期を確認する資料はないが、複数の文献が日本で小学校に入学し、立命館中学に進学したとしている）に日本へ渡ってきた「一・五世」にあたる。「一・五世」とは、生まれたのは朝鮮だが、幼いときに親に連れられて故郷を離れたために、故郷の記憶がまったく無いか、あっても極めて少なく、人生のほとんどを日本で過ごした在日朝鮮人をいう。

彼は一九二〇年一一月五日、朝鮮慶尚南道泗川郡西浦面に生まれた。実家は祖父の代まで裕福であったが、祖父が事業に失敗したため、彼の一家は、父親のタクチェシク（卓在植）とともに日本に渡り、京都市にたどり着いた。

彼が小学校の二年生の頃、一九二八年の京都市在住の朝鮮人の数は一万二〇四二人で、うち三五・一％が土工であり、最も多かった。残りは繊維産業に相対的に集中しており、「織物職工、友禅職工、捺染職工などは、京都の伝統的な絹織物業の一端を朝鮮人が担っていた[12]」。

彼の父親は、渡日後、京都市で乾物商を営んだということから、祖父が事業に失敗したため、京都市にやってきた彼の一家は、極貧の生活に耐えながら、努力することによって父親は乾物商として成功し、息子に高等教育を受けさせることができるようになったと推測できる。この推測は次のような記述を根拠にしている。

朝鮮人を両親にもった光山少尉は、ノートに、和歌一首を記した。この人の一家の生活は、悲惨の限りをつくした。金がなくて、幾日も、たべることができなくて、母と少年（そのころの少尉）と妹は、抱きあって泣いた。ついに母は、食物を盗んできて、子供たちに与えた。光山少尉は、そのありのままを、私に語り、さらに、涙を浮かべて訴えたことがあった。それは、朝鮮人に対する、内地人の不当な侮蔑と、非常識な横暴であった。光山少尉の書き残した歌は、その母をしのぶものであった。

たらちねの母のみもとぞしのばるる　やよひの空の春がすみかな

（高木俊朗『遺族』一九五七年・出版協同社・九〇頁）

従軍記者（陸軍航空本部映画報道班員）としてインドシナ半島で従軍した後、内地に戻った高木俊朗は、知覧基地で数多くの特攻兵の最後の言葉を聞き、戦後、『インパール』『知覧』『陸軍特別攻撃隊上・下』などを書いた。右に掲げた『遺族』は、ある特攻兵（日本人）から渡された日記を、高木が遺族に届けるまでを描いたもので、その中の一節に卓庚鉉（光山文博）が登場する。

硬直した思考の軍人とは違う雰囲気を持っていたのであろう、ジャーナリストの高木俊朗に対して何人もの特攻兵が、特攻で死ななければならないことの不条理を語り、軍の検閲を回避するため、高木に手紙や日記を託した。

卓庚鉉（光山文博）もまた、高木俊朗に自らの差別体験を吐露した。それは、死ぬ前にどうしても語っておきたかった彼の心の叫びであり、差別をしつづけた日本のために死ななければならない朝鮮人の葛藤であり、悲哀であったのだろう。ここに、植民地支配された人間が、自らを支配する国のために死を強いられるという残酷さが浮かび上がってくる。

9・「失郷民」のアリラン

アリランをうたった朝鮮人特攻兵は卓庚鉉（光山文博）だけでなく、次に述べる金尚弼（結城尚弼）もうたっている。隊内の演芸会で、「『私は朝鮮出身です。少しアクセントが違いますが、日本の歌をうたいます』と彼が言いましたら『アリランをうたえ』『そうだ、そうだ、アリランをきかせてくれ』と皆が望み、『では母国の朝鮮語でうたいます』と、実にみごとな、心に沁みるうたで、拍手喝采鳴りやまずでした」と同期生が証言している。[13]

朝鮮で生まれ育った金尚弼（結城尚弼）は母語でアリランをうたった。では、「失郷民」としての卓庚鉉（光山文博）は何語でうたったのだろうか。

「失郷民」、これはソンアンジョン（宋安鍾）が『在日音楽の一〇〇年』で使っている言葉で、一・五世以降の在日朝鮮人を指しているものと理解できる。

著者のソンアンジョン（宋安鍾）は、「在日を生きる者」として、「在日音楽」というジャンルの可能性と独自性を明らかにしようとしているのだが、その中で、在日朝鮮人にとってのアリランを次のように説明している。

二〇〜三〇年代、総督府による「参米増殖計画」実施など、植民地経済「開発」で農村から流出した離村農民たちは、からだひとつで「内地」に流れ着いた。暗澹たる世相のなかで愛唱された「アリラン」は、そのからだに刻み込まれた記憶の一部であった。三〇年代末まで活躍した裵亀子楽劇団(14)は、「帝国」の基幹ネットワークである航路や鉄道などを逆用し、食うために離郷せざるをえなかった「内地」在留朝鮮人たちを、「うたの（民族）公共圏」へと招き入れ、抱き取りエンパワーする移動巡回メディアだった。だからそのステージを、「舞台の近くに座った朝鮮の年老いたオモニたちが、熱心に見詰めていた」。裵亀子の「アリランの唄と踊り」を熱心に見詰める年老いたオモニたちは、その心身に刻み込まれた「アリラン」を反芻していたことだろう。それは、ともに「アリラン峠」を越えた彼女たちが無言のうちに交し合う、秘めやかなコール・アンド・レスポンスではなかったか。

（宋安鍾『在日音楽の一〇〇年』二〇〇九年・青土社・一〇四頁）

卓庚鉉（光山文博）は在日朝鮮人であり、朝鮮半島に住む朝鮮人とは立場は同じではなかった。朝鮮半島に住む朝鮮人は、他者に支配されてはいたが、生まれ故郷をもっていた。被抑圧民族であったがマジョリティであった。これに対し、在日朝鮮人は「失郷民」として、そして絶対的なマイノリティとして生きていかざるを得なかった。この違いは大きく、同じアリランの歌を聴くにしても、うたうにしても在郷の人たちとは思いは違っていたのではないかと想像することができる。

さらに、同じ在日朝鮮人でも、故郷の記憶を持つ一世は、反芻すべき「心身に刻み込まれたアリラン」を持っていただろうが、一・五世や日本で生まれた二世は、アリランを媒介に、どのように故郷と「呼応」したのだろうか。

在日朝鮮人一・五世や二世にとってのアリランは、民族の歌、故郷の歌であるだけでなく、ソンアンジョン（宋安鍾）がいうように、『もっぱら血みどろになって戦って』きた先人たちを追懐、哀惜するうた[15]」であるとするならば、卓庚鉉（光山文博）が出撃の前夜にうたったとされるアリランは、日本人がイメージするような涙と別れのシンボルとしてではなく、高木俊朗に対して吐露したように、子どもの頃から貧困と「日本人の非常識な横暴」に対して、「血みどろになって戦った」自分自身と、同じように闘った父、母、妹の思いを重ね合わせてうたった、家族を偲ぶうたであったと考えることができよう。

10・自己責任

そんな彼が、なぜ、差別しつづける日本のために、特攻で死ななければならなかったのか。

彼は激化する戦争の中で、逃れることができない徴兵に直面し、どのようにしたら軍隊で有利に過ごせるかを考え、一年で将校になったほうが差別にあわないだろうと踏んで、特操に応募した。操縦者になれば、集団で動く陸上の部隊とは違い、空では自分一人の技量で生き延びることができると考えたのかもしれない。

しかし、彼の関知しないところで特攻が始まり、それが主流となり、彼もその要員になってしまった。彼は自身の判断の甘さを悔やみ、自責の念にかられながら、すべてを「自己責任」にしてしまったのではないだろうか。「特操に応募した自分の失敗だ」と。

「自己責任」、それは現代においても社会的な問題の責任を個人に押し込めてしまい、社会の問題性が問われることはなく、だからその問題は解決することなく延々と継続するという形で存在している。自己決定の結果については自己が責任を取るべきという論理は、一見すると妥当なように見えるが、基本的には常に強者が勝ち続けるための論理でしかない。だからこそ、現在においても、「それは個人の問題で、組織とは関係ない」と強者（組織）の責任逃れとしてよく使われている。

当時においても、自己責任論は軍上層部にとって願ってもない考え方で、特攻は上官の命令によるものではなく、兵が自ら「志願」し、自らの意思（自己責任）で体当りをしたことにすれば、指揮官の責任が問われることはなく、組織の責任も回避することができた。

彼は、自己決定の結果は自己の責任に帰すものと考え、結果を一人で抱え込んでしまったのではないだろうか。戦争と徴兵は逃れられないものであったが、特操を選んだのは自分の判断であり、特攻は、それによってもたらされた結果だから、すべては「自分の問題」であると。

11・実像を求めて

こうした推論を裏付けるためには一次史料を見つけなければならないのだが、現時点において史料は見つけられていない。史料がないという状況は、一部の日本人が、卓庚鉉（光山文博）なる人物を日本人の都合の良いように解釈する結果を招くことになる。

一部の日本人は、彼は日本のために、すすんで特攻兵になり、立派に死んだのだから顕彰しなければならないとする。そこには、彼が、植民地支配の被害者であるという認識はなく、自分たちがその加害者であるという自覚もない。だから加害者が、被害者を同列に並べて顕彰することは、被害者を貶めることになるのだという理解も生まれない。

こうした状況を打ち破るためには、遺族を捜し出し、彼が親族に何を語っていたかを聞くことにより、実像を明らかにするしかないだろう。

二〇〇四年三月、韓国の遺族会の一つである「太平洋戦争被害者補償推進協議会」のイヒジャ（李熙子）(16)に会うために、筆者は友人の鶴園裕ともに、韓国ソウルに向かった。

協議会の事務所で彼女と会い、用事を終えると、協議会として、タクキョンヒョン（卓庚鉉）の遺族の存在を把握していないかと質問した。イヒジャ（李熙子）は、偶然にも事務所に居合わせたチョンギヨン（鄭琪永）を招き寄せ、彼は遺族ではないが遺族の一人をよく知る人物だと紹介した。

チョンギヨン（鄭琪永）は、東京大学の学生のとき学徒動員になり、中国南京の部隊に配属された。その中国で密かに韓国光復軍に参加し、日本の敗戦が決まるとすぐに、中国にいた朝鮮人軍人・軍属や日本軍「慰安婦」を本国に帰還させるために尽力した人物である。その後、「一・二〇同士会」（学徒動員された朝鮮人学生のうち、生き延びた人たちの団体。学徒動員された一九四四年一月二〇日にちなんでつけられた）を組織し、韓国人戦死者の慰霊と遺骨返還運動を続けていた。

チョンギヨン（鄭琪永）はプサン（釜山）の人で、タクキョンヒョン（卓庚鉉）の遺族もそこにいるというので、プサンに向かった。プサンの郊外にはチョンギヨン（鄭琪永）が私財を投じて建立した「太平洋戦争犠牲韓国人慰霊碑」と、引き取り手のいない韓国人戦死者の遺骨を安置する寺（大雄殿）があり、そこに案内してもらった。その後、ホテルでタクキョンヒョン（卓庚鉉）の従妹、タクチョンエー（卓貞愛）に会うことにした。

遺族としての彼女に聞きたいことは幾つもあった。タクキョンヒョン（卓庚鉉）が特操に応募した動機。出撃の前夜に本当にアリランをうたったのか。最後に会ったのはいつか。そして、日本の石川県金沢市に建てられた「大東亜聖戦大碑[17]」に、賛同者として「卓庚鉉」の名前が刻まれていることを知っているのか等々であった。

タクチョンエー（卓貞愛）は小柄で、柔和な表情をしたもの静かな女性であった。彼女は、ある工場の社内食堂を営んでおり、仕事を終えて駆けつけてくれた。以下、卓は卓貞愛、鄭は鄭琪永、山は筆者である。チョンギヨン（鄭琪永）は日本語を話し、タクチョンエー（卓貞愛）は韓国語を話し、通訳は鶴園裕がしてくれた。

山――タクキョンヒョン（卓庚鉉）氏は四人家族で、お母さんは一九四四年に日本で亡くなっていますが、お父さんはいつ亡くなられたのですか。

卓――韓国に来てすぐです。

山――彼の妹さんは、いつ。

卓――戦争が終わって一〇年ほどしてからです。

山――タクチョンエー（卓貞愛）さんは、タクキョンヒョン（卓庚鉉）氏とどのような関係になりますか。

卓――私たちの親は四人兄弟でした。彼は長男の子どもで、私の父親は一番下でした。だから私は従妹ということになります。

山――彼との思い出があったら聞かせてください。

卓――彼は小さい頃に日本に行きました。だから、帰ってきたときに会うだけでした。小さい頃でしたから。

山――何歳の頃に、何度くらい帰ってきたのですか。

卓――よく憶えていません。

山――簡単には往来はできなかった時代だったと思います。彼とは何歳離れていますか。

卓――私とは一〇歳違いです。

山――日本での差別のこと、軍隊に入ってからのこと、特攻隊員になったことについて何か聞いていませんか。

卓――何も。

山――では、戦後、特攻隊の遺族ということで辛い目に遭いましたか。

卓――私は結婚してプサンを離れましたから。

山――特攻隊員の遺族であることを知らない人ばかりだったということですね。チョンギヨン（鄭琪永）さんは、小さい頃の彼を知っていますか。

鄭――私は一九二〇年生まれで、タクキョンヒョン（卓庚鉉）と同い年だが、彼のことは知らない。しかし、彼の従兄のことはよく知っている。私は東京大学に入る前に、富山県の富山高校に通っていた。その時、この従兄は富山まで遊びに来た。タクキョンヒョン（卓庚鉉）の遺族として一番近いのがこの従兄になるわけで、彼と一番親しい間柄だった。

山――その人は、今どちらに。

卓――亡くなってちょうど一年になります。

鄭――その従兄というのが大阪の鉄道会社に勤めていた。タクキョンヒョン（卓庚鉉）が沖縄に行く前に大阪の従兄のところに寄って、泊まっていった。彼は、一番親しかった従兄にさえ特攻隊員になったことをいわなかった。次の朝、「兄さんの鉄道会社の上空を三回旋回するから見てくれ」といって帰っていった。そうしたら、実際に飛行機が飛んできて旋回するから、何でそんなことをするのだろうと従兄は不思議に思ったそうだ。しばらくして特攻で戦死したことを知った。
山――彼は三重県の明野基地にいましたから、知覧に行く途中で大阪の上空を飛ぶことは可能です。その話は間違いないですか。
鄭――従兄から直接聞いた話だ。
卓――この前、黒田福美という人が会いに来ました。碑を建てたいといっていました。
鄭――私も会いました。彼の碑を建てたいといっていました。黒田福美を知っていますか。
山――確か女優さんで、韓国のことについてコメントしているのをテレビで見たことがあります。女優だから映画『ホタル』の絡みですかね。この映画は見ましたか。
卓――見ていません。
鄭――私は試写会に招待され、見に行った。その時、主役の高倉健にも会った。しかし『ホタル』は韓国ではダメだった。
山――韓国のあちこちで上映されたと聞いていますが、韓国では、あまり評価はされなかったのですか。
鄭――われわれ遺族は評価したが、韓国国民は特攻隊を受け入れなかった。「特攻隊員は日本のために死んだ対日協力者」という見方が根強い。特攻隊員はいつまでも、どこまでも「親日派」だ。だからこの映画も途中で打ち切られた。
山――これは質問ではないのですが、二〇〇〇年に石川県金沢市に「大東亜聖戦大碑」という碑が建てられました。この碑を建てたのは地元の民族主義者の団体で、先の戦争はアジアを解放するための「聖戦」であって、侵略戦争ではない。朝鮮を植民地にしたのも朝鮮のためにやったと主張しています。この碑の賛同者として「卓庚鉉」の名前が刻まれています。彼は戦死しているから賛同できません。どなたか遺族の方が賛同したのかどうかを確認させてください。

卓――そんな話は知りません。

山――この写真のように「卓庚鉉第五一振武隊」と刻銘されています。貴方が知らないということは遺族に無断で名前を使ったということになりますが。

卓――そういうことになります。今、はじめて聞きました。

山――他に遺族の方は。

卓――知らないと思います。

山――この碑が主張する「聖戦」という歴史認識についてどのように考えますか。

卓――難しいです。

鄭――ちょっと待ってくれ、この碑の正面の写真にある名越という名前は、高千穂商科大学の名越か。

山――はい。確かもう大学は辞めていると思われますが、この碑を建立した中心メンバーの一人で、名越《なごし》二荒《ふたら》之助《のすけ》と読むそうです。

鄭――名越とは何回も会ったことがある。彼女も会ったことがある。

卓――はい、私は名越さんと三度会いました。

山――その時、名越さんは、「大東亜聖戦大碑」にタクキョンヒョン（卓庚鉉）氏の名前を刻むといっていましたか。
鄭――一言もいわなかった。
山――最近、会ったのはいつですか。
卓――二年前だと思います。
鄭――広島に住む作家だという人と一緒に来た。名越が特攻隊員の遺族に会いたいというので、私が彼女と、それから従兄の奥さんの二人を紹介した。彼は、私にも、こんな碑ができたことは一言もいわなかった。
山――この碑は二〇〇〇年にできました。二〇〇二年に名越さんと会ったというのなら、もう既に碑は建立していたわけです。
鄭――韓国の遺族に、あの戦争が「聖戦」だなんていう話しをしたら韓国から追い出される。だからいえなかった。常識として考えたら、タクキョンヒョン（卓庚鉉）の名前を出すには遺族の了解を得なければならないわけだ。だから名越に、誰の了解を取ったのか証拠を出せと問い詰めてやりたい。
山――親族の名前を勝手に刻銘したことに対して抗議するつもりはありませんか。
卓――そういうことにはあまり関わりたくないです。そっとしておいてほしいというのが正直な気持ちです。
山――わかりました。一応、事実をお伝えしたということにします。
卓――すみません。そっとしておいてほしいのですが、名前を使われたことに対しては、遺族である私が同意していないということを明らかにすることは、やぶさかではありません。私にできることはそれくらいです。

山――わかりました。正直な気持ちを聞かせていただけたことを感謝します。

タクチョンエー（卓貞愛）にとって、タクキョンヒョン（卓庚鉉）は、幼少の頃に日本に行ってしまった一〇歳違いの従兄で、帰郷の際に何度か会っただけの人だから、二人に共通する記憶がないのは当然のことだろう。

「大東亜聖戦大碑」については、事実を伝えるのが最低限の義務だろうとの考えから、これを伝えた。侵略戦争を美化し、植民地支配を肯定するこの碑は、韓国人の一般的な認識とは真逆の歴史認識を示している。そんな碑に、特攻戦死した韓国人の名前を勝手に使い、韓国人も、その碑に賛同しているかのように見せようとする碑建立者たちの行為は恥ずべきもので、自分たちのイデオロギーの虚偽性を自らの手で暴露しているのと同じになる。

タクキョンヒョン（卓庚鉉）が、どのような会話を親族と交わしていたのかを知ることで、彼の素顔の一面を垣間見ることができるのではないかと期待したが、それは叶わなかった。しかし、二人の話から重要な手がかりを得ることができた。

手がかりとは、タクキョンヒョン（卓庚鉉）が一番親しくしていて、沖縄に行く前、すなわち死ぬ直前に会いに行った従兄にさえ、特攻隊員になったことを告げなかったというチョンギヨン（鄭琪永）の証言である。

この話から、卓庚鉉（光山文博）は、特攻を〝負〟のイメージで捉えていたのではないかと考えることができる。当時の多くの日本人にとって、特攻で死ぬことは名誉なことであったが、彼はそうは考えておらず、むしろ〝うしろめたい〟ことと考えていた。だから従兄にいわなかった。否、いえなかった。

本来なら、大阪に住む一番親しい従兄に、特攻作戦のために沖縄に行かなければならなくなったことを告げ、残される家族（京都に住む父と妹）のことを頼むはずであろう。しかし、彼は特攻要員になったことをいわず、残される家族のことも頼まず、別れの言葉も発せず、黙したまま、従兄の会社の上空を三回旋回することで、永遠の別れの挨拶とした。

彼は、特攻で死ぬということは、自分にとっても、家族にとっても、朝鮮にとっても、何もならないことを理解していたのだろう。従兄も特攻に対する考えは同じもので、特攻のために沖縄に行くと話したら、「日本のために死ぬことはない」と反対されると思い、彼は無言のまま別れたのではないだろうか。「日本のために死ぬ必要はない」ことは判っていても、目の前にある現実に、制裁や処罰を伴う組織の強制力に、どのように対処すればよいのか。逃げるか、従うか、逃げたらどうなるのか。明確な解答を見つけることができなければ黙るしかない。

特攻に行くことを家族に報告し、最後の別れに実家の上空を旋回するから見てほしいと告げ、実際に飛行機が飛んできたので、家族が涙で見送ったという話が幾つかある。これも悲しい話だが、特攻に行くことを告げることができずに、「上空を三回旋回するから見てくれ」と、なんでもない行為のように装い、別れとするのは、同じ行為であっても、悲痛さが違う。悲しみの深さが違う。タクキョンヒョン（卓庚鉉）の沈黙の底にあったのは、声にならない慟哭であったのではないだろうか。

こうした彼の心情を思い、なおかつ、高木俊朗に対して「日本人の不当な侮蔑と非常識な横暴」を訴えたことを重ね合わせて考えるならば、後世の日本人が「光山文博は、朝鮮人であるのに日本のために特攻を行った讃えるべき人物」と、特攻戦死という現象だけを見て顕彰する構図は、あまりにも奇妙なものといわざるを得ない。

日本人から受けた侮蔑と横暴を訴えた卓庚鉉（光山文博）は、差別に反発しながら、抵抗する手立てを持てず、差別をする側の戦争に引きずり込まれて死んでいった。

彼は日本のためになろうとして死んだのではなく、日本を恨んで死んだことになり、その意味で、「特攻は、日本のため、家族のために喜んで命を捧げた崇高な行為」とする、特攻賛美者の「特攻の概念」にはあてはまらない。よって彼を讃える必要はないし、讃えてはならないことになる。

12・日本人による抱擁

韓国社会における朝鮮人特攻戦死者に対する評価は、いまだに厳しいものがあるといわれている。強制ならまだしも、自ら「志願」したという主体性が問題とされ、「志願」という言葉は文字通りの意味で理解されているからのようだ。

特攻で死んだということは、積極的に日本に協力した結果であり、彼らは紛れもない「親日派」であるという認識の背景には、特攻兵の誰もが、「天皇陛下万歳」と叫びながら突入したとするイメージが強く作用しているという[18]。こうした固定概念が、いつ頃から韓国社会で形成されたのかは明らかではないが、「万歳」を叫んだと仮定しても、防風ガラスに囲まれた操縦席での声は、外に聞こえることはない。したがって、「万歳」と叫んだのかどうかは誰にも判らないことで、これは体当りという行為を誇張するために後から付け加えられたものといわざるを得ない。

朝鮮人特攻戦死者を「親日派」の象徴とする韓国世論とは逆に、日本では、卓庚鉉（光山文博）の写真が靖国神社の遊就館に飾られているだけでなく、「アリラン特攻」として顕彰の対象になっている。また、彼のために石碑を建立しようという動きがあり、それは現在も進行している。

彼の顕彰碑を建立しようとする計画が、最初に持ち上がったのが一九八四年で、主唱者は長崎県大村市在住の光山稔（自動車販売修理業）であった。姓が同じ光山で、自分の「ルーツが韓国であることに加え、自らも特攻隊員に志願し教育を受けた[19]」経験から、光山稔はタクキョンヒョン（卓庚鉉）の故郷に碑建立を決意したという。

当初、碑文は「阿阿日本陸軍隼大尉アリラン、カミカゼ、パイロット、光山文博（卓庚鉉）君よ。今、君の偉大なる功績は日韓親善に燦然と輝いて、とはに消えない。君の熱烈な忠誠と尊い犠牲の上に築かれた両国の平和と繁栄をとこしえに、おみちびき下さい。この地に生まれた君は、やはりこの地の森でお眠り下さい。光山稔」[20]というものであった。この「熱烈な忠誠と尊い犠牲」という文言に対して、韓国の新聞が「特攻隊を美化するもの」と批判したため、一部の内容を変えたが、「当時の面長（村長）が『彼は日本のために死んだのだから』といって猛反対した」[21]ために、碑の建立は中止に至った。

一九八六年に鹿児島県の知覧町で、朝鮮人特攻戦死者だけの慰霊碑を建立する計画が立てられた。中心となったのが、当時、知覧特攻平和会館の理事であり鹿児島県特操会会長だった前田末男であった。特操一期生であった彼は、朝鮮人特攻戦死者の遺族捜しを行い、知覧特攻基地戦没者追悼式（一九八四年）に、タクソンス（卓成洙）（卓庚鉉の従兄の孫）、キムサンヨル（金尚烈）（金尚弼の兄）、ヨテスン（余泰順）（金尚烈夫人）を招待した。

朝鮮人だけを慰霊する碑を建立する案に対して、ヨテスン（余泰順）は反対し、キムサンヨル（金尚烈）は碑文として「報いなき戦いに強いられて／むなしく蒼空に散りし青春／祖国にかえりえぬ英霊／ここに眠る」という言葉を提案した。「むなしく散りし」では「他の戦死隊員の手前、使えない」と知覧特攻慰霊顕彰会が反発し、両者の意見は折り合わないまま、一九九一年にキムサンヨル（金尚烈）が死去し、建立は棚上げになった[22]。

「戦いを強いられ」「むなしく散りし」という韓国人遺族の思いと、日本人の側の特攻賛美は交わることなく、「植民地支配をどう見るのか」という議論になる前に立ち消えになったようである。

かかる動きとは全く関係なく、一九九九年に建立されたのが知覧特攻平和会館の敷地内にある「アリランの鎮魂歌碑」で、碑文には「アリランの／歌声とほく／母の国に／念を残して／散りし花々」とある。これは千葉県の江藤勇（舞踏家）が全額出資して建てたもので、除幕式には「知覧特攻慰霊顕彰会の面々をはじめ、役場関係、少飛会、特操会など、四〇名ほどの参加者があったというが、そこに韓国からの遺族の姿はなかった[23]」とされる。この歌碑が発意された背景には、鳥浜親子が語るエピソードが深く関係していたと考えることができる。

この三つの事例は、先の戦争は日本の侵略戦争であると規定せず、植民地支配にもふれないという共通の背景を持つ。日本人の側が、碑を建立するにあたり、先の戦争はアジアを解放しようとした戦争で、特攻作戦は崇高なものだから、その特攻で死んだ朝鮮人も顕彰しなければならないとの趣旨に立脚する限り、それは、朝鮮人特攻戦死者を「日本のために死んだ日本軍兵士」として、永遠に日本に縛りつけることになる。これは、他者が他者であることを認めず、日本に包摂し続けることになる。こうした事態は、戦後独立し、主権国家となった大韓民国、朝鮮民主主義人民共和国にとって、その国民にとって、その遺族にとって、耐え難い屈辱になる。

朝鮮人特攻戦死者を顕彰しようとする日本人の発想の根底には、特攻の肯定と賛美が大前提としてある。特攻で死んだことは名誉なことであり、その中に朝鮮人がいたから、「特攻をした人」として顕彰しなければならないのであって、日本の戦争に動員されて犠牲になったすべての朝鮮人を追悼する気は、この人たちにはない。だから、なぜ、朝鮮人が日本の戦争に動員され、死ななければならなったのかが問題になることはない。

必要なことは、過去の美化でも特攻の顕彰でもない。なぜ、他者が日本の戦争に引っ張り出され、死ななければならなかったのか。なぜ、機械の一部にされて死ななければならなかったのか、その原因の追及と解明であろう。換言すれば、侵略と戦争の責任を明らかにすることになる。

卓庚鉉（光山文博）の場合は、アリランをうたったとされる以外に、彼の肉声として聞こえてくるのは、高木俊朗に対して訴えたことしかない。彼は「朝鮮人に対する内地人の不当な侮辱と非常識な横暴」を、死を目の前にして吐露したのだから、決して「日本のため」に死んだのではなかった。であるのに、日本人の側が、「日本のために死んだ」と彼を讃えて、彼を抱擁し、離そうとしないのは、彼に対する「不当な侮蔑」であり、それを今なお続けているのは「非常識な横暴」である。

かかる行為を行っている典型的な例が靖国神社であろう。靖国神社は旧植民地出身の外国人、四万八二九二人を「護国の神」として合祀している。外国人を合祀する理由は、旧植民地出身の戦死者は「当時は日本人であり、日本人として死んだのだから、一緒に讃えるため」であると靖国神社は主張する。そうであるのなら、朝鮮人・台湾人戦死者の遺族が無権利状態にあることに対して、日本人と同一の補償をするよう国家に求めなければならない。同じ日本兵であり、同じ戦争で死んだのだから、同じ補償を受けて当然であろう。

ところが靖国神社は旧植民地出身者の遺族に対して何もしなかった。これからもしないであろう。

ということは、「同じ戦死者」と考えていないということで、「アジア解放」という自己のイデオロギーを補完する道具として旧植民地出身の戦死者を、合祀という形で利用しているにすぎないことになる。

13・帰郷祈念碑

朝鮮人戦死者を利用の対象とするのではなく、相手の立場を踏まえて計画されたのが黒田福美[24]による「帰郷祈念碑」であったと推測する。

一九九一年、黒田福美は夢の中で見知らぬ青年と出会ったという。青年は「戦争で死んだことを後悔しないが、朝鮮人なのに日本人の名前で死んだことが残念」と告げた。一九九五年に、このことを新聞に書くと、靖国神社から連絡があり、夢の中の人物は遊就館に遺影がある光山文博ではないかというので、彼女は彼の存在を知った。これが朝鮮人特攻兵に関心を持った発端だという[25]。

彼女は、タクキョンヒョン（卓庚鉉）の生まれた韓国慶尚南道泗川《サチョン》市に碑を建てる計画を立て、韓国側に協力を申し入れた。「近年になって韓国の雰囲気も変わりつつある。黒田さんが今回、碑の建立を持ちかけたところ、地元・泗川市の人々は快く応じ、建立のために市が最終的に約一万平方メートル公園の敷地を確保してくれた。碑の制作も、韓国で著名な彫刻家の高承観さんが引き受けてくれた[26]」ので、計画は実現した。

二〇〇八年五月、「平和な西浦で生まれ、見知らぬ土地沖縄で生を終えた卓庚鉉、霊魂だけでも懐かしい故郷の地の山下に戻り平穏にお眠りください」と黒田福美が書いた帰郷祈念碑が完成し、除幕式を行おうとした。ところが、「地元の一部団体から反対が強まり、今月一〇日に予定していた除幕式が前日になって中止に追い込まれたうえに、石碑は一三日夕、市によって撤去されてしまった」[27]という。

韓国側には、植民地支配責任と戦争責任に基づく日本側の正式な謝罪が先であるから、碑を建てる前に歴史認識の合意が必要である。だが、いまだに合意がなされていない以上、碑の撤去は当然だとする声があった。一方で、個人が建てたものをいきなり撤去するのではなく、この碑の何が問題なのかを明らかにして、双方が時間をかけて説得を行い、それから結論を出すべきであったという撤去反対論もあったと聞く。

黒田福美が、夢の中であれ何であれ、朝鮮人戦死者が創氏改名されたままの日本名で日本人として死んだのは問題だとして、名前を取り戻さなければならないと考え、長い時間をかけて一定のことを具体化したことは評価すべきであると思う。さらに、韓国で有名な人物ではなく、「親日派」として蔑まれている人物の追悼碑を、韓国で建てようとした行為は高く評価されるべきであろう。

しかしながら、気になることもある。黒田福美は、タクキョンヒョン（卓庚鉉）の魂を故郷に帰そうと一生懸命になったのだが、彼の魂は靖国神社に合祀されてしまっている。彼の魂を故郷に帰すためには、まず、靖国神社から魂を解き放たなければならず、それがない限り、故郷に石碑を建立しても意味はないと思われる。現に、靖国神社に囚われている魂を故郷に帰すように、韓国人、台湾人、日本人遺族が靖国神社と国を相手取り、合祀取り消し訴訟を起こしているのに、これに対する彼女の対応が聞こえてこないのは、なぜだろうか。

黒田福美は新聞（二〇〇八年五月二二日付朝日新聞）に「慰霊碑撤去無念だが、日韓交流手応えも」という文章を寄稿している。それによると、帰郷祈念碑の建立目的は「創氏改名によって日本名のまま葬られ世界各地に散らばる霊魂が故国へ帰郷することを願うとともに、太平洋戦争での泗川市および韓国全土の犠牲者を悼むというものであった」のだという。タクキョンヒョン（卓庚鉉）の魂を故郷に帰すという当初の目的から、「韓国全土の犠牲者を悼む」と広げたのは、土地の提供を受けた泗川市との妥協であったと推測するが、これは何ら問題ではない。全犠牲者を悼む中で彼も悼めばよいのだから。

問題は、彼女がこの記事の中で「反対派とコミュニケーションが不足していた結果、『特攻兵の慰霊碑』という言葉が独り歩きしてしまい、私たちの趣旨が正しく伝わらなかった感がある」ので反対されてしまったというのだが、趣旨が正しく伝わらなかったのではなく、韓国の人々に彼女の真意が見抜かれてしまったのではないだろうか。

真意とは、特攻戦死したタクキョンヒョン（卓庚鉉）の故郷に、彼の慰霊碑をつくりたいという彼女の原点それ自体のことである。

「韓国全土の犠牲者を悼む」碑が、なぜ泗川市に設置されなければならないのか。泗川市はタクキョンヒョン（卓庚鉉）の故郷である。彼は特攻で死んだ。であるなら、その碑は特攻兵を悼む碑ではないか、このように類推したからこそ、「特攻兵の碑は認められない」と一部の韓国人が反対したのだろう。

黒田福美は、こうした反対に対して「反対派と話し合うことで合意点を探せると感じていただけに、早々の撤去は残念だ」としていることから、説得するのに自信を持っていたようだが、ここで問題になるのが、「特攻をどう見るか」である。

韓国通といわれている彼女が、植民地支配と侵略戦争を正当化する言説に賛成することはないと思われるが、特攻をどう見ているのかについては何も伝わってこない。この点こそが問題なのである。創氏改名で名前を奪われたのはタクキョンヒョン（卓庚鉉）だけではなかった。戦争で死んだ朝鮮人も彼だけでなかった。もしも、彼が特攻で死んだのではなく、フィリピンのジャングルで餓死したのだとしたら、あるいは船底に押し込められたまま海底に沈んだ朝鮮人兵であったとしたら、彼女は彼に興味を抱いたのであろうか。

ある意味で、偶発的である一般的な戦死とは違い、特攻の場合は、予定された死であり、一定の時間をかけて定められた死と向き合い、死んでいった姿に特別なものを感じるという日本人は多い。黒田福美も同じように感じていたのかどうかは判然としない。だから、彼女は、なぜタクキョンヒョン（卓庚鉉）のことを思い、彼にこだわるのかを明らかにし、「特攻をどのように考えるのか」を発信する必要がある。
仮に、彼女が、通常の戦死とは違い、特攻による死は特別なものであり、特攻戦死者は別格だと考えているとしたら、戦死者の間に序列を持ち込むことになり、「韓国全土の犠牲者を悼む」資格はなくなる。

註

（1）映画『ホタル』は、二〇〇一年に上映された（映画「ホタル」製作委員会・監督、降旗康男）。特攻隊の生き残りである主人公、山岡と、その連れ合い、知子の夫婦愛をベースに、昭和天皇の死去＝昭和の終焉を背景にしたもので、朝鮮人特攻兵の金山文隆（卓庚鉉がモデル）の遺言が全体の伏線となっている。それに富屋食堂の富子（鳥浜トメ）が老人ホームに入るのに際し、金山の遺品を韓国の遺族に届けるよう、主人公である山岡夫妻に依頼することによって、二人が韓国に行くことになる。知子が、戦死した金山の元婚約者であること、重い腎臓病を患っていることから韓国に行くことを迷うが、二人はけじめをつけるために海を渡る。韓国では遺族から拒絶されるが、「私は必ず敵艦船を撃沈します。しかし、大日本帝国のために死ぬのではなく、朝鮮の家族のため、トモさんのために、朝鮮民族の誇りをもって出撃します。朝鮮民族万歳。トモさん万歳。キム・ソンジェ」という遺言を告げることによって、遺族から受け入れられるというあらすじになっている。
特攻に出ながらも死ななかった主人公が特攻に批判的なことから、この映画は特攻賛美にはなっていないが、戦争が描かれていない。戦争映画にしたくなかったのだろうが、特攻は戦争そのもので、特攻を命じた側が誰一人登場しないのはおかしい。また、民族差別にふれられていないし、植民地支配への言及もわずかしかない。だから、朝鮮人金山も、主人公らと同じ戦争の被害者とされ、日本人に包摂されてしまっている。彼は日本語を話し、日本で教育を受けたが、日本人と同じではない。彼は日本の植民地支配と侵略の被害者であるのに、侵略に加担させられるという矛盾した存在であった。こうした矛盾を見ることなく「同じ」とすることは、彼の他者性を否定することになり、それは、かつての植民地主義につながるものである。

唯一、他者に出会うのが、金山の遺言と遺品を届けるために二人が国境を越えたときである。日本の中で物語を完結させず、他者の価値観と向き合おうとした姿勢は評価に値する。二人は韓国に行って初めて他者からの拒絶（遺品の受け取り拒否と罵倒）にあうが、すぐに「善意の日本人」は受け入れられ、和解は成立することになる。一度は罵倒されるが、日本人が望んだとおりに和解が成立する結末は、日本人の願望にすぎないのではないだろうか。

映画『俺は、君のためにこそ死ににいく』（製作・総指揮、石原慎太郎。監督、新城卓）は二〇〇七年に上映された。知覧町の富屋食堂は特攻資料館として観光名所になっており、その展示物の説明には、鳥浜トメが有名になる以前の唯一の理解者として石原慎太郎の名前がある。このことから、この映画の製作者である石原慎太郎と鳥浜トメは旧知の間柄になり、映画の主人公は当然のように鳥浜トメになる。その彼女を通して特攻隊員を「悲しくも美しく」描こうとしているのだが、内容は、高木俊朗の『知覧』や赤羽礼子の『ホタル帰る』などから抜き出したエピソードを連ねたもので一貫性はない。卓庚鉉（光山文博）がアリランをうたう姿も唐突に挿入されている。

戦前、「君のために」の「君」は天皇のことであった。では、このタイトルの「君」は誰を指すのか。あからさまに天皇にしてしまったら、戦後民主主義の下で育った若者を取り込むことができないから、ここでの「君」は観客を想定しているように思えた。今日の日本があるのも彼ら特攻兵の犠牲があったからで、観客の一人一人が彼らに「ありがとう」と感謝しようと促しているのだが、これは「靖国の論理」と同じである。靖国神社が「英霊」に感謝しようという誘いの裏で、「またよろしく」と国家のために死ぬことを求めているように、この映画の最後には死んだ大勢の特攻隊員たちが笑顔で飛び跳ねているシーンがある。

（2）陸軍特別操縦見習士官制度（特操）は、操縦者の短期間での養成を目的とし、一九四三年七月に勅令として発表された。対象は高等学校以上（大学・高校・高専校・師範学校等）で、志願者を選考のうえ、採用した。修業期間は一年半で、採用と同時に曹長の階級を与え、終業後に少尉に任官した。一九四三年一〇月入隊の第一期生は、二六二三人。一九四四年二月採用の二期生は一〇九五人、一九四四年五月採用の三期生は三一〇〇人いたと推定される。戦局の悪化により、一期生は一年の訓練で少尉になり、フィリピン戦に参加後、沖縄戦にも投入された。特操全体の戦死者は八四二人、うち特攻での戦死者は三一三人といわれている（この制度ができた背景などについては後述する）。

（3）振武寮は福岡県にあり、エンジントラブルなどで引き返してきた特攻隊員を収容する施設。「生き神様」として送り出した特攻隊員が死なずに帰ってきたのは恥ずべきことだと考えた軍上層部は、人目につかないように隔離した。また、体当りをせずに帰ってきた隊員への懲罰の意味もあった。例えば、徳之島でアメリカ軍機の空襲を受け、飛行機を破壊されてしまったため、徳之島から九州に戻った特攻隊員に対して、第六航空軍司令官の菅原道大は「貴官らは、どうして、生きて帰ってきたのか」「特攻隊員が出撃して、生きて帰るのは、精神状態がわるい、というのだ。死ぬことができないのは、特攻隊員の名誉をけがすことだ、という趣旨であった。こうして一時間以上にわたって、しかりつけた。それから五名は、振武寮にいれられて、外出禁止の処分を受けた。そして、毎朝、倉沢参謀がきては、おうへいな態度で、『死ねないようないくじなしは、特攻隊のつらよごしだ。国賊だ』と、ののしった」。（高木俊朗『知覧』一九六五年・朝日新聞社・一五九頁）

（4）一九四六年から一九五〇年までNHKラジオで放送された「尋ね人」は、戦地から戻らぬ兵士や、空爆などで離れ離れになった肉親を捜す番組で、「どこどこの〇〇さんが、△△さんを捜しています」と放送した。肉親の消息を求めていた人は、この時間になるとラジオにかじりついていたという。

（5）赤羽礼子・石井宏『ホタル帰る』二〇〇一年・草思社・一三二、一三三頁

（6）豊田穣『日本交響楽・完結編』一九八四年・講談社・三二五頁

（7）シュミット村木眞寿美『もう、神風は吹かない』二〇〇五年・河出書房新社・一五一、一五五頁

（8）宮塚利雄『「北と南」をつなぐアリランとは何か』二〇〇〇年・小学館・一二頁

（9）李鳳宇「韓流シネマ抵抗の軌跡」『知る楽・歴史は眠らない』NHK・二〇〇九年四－五月号・八三～八六頁

（10）宮塚前掲『「北と南」をつなぐアリランとは何か』二二〇頁

（11）鶴園裕「アリラン」『朝鮮を知る事典』一九九八年・平凡社・五頁

（12）西成田豊『在日朝鮮人の「世界」と「帝国」国家』一九九七年・東京大学出版会・一〇〇、一〇一頁

（13）飯尾憲士『開聞岳』一九八五年・集英社・二〇〇、二〇一頁

（14）裵龜子（ペグジャ。日本での芸名は「はい・かめこ」）は一九一八年に一三歳で東京にてデビューし、すぐに京城（ソウル）でもデビューし、日本の芸能界でスターになった初めての、朝鮮半島出身者といわれている。伊藤博文の娘という噂を持つ彼女は、奇術の松旭斎天勝一座の花形になり、アメリカ公演でジャズに出会い、関東大震災の虐殺を浅草で目撃する。一九二六年、一座から脱走して朝鮮へ。京城（ソウル）で「裵龜子舞踏研究所」を設立し、内地巡業を行った。その後、吉本興業の専属となり、吉本の劇場で公演を行った。創作舞踊「アリラン」は、「彼女の前にアリランはなく、後にもなし」といわれ、それは「鬼気迫る、凄絶なオーラ」を放った。朝鮮語で演唱される「朝鮮民謡のにおいに」満ちた「アリランの唄と踊り」であった。（宋安鍾『在日音楽の一〇〇年』より抜粋）

（15）宋安鍾『在日音楽の一〇〇年』二〇〇九年・青土社・一〇五頁

（16）イヒジャ（李熙子）は、「太平洋戦争被害者補償推進協議会」の代表。彼女の父親は日本軍に徴兵され、中国で戦死した。戦後、彼女は韓国内での遺族の地位向上を求め、日本に対して戦争責任を追及し、戦後補償を求めてきた。映画『アンニョンさよなら』の主演。靖国合祀取り下げ訴訟など多くの裁判の原告でもある。

（17）「大東亜聖戦大碑」は二〇〇〇年八月、石川県金沢市に、戦前回帰運動（民主主義の否定、天皇制の復活）のシンボルにしようという目的で建立された。詳細は本書の「むすびにかえて」参照。

（18）裵姈美・酒井裕美・野木香里「朝鮮人特攻隊員に関する一考察」『視覚表象と集合的記憶』森村敏己編集代表・二〇〇六年・旬報社・二八〇頁

(19)裵・酒井・野木前掲「朝鮮人特攻隊員に関する一考察」二七六頁
(20)佐藤早苗『特攻の町・知覧』一九九七年・光人社・五三頁。
(21)裵・酒井・野木前掲「朝鮮人特攻隊員に関する一考察」二七五頁
(22)同前・二七六頁
(23)同前・二七七頁
(24)黒田福美は一九五六年生まれの女優。テレビドラマやワイドショーのコメンテーターなどで幅広く活躍し、韓国事情に精通しているといわれている。著書に『ソウル・マイハート2——背伸び日記』・一九九九年・草風館。(『ソウル・マイハート1』は一九八九年)
(25)北陸中日新聞・二〇〇八年三月一一日付
(26)読売ウイークリー・二〇〇八年四月六日号
(27)朝日新聞・二〇〇八年五月二二日付

第二章・特攻は何を目的に行われたのか

特攻を「若者が国のために命を捧げた崇高な行為」とする賛美論には、いくつかのパターンがあるが、そこに共通する特徴は指揮官の「責任論」が抜けていることにある。特攻をさせた軍指導部の責任が隠されるか、あるいは、特攻という行為を「国民性」とか「民族の伝統的精神」という抽象的なものに解消することで、指導者責任を霧散させ、最終的に特攻兵の純粋性や勇気を強調する「心情論」が展開される。

例えば、特攻とは「敗北を拒否する行為である」とする奥宮正武は、指揮官も部下の将兵も「これまでの航空戦の経過から、通常の爆撃や雷撃では、被害のみ多くて戦果が上がらないことをよく知っていた」。だから、なけなしの飛行機をもって、敵に打撃を与えねばならなくなったとき、指揮官は「部下の将兵たちに栄光ある死処を与えることにも責任を感じていた。一方、部下の将兵たちは、どうせ戦死するなら、なるべく敵の空母を道連れにしたい、とひそかに決意していた。こうして、指揮官と部下の将兵たちが最良の戦法と考えたのが体当り攻撃であった(1)」と述べている。

奥宮は、「上下」は一体であったとすることで、「上」の責任を減殺した上で、「最良の戦法だと上下が合意」して特攻が始められたかのように書いている。トップダウンを原則とした日本軍にとって「上下一体」などあり得ない話なのだが、民主主義的価値観を、そこに巧妙に紛れ込ませることが、戦後の特攻賛美の手法の一つとなっている。

本章では、戦後の日本社会に根強く残る特攻賛美論を踏まえて、特攻は何を目的に実施されたのかを考えてみたい。それは、朝鮮人特攻戦死者が「何のために死ななければならなかったのか」という問題と深く関わるからである。

特攻には、(一)飛行機による体当り(二)人間操縦爆弾「桜花」(三)人間魚雷「回天」(四)水上艇(爆装したモーターボートによる体当り)によるものがあったが、現時点で、朝鮮人特攻戦死者がいたことが確認されているのは、飛行機によるものだけなので、本書では(一)のみを対象とすることを予めお断りしておく。

1・戦術としての特攻

知覧特攻平和会館(鹿児島県南九州市)が発行するパンフレットが、「人類史上類のない爆装した飛行機もろとも肉弾となり敵艦に体当りした」と書き、また、偕行社版『特別攻撃隊』(財・偕行社内特攻隊慰霊顕彰会・一九九〇年)が序文で、「これこそは東西の戦史に例を全く見ないもの」としているように、特攻は、「自らの肉体を武器として体当りを行った、日本独特のもの」と説明されることが多い。説明の裡には「世界中で日本人しか為しえない崇高な行為」という賛辞が隠されているのだが、過去に体当りを行ったのは日本人だけではなかった。

アメリカでは、ミッドウエー海戦で被弾し、日本の艦船に体当りしたヘンダーソンがおり、彼の名前はガダルカナル島の飛行場の名前になった。[2] ソ連（現、ロシア）でも、ドイツ軍の爆撃機に体当りした戦闘機三機の三人、被弾したのでドイツ軍燃料車に突入した四人搭乗の爆撃機、同じく機甲縦列に体当りした戦闘機の一人、計八人がおり、彼らは体当りした場所も時間も違うが、「ソ連邦英雄」として当時の人々に広く知られていたという。[3]

こうした個人の判断によって、結果的に体当りに到った行為は世界に存在し、貴重な行動として賞賛されたわけだが、日本軍が行った体当り攻撃＝特攻は、これらの行為とは次の二点で大きく異なっていた。

一点目は、体当りが個人の判断ではなく、組織による「戦術」として行われたことである。

捕虜になることを禁じていた日本軍では、飛行機が被弾して帰還不能となった場合、不時着したら捕虜になる可能性があるので、操縦者は敵の艦船に体当りをして自爆するよう命じられていた。この偶発的な事態による体当りとは違い、特攻隊の場合は、最初から体当りを目的とし、そのための機体改造が行われ、乗員の訓練が実施され、それを実行する部隊が編成された。このような一連の流れは、「体当り専用兵器の開発や準備が、将兵個人に可能か否かを考えるだけで、明らかであろう。すなわち体当り特攻隊は、それを許可し、推進し、戦術として実施した軍上層部なしにはありえなかった」[4]のであり、特攻は個人の判断ではなく、戦争行為の一環として、組織の命令により実施されたものであった。

戦争行為の一環であったということは、作戦として軍組織が決定したということで、事実、軍中央では特攻が実施される一年以上も前から、人間を兵器の一部とすることを考えていた。

一九四三年八月、海軍の戦備方針を決める首脳会議で「突飛意表外の方策」により「必死必殺戦」を行う必要があるとして、「戦闘機による衝突撃」が提案され、それ以降、海軍省によって人間魚雷や特攻艇などの製造が始められた。平行して要員の選抜と訓練が始まり、飛行機の改造をはじめ諸々の特攻兵器の生産が行われている。[5]

陸軍では、一九四四年二月頃から体当り作戦が参謀本部内で語られ、「作戦課長の服部卓四郎などがそうした考えを持っていた。しかし、この作戦には反対の声も多かった。たとえば航空総監の安田武雄などがその中心であった。そのために、三月には安田が更迭され、参謀次長の後宮淳《うしろくじゅん》（東条英機と士官学校で同期――引用者）がこのポストを兼任することになった。時期的にいえば、首相、陸相の東条英機が参謀総長を兼任したあとに、特攻作戦は本格的に模索された」[6]ことになり、一〇月に特攻隊の編成準備命令が出された。

時期は多少ずれるが、陸・海軍とも特攻を作戦としてトップダウンによって決定しており、「最初から、体当り専用兵器を開発・生産・準備し、要員を編成組織・訓練・実施したのは旧日本軍だけであり、その意味では世界無比[7]」であった。

特攻は軍の上層部が決定し、組織の戦術として行われたのに、戦後の日本社会では、「若者たちが国に殉じた純真な気持ちを忘れてはならない[8]」などと、個人の心情面のみが強調され、あたかも個々人の意思で体当りが行われたかのような言説が広まり、特攻が戦争というメカニズムの中で行われた組織的な戦術であって、特攻戦死者は、それによって死に到った犠牲者であるということを見えなくする機能を果たしてきた。

特に、特攻を賛美する慣用句のようになっている「彼ら特攻隊員の死があってこそ、戦後日本の繁栄がある」という「特攻隊員は平和の礎論」は虚構でしかない。戦争の終結は天皇と側近による遅すぎる「聖断」によってなされたのであり、特攻兵の死は和平とは関係ない。戦後の繁栄についても、特攻兵たちが命と引き換えに守らされた天皇制国家と、その中で行われていた統制経済とが、敗戦によって消滅したから、後の人々は経済的自由を手に入れ、経済的な繁栄に至ったといえることから、彼らの死と繁栄とは結びつかない。にもかかわらず、戦後の経済的繁栄と彼らの死を直結させて、彼らに対して感謝するよう求めることは何を意味するのだろうか。

感謝を求める声を真っ先にあげたのが、かつての海軍大臣や司令官ら軍上層部[9]であることからも判るように、特攻戦死者に感謝するということは、特攻という戦術を採用した軍上層部に対しても感謝することになり、多くの将兵を死に至らしめた軍上層部の行為が正当化されるだけでなく、賞賛されることになる。元戦争指導者たちは、直接的に自己を讃美することはしないが、死んだ特攻兵を讃えることで、結果的に自分たちが賞賛される仕組みをつくり上げたといえよう。

特攻作戦は日本軍が戦術として採用し、組織的な作戦として実施した。実施した組織はトップダウンの官僚組織であり、そこには体当りを「した者」と「させた者」がいた。「させた者」は天皇から与えられた絶対的な権力として、兵士に対する「生殺与奪の権」を持っていた。

しかし、「させた者」の多くは、戦後、権力を行使した責任、すなわち、多くの将兵を無謀な作戦で死なせた指導者責任から逃げ、死者を利用して自己を正当化するだけでなく、自らが遂行した戦争そのものも肯定、賛美している。

2・「死」の自己目的化

二点目は、特攻を行う理由が、戦果をあげるためではなく、特攻を行うこと自体に置かれていたことである。

一九四四年一〇月、日本海軍が最初に行ったフィリピンでの特攻作戦は大きな成果をあげた。アメリカ軍は、飛行機もろとも体当りをしてくることを想定しておらず、無防備であったこと。最初に体当りを実行した海軍の操縦者が南太平洋での実戦経験者であったこと。レイテ島の山々がレーダー波をさえぎったことから典型的な奇襲となり、命中率は高かった。

この成功に気をよくした軍上層部は特攻戦術にのめり込んでいったのだが、アメリカ軍が防御システムを構築すると、すぐに戦果をあげることができなくなった。それでも作戦をやめようとはせず、特攻することを自己目的に続行した。沖縄戦ではこのことがより顕著になり、特攻は戦果を得ることより、それを行うこと＝死なせることを目的に続けられた。

沖縄戦で特攻を命じたのは、陸軍は菅原道大《すがわらみちお》（第六航空軍司令官）、海軍は宇垣纏《うがきまとめ》（第五航空艦隊司令官）であるとする森山康平は、『図説特攻』において、宇垣長官が特攻兵を見送るために行っていた激励の言葉が終わると、一人の隊員が手をあげて質問した。「本日の攻撃において、爆弾を一〇〇％命中させた場合、生還してもよろしゅうございますか」。宇垣長官は言下に「まかりならぬ」と大声で応じた。隊員は「今聞いていただいたとおりです。あと二時間半の命です。ではお先に」と言い残し、特攻機に乗り込んだという話を紹介している(10)。

戦争における作戦とは、敵への打撃と味方の損失との差を考えて立てられるもので、打撃が大きくて損失が少なければ勝利となり、逆だと敗北となる。爆弾を一〇〇％命中させる技術を持った操縦者であるのなら、何度も攻撃させたほうが戦果を得られるはずであるのに、その可能性を否定した司令官は戦争をどのように考えていたのだろうか。

「まかりならぬ」は、この司令官特有のことではなかった。強固な官僚社会であった日本軍では、下級者の責任はきびしく問われたが、天皇の権威を笠に着た上級者が責任をとることはほとんどなく、多くの兵士を死なせる戦いをした指揮官ほど、激烈な戦闘を指揮した勇気ある指揮官として評価されたという。

アメリカ軍では、帰還の可能性が五〇％以上であれば任務を与え、それ以下ならば絶対に与えてはならないのが用兵の原則であったとされている。指揮官は、局面、局面でそれを判断しなければならず、結果は戦死者の数となって表面化し、常に責任を問われることになった。


最初の成功体験に酔い、いったん動き出すと止まることを知らない軍の官僚主義的体質から、成果を得られなくなっても、継続すること＝死なせることを目的として特攻作戦は続けられた。「レイテ島タクロバンの桟橋に体当りをするように命じられた特攻隊員が、『そこには輸送船もいるんだから、空振りでもいいから輸送船に体当りさせてほしい。いくらなんでも、桟橋に体当りするのはいやだ』と中島飛行長に頼んだ。すると中島は、『文句を言うんじゃない、特攻の目的は戦果にあるんじゃない、死ぬことにあるんだ』と、どなりつけた」[11]という悲惨な例もあり、「戦死者を多く出す、激烈な戦闘を戦っている」ことを示すために指揮官は特攻を続け、特攻兵を次々と送り出した。

成果をあげることができなくなったのに、それでも延々と続けられたのは、アメリカ軍との戦力格差が拡大する中で、有効な対応策を考え出すことができなかった戦争指導者が、「精神は物質に勝る」という倒錯の論理に陥ったためで、「この倒錯の論理が成果（戦果）に結びつかなかった時、〝特攻死〟そのものが、次第に自己目的」[12]となり、特攻作戦は、軍事的な勝算がなくなったことに対する言い訳のための施策になっていった。

特攻の創始者とされる海軍の司令官、大西瀧治郎はいう。最近のアメリカ空母部隊は、「レーダーを活用して空中待機の戦闘機を配置して、わが攻撃隊にたいし三段がまえでそなえている。この警戒幕によって、わが攻撃機を遠距離で発見捕捉し、これを阻止撃退することが非常に巧妙になってきた。その結果、敵の警戒幕を突破、または回避してめざす攻撃目標に到達することが困難になり、しかも、いたずらに犠牲が大きく、敵に有効な攻撃をくわえることができない。この窮境を打開するためには、第一線将兵の殉国精神と犠牲的至誠にうったえて、必死必殺の体当り攻撃を敢行するほかに良策はない[13]」と。

相手はレーダーを使い三段がまえで備えているので、機銃を装備した身軽な戦闘機ですら有効な攻撃ができなくなった。それなのに、重い爆弾を吊るした鈍重な特攻機による体当りが、どうして良策になるのだろうか。殉国精神と犠牲的精神があればレーダーに捕捉されないとでもいうのだろうか。ようするに、打つ手がなくなったので、後は精神力に頼るしかないということで、連合国側との兵力の格差だけでなく、技術格差（レーダーやVT信管[14]の開発が遅れたのは、日本軍の攻撃第一主義によって、直接攻撃にかかわらない技術は軽視されたからといわれている）を埋めることができなくなったときに考え出されたのが特攻作戦で、「それがかえって航空戦力の根底からの崩壊を推し進めること[15]」になった。

3・責任回避の仕組み

特攻作戦は日本軍が組織の戦術として発案し、実施し、効果があがらなくても、死なせることを目的に続けられた。このことを踏まえないと、特攻作戦が個人の意思や判断でなされたかのような錯覚に陥り、無謀な作戦で多くの将兵を死なせた軍上層部の責任が隠されてしまうことになる。

この責任回避の仕組みは、戦後になって元軍高官たちによって考え出されたのではなく、特攻作戦を実施する段階で既に考えられていたもので、ここに特攻の悲惨さの原点があった。

最初に特攻攻撃が行われたのは一九四四年一〇月二一日で、フィリピンのルソン島の各基地から飛び立った神風特攻隊だとされている。これを命じたのが、中国重慶への無差別爆撃の指揮官であった海軍の大西瀧治郎（第一航空艦隊司令長官）[16]で、このために、大西を「特攻の創始者」とするのが通説となっている。

防衛庁戦史室編纂の『戦史叢書』は、軍需省に転じて、外部から戦争を眺めていた大西瀧治郎は、難局を打開できるという期待のもと、第一線の司令官に任命された。「その人選のうらに、戦況によって特攻の採用はやむなしと考え、これを実施できるのは、航空関係者に信頼のある大西中将をおいて他にはないとの理由」[17]であったとする。大西自身も、「一航艦（第一航空艦隊）司令長官に新補されるや、特攻を行うことがありえると、あらかじめ海軍部の了解を得て、その場合の処置を打ち合わせのうえ東京を出発[18]」し、フィリピンに着任したように、特攻作戦は海軍中央と、現地司令官である大西との合意の上で実施されたもので、大西と海軍中央は共犯であり、大西瀧治郎はすべてを了解の上で、中央への責任が及ばないように、「特攻の創始者」であることを引き受けたことになる。

大日本帝国憲法は部隊の編成は天皇の大権に属するとしていることから、特攻隊を編成する際も、天皇に上奏し、裁下をもらう必要があった。

このため陸軍では、特攻隊を正規の軍隊編成として天皇の裁下を仰ぐか否かで激しい議論が交わされた。「特攻隊を天皇の命令による正式な軍隊として編成するか、陸軍大臣の部署による志願者各人を第一線指揮官に配属する形式をとるのかの問題であった。参謀本部は、特攻作戦は中央が責任を取って、計画的に実行するものであり、その成果を発揮するには隊長の権限を明確にし、隊の団結、訓練を充実できるように正規の軍隊とすることが必要とした。一方陸軍省は技術、生産、教育等の不備を第一線将兵の生命の犠牲によって補うことを、特に天皇の名において命令することは適当ではないとし、この議論は長く続けられたが最後まで後者の方式によった[19]」と『戦史叢書』は説明する。

参謀本部は、特攻隊を正規の軍隊組織にして、士気を高めることを求めた。陸軍省は、飛行機の増産計画や、操縦者養成計画の破綻を取り繕うための体当り戦術であるのだから、実行した後に責任問題が発生する可能性がある。だから、従来のように天皇の命令という形で部隊編成をして、組織的に実行すれば、中央にいる自分たちの責任の問題になり、それは天皇にも及ぶ可能性があると考えた。

特攻を「させた側」は、最初から〝うしろめたさ〟を自覚していたことになるが、結局、責任回避の案が通り、特攻隊は「天皇の命令の基づく正規の部隊」ではなく、「陸軍内部に自発的に出来上がった私設の集団」という形式がとられた。

これはトップダウンを原則とする軍隊組織にとっては自己否定につながるものであった。しかし、あくまでもタテマエであったために、日本軍という組織が内部崩壊することにならなかったのは当然であった。

軍上層部はアメリカ軍との戦力格差が質、量とも埋めようもないほど開き、戦争計画が破綻したことを自覚しながら、それに対する有効な対策を立てることができなかったので、特攻兵に破綻の尻拭いをさせようとした。そのために真っ先に行ったのは、自分たちに責任が及ばないようにするための仕組みをつくることであった。

その結果、特攻は上が命令したものではなく、下の者が自発的にやったのだということになり、特攻兵は自己責任に基づき、自らの意思で死んだことにされた。ようするに、個人を犠牲にすることで組織としての責任を回避しようとしたわけだが、軍指導者の官僚的保身の犠牲になった特攻兵には、犠牲であることを粉飾するために諸々の名分（「悠久の大義」――身は滅んでも永遠に生きることになる等々）が与えられた。

4・服従の軍隊

徴兵制のなかったアメリカでは軍隊は志願兵（州兵といわれる市民兵）によって構成されていた。戦争の激化に伴い、志願兵だけでは足りなくなり、一九四〇年に州兵は連邦軍に編入され、戦時徴兵が始まった。徴兵するにあたり「中央集権を忌避し、あくまでも市民の自発的参加によって、民主的に運営される各地の徴兵事務所」には「無給のボランティアが全米で一八万四〇〇〇人が働き、徴兵登録や徴兵免除の決定など、すべての徴兵行政を行った[20]」という。

日本は徴兵を国民の義務として法により強制した。義務として集められた国民を兵とし訓練するにあたり、兵士の自発的な戦闘意思は全く期待せず、命令通りに動く戦闘力を求め、命令に対する絶対的服従を徹底させた。

徴兵制に支えられた日本軍は、日清、日露の外征戦争を戦う中で、「科学的な合理性を欠いた精神主義、硬直した攻撃第一主義や歩兵の銃剣突撃万能論、そして極端なまでの全軍画一主義[21]」などの独自の原理を形成していくことになる。

第一次世界大戦は総力戦という形態を生み、それまでにない戦死者数（世界で約一〇〇〇万人）が出たため、戦後、反戦平和を求めるデモクラシーが世界的な潮流となった。こうした「新たな状況の中で、いずれの国の軍隊も、根本的な自己革新を余儀なくされるようになった」とする吉田裕は、「自己革新の要は軍備の拡充、近代化にくわえて、軍隊の国民的基盤の拡大、強化であった」と『日本の軍隊』で述べている。
続けて、日本軍においても、日露戦争の後にあらわれた精神主義に対する深刻な反省も生まれたとする。それは兵器の近代化を求めただけでなく、組織の近代化として、上官の違法な命令に対して下級者は服従する義務を有するのかという議論から、兵士による「異議申し立て」（訴願法）を認めなければならないとする動きも出た。しかし、ロシア、ドイツ、オーストリアの君主制が崩壊したのを見て、天皇制を守るために、「天皇の軍隊」としての基本的枠組みを変更することはできなくなり、軍隊の正当性の根拠を「天皇の軍隊」に求めるイデオロギー自体の根本的見直しはなされなかった。そのために国民的基盤の拡大どころか、天皇の権威を強化するために、一時期あまり重要視されなかった「軍人勅諭」を復活させた。そこにおいて、「下級のものは上官の命を承ること、実は朕（天皇）が命を承る義なりと心得よ」という一節が強調されることになり、上官の命令を天皇の権威で絶対化することによって、命令への服従に宗教的神聖が付与され、命令への絶対服従が兵士の義務となった[22]。

ヨーロッパの軍隊がデモクラシーを基盤に、国民国家における「国民の軍隊」になったのとは逆に、自己革新をしなかった日本軍は、「天皇の軍隊」として、兵士の自主性を一切認めず、軍紀で縛り、上官への絶対服従を求め続けた（こうした隷属関係が兵士の能動性を奪い、軍紀の弛緩を生むことになった）。

このようなトップダウンによる絶対服従の組織を構築した日本軍において、特攻隊だけは、天皇と軍上層部に責任が及ばないようにするために、「上からの命令でつくられたものではなく、内部に自発的にできた私設集団」であるというタテマエがとられた。

「自発」のタテマエをとる以上、「私設集団」の構成員は上から命令された者ではなく、文字通り自発的に志願してきた者でなければならなかった。そこで、「特攻隊は志願者によって構成される」という新たなタテマエが上乗せされた。

5・「志願」というレトリック

これまで兵士に対しては、常に上官の命令に服従し、命令どおりに行動するよう求め、実際に命令どおりに動かしていた現場の指揮官は、このタテマエにより、形式的にせよ「志願」させるという煩わしい手順を踏まなければならなくなった。

慣れないことを求められた現場指揮官の間には、理解の食い違いが広がったと思われる。それは、特攻戦死者が残した記録や、生き残った人たちの手記が、「志願」という形式を成立させるために、いろいろな方法がとられたことを記していることからも窺える。

例えば、大勢が集められて、「志願しない者は一歩前に出ろ」といわれても、出ることができるような状態でなく、誰も前に出なかったので全員が志願したことにされた。

「全員志願するのが当たり前だから、こちらから命令する」と名指しされた。

「熱望」「希望」「希望せず」と書かれた用紙が配られたので「熱望する」にマルをつけなかったら殴

られると思い、マルをつけた。

「目をつむれ、志願するものは手を挙げろ」といわれ、全員が手を挙げたような音が聞こえたので自分も手を挙げた。

黒板に、爆撃機、戦闘機、偵察機、特攻機と書かれていて、乗りたい飛行機を書いて提出するよう命令された。特攻機と書いた者が少なかったらしく、「精神がたるんどる」と生徒全員が四日間にわたり殴られたなどなど、時期や場所によっていろいろな方法がとられており、各現場の指揮官の考え方によって「強制」の度合いに濃淡が出ていることから、「志願」の形式を踏ませるための統一的なマニュアルはなかったと推測できる。

また、一応形式であっても全員が「志願を募る」というプロセスを経たかというと、必ずしもそうではなかった。例えば、三人の操縦者がフィリピンへの転属を命じられ、飛行機を受取りに行くと、特攻用に改造された飛行機が三機用意してあった。操縦者が「われわれは特攻隊ですか」と尋ねると、輸送隊長は「いや、輸送するだけだ」と否定した。フィリピンの飛行場に着くと、そこでは三人は特攻要員になっており、要員であることは出発前に決まっていたことを知るといったような、詐欺のような「当人が知らない志願[23]」もあった。

こうした詐欺的な行為だけでなく、「志願」の形式すら経ない、今まで通りの、まったくの強制＝命令によるものもあったが、逆に、天皇のために死ぬことは名誉だと考え、自ら上官室に出向いて志願を申し出たという例もあった[24]。こうした血気に逸る申し出が、どのくらいの割合であったのかは明らかになっていないが、強制や、詐欺的なことまでして隊員を集めなければならなかったということは、「天皇のために死ぬ」と自ら申し出る兵士が、それほど多くはなかったという証左であろう。多数の自主的な申し出があったとしたら、特攻隊の編成は簡単に行われ、強制や詐欺的なことまでする必要はなかったはずである。[25]

このような「志願」の実態に対して、「志願」という言葉が、現代において日常的に用いられる意味で理解されることによって、混乱が生じることになる。現代における「志願」という言葉は、個人の自由な判断により参加を決めるもので、志願するのも個人の自由、志願しないのも自由という前提のもとでの自己決定を意味する。

この個人の自由な判断を保障する前提（制度）が、戦時中の日本には存在しなかった。「戦後社会に空気みたいになってしまっている『自由』が、戦中の日本軍隊の中にもあったなどと考えたら、大変な間違いである。端的に言えば、軍上層部は『自発的に志願せよ』と命令できたのである。自発性を強制できたのである。ここに志願問題の鍵がある。一般に『志願』とは当人の意思・希望の表明を意味する。自発性を前提とする。が戦争末期には、上長者の意向の強制と、それへの忍従を意味[26]」するものでしかなかった。

当時の兵士には「志願する自由」はあったが、「志願しない自由」は無く、作戦に基づく行動への参加を、法的にも社会的にも拒否することはできなかった。組織（上官）の命令に従わなかったら抗命罪。逃げたら脱走罪。さらに仲間から「卑怯者」、社会からは「非国民」という汚名を着せられた。

だから下級将兵は、制裁や処罰の恐怖の中で、作戦に対する「組織の決定」に従わざるを得なかったし、従ったのである。

日本軍に下級将兵の意見を少しでも取り入れる余地と余裕があったのなら、これほど硬直した組織にはならなかっただろうという指摘があるが、民主的な要素を一切排除していた組織が、特攻隊をつくるにあたり、「志願」をタテマエとしたために、特攻隊は民主的な誓約者集団であるかのようなイメージが戦後の日本社会で形成された。「志願」という言葉がタテマエではなく、ホンネとして理解され、民主主義的な「参加」という意味も加味されて、当時とは別の意味を持つようになった。「自らの意思で、国のために、家族のために、すすんで命を捧げた」と、その献身性が讃えられ、「人間の偉大さの表現」とまで一部で賞賛されている特攻だが、賛辞の根底にあるのが「自発的な意思」による「主体性の発揮」だろう。「自らすすんで自己を犠牲にした」のであって、「命じられてやった」となれば、価値は著しく減少することになる。

反対に、韓国では、朝鮮人特攻戦死者は「志願してまで天皇のために死んだ者」として、その主体性こそ民族を裏切るものとされた。徴兵されて戦死した者は日本による強制動員の被害者だが、自ら志願した特攻兵は被害者ではなく、典型的な「対日協力者（親日派）」であるとする風潮が、いまなお根強く残っているのも、「志願」という言葉をホンネとして理解していることからきている結果と思われる。

6・「志願」の実態

特攻を軍の作戦として行うことを決定し、機体の改造、特攻用兵器の開発、要員の編成まで命じておいて、自身と天皇に責任が及ばないようにと、軍上層部は、特攻隊は「私設の集団」で「志願」者が行うというタテマエをとった。ところが、実際の運用にあたっては、最初からタテマエは無視され、命令により実施された。

海軍の特攻第一号とされる関行男（大尉）は、一ヶ月前に台湾からフィリピンに着任してきたばかりの新参者であったので、選び易かったのだろう、上官から「指名」され、「私にやらせてください」と快諾したことになっている。

実際は「一晩考えさせてくれ」といい、「日本も終わりだよ。ぼくのような優秀なパイロットを殺すなんて。ぼくなら体当りせずとも、敵空母の飛行甲板に五〇〇キロ爆弾を命中させて帰る自信がある」[27]と報道班員に語っている。

この関行男の言葉は、特攻を命じられたベテラン操縦者のやり場のない不満の表現であった。二度と帰らない一過性の特攻戦術については、経験をつんだ操縦者の多くは批判的であったという。操縦者としての技能を、厳しい訓練と経験によって獲得しながら、それを一回限りの出番で失い、命までも失うという作戦に納得できなくても、関行男は命じられるままに出撃した。なぜなら、上官の命令は天皇の命令として、絶対服従を強いられていたからであった。

陸軍の特攻第一号は岩本益臣（大尉）だとされている。彼は職業軍人を養成する陸軍士官学校の出身で（五三期）、陸軍では有名な操縦者であり、跳飛爆撃[28]の権威といわれていた。

跳飛爆撃とは、小石を水面に投げると水面を飛び跳ねるように、爆弾を海面スレスレに投下すれば、水没することなく飛び跳ねて、艦船の弱点である船腹に穴をあけることができるというもので、特攻作戦が決定する以前は、体当りよりも有効な戦法として陸・海軍ともに実験を行っていた。

しかし、爆弾を海面で跳ねさせるのは容易なことではなく、角度やスピードの習得が必要で、実験に失敗した海軍は早々に諦め[29]、陸軍は訓練を続けていたとされている。陸軍上層部は、その第一人者に特攻で死ぬことを求めた。

南方戦線で多くの実戦を経て、岩本益臣は一九四三年四月より茨城県の鉾田飛行学校の教官をしていた。この飛行学校がある鉾田基地（鉾田教導飛行団）は、特攻作戦はかえって戦力を低下させることになるとして、軍中央の方針に反対していたことは前章にて簡単にふれた。

鉾田基地では、反対する理由の一つに、一九四二年に日本海軍がアメリカの正規空母（ホーネット）を沈めたときのことを引き合いに出した。飛行機から落とされた爆弾、五発が甲板に命中、いくつかは甲板を貫通して内部で爆発した。攻撃機の一機が撃墜され、甲板に墜落し、つけていた爆弾二発が爆発した。さらに魚雷二発が命中し、空母は航行不能になったが沈まなかった。日本軍機は繰り返し攻撃し、二発の爆弾を命中させ、魚雷一本を命中させたので火災を起こし、傾斜した。放棄された空母に対して、さらに魚雷が撃ち込まれて、ようやく空母は沈んだ。

この実例をあげ、性能の良い海軍の爆弾でも、これだけ命中させなければ沈めることはできない。甲板を貫通する力のない陸軍の爆弾をつけて体当りしても、軍艦は沈まない。卵をコンクリートに叩きつけるようなものだ。仮に、海軍の徹甲弾を貰い受け、それを飛行機につけて突入したとしても、衝突の瞬間に爆発してしまい、本来の威力（内部に貫通しての爆発）は得られないと、体当りは効果のないことを論証して、軍中央の方針に反対した。これに対して軍中央は、陸軍最初の特攻隊を鉾田基地で編成するよう命じた。そして、強硬に体当りに反対した岩本を隊長に選んだ[30]。

「陸軍上層部は、最初の体当り要員をこの鉾田に割り当て、今西師団長は岩本大尉以下を指名したのである。（略）岩本を最初の体当りに指名したのは、陸軍最初の体当りを成功させたい功名心と、体当り強硬論者が部内の体当り反対論者を封殺抹殺するためであった[31]」。

特攻に強く反対していた岩本だったが、やはり上からの命令には従っている。体当りするのだから無用なものとして、無線機、機関銃が取り外され、風防はほとんどベニヤ張りに改造された特攻機を与えられた彼は、二四人の特攻隊員を率いて、台湾経由でフィリピンに向かった。

一九四四年一一月、フィリピンに到着した岩本らは、現地の軍司令部から、歓迎の酒宴のために呼び出され、ルソン島のリパ飛行場からマニラに向かって飛んでいたところをアメリカ軍機に襲撃され、岩本ら将校全員が戦死した。その後、将校でなかったために酒宴に招かれなかった彼の部下が、レイテ湾のアメリカ艦船に体当りをした。

岩本は実際には体当りをしていないが、軍中央は「陸軍特攻の第一号の隊長は岩本益臣」と喧伝した。それは、「陸軍のナンバーワンパイロットといわれる岩本ですら特攻したということにすれば、彼より技術が劣る者は反対できなくなり、特攻に出しやすくなる(32)」と考えたからであった。

7・特攻の矛盾

こうして始まった特攻作戦に対し、海軍と陸軍は競うように特攻隊を編成し、投入していったが、ほどなく特攻作戦が持つ大きな矛盾に気付くことになる。

一回の体当りで、長時間かけて訓練し、貴重な実戦経験を有する操縦者が確実にいなくなってしまう。一回きりの体当りで熟練操縦者を死なせるのは果たして得策なのか。しかし、未熟な操縦者に体当りをやらせれば、命中させる確率は極めて低くなる。だから体当りを成功させるためには熟練操縦者を使わなければならない。そうすれば、ただでさえ少ない熟練操縦者がさらにいなくなってしまう。

こうした矛盾が露になる中、目をつけられたのが、一九四三年六月、東条英機の航空大拡充の号令によって大量に採用され、速成訓練を受けていた学生（陸軍では「特操」、海軍では「予備士官」）と、少年（陸軍では「少年飛行兵学校」出身者、海軍では「海軍飛行予科練習生（予科練）」出身者）であった。

一九四三年一〇月に入隊した学生と少年は、このとき、ほぼ一年間の訓練期間を終えていた。通常、空中戦を行えるようになるには最低でも六〇〇時間（約三年）の訓練が必要とされていたが、彼らは一年間、約一〇〇時間余の訓練で、どうにか離着陸はできるようになっていた。

山口宗之は『陸軍と海軍』において、偕行社版の『特別攻撃隊』がまとめた、四一六〇名からなる特攻戦死者の名簿から、階級、年齢、突入月日等が明らかになっている三九四三人を階級別に整理している。

表1では、将校が幹部、それ以下が下級者になるという。陸・海とも幹部の中で最も特攻戦死者数が多いのが「少尉」クラスで、下級者の中では「伍長」（海軍では二等兵曹）クラスになる。

少尉とは、一六歳で陸軍士官学校（海軍は海軍兵学校）に入学し、卒業する二〇〜二一歳で少尉となり、定年まで軍に勤務

表１　特攻戦死者階級別表

	陸軍			海軍		
	階級	人数	百分率	階級	人数	百分率
将校	少佐	4		少佐	1	
	大尉	27		大尉	49	
	中尉	57		中尉	313	
	少尉	504		少尉	453	
	見習士官	5		少尉候補生	29	
	（小計	597）	（45％）	（小計	845）	（32％）
准士官	准尉	21		兵曹長	50	
下士官	曹長	106		上等兵曹	445	
	軍曹	204		1等兵曹	510	
	伍長	397		2等兵曹	612	
兵	兵長	2		水兵長	153	
	上等兵	0		上等水兵	1	
	（小計	730）	（55％）	（小計	1771）	（68％）
	計	1327		計	2616	

＊見習士官（少尉候補生）以下では陸海軍間に名称の違いがあるが、同一線上は同じ階級である。

出典）山口宗之『陸軍と海軍』2000年・清文堂出版・210頁より

する軍人で、兵士からすればエリートになる。ところが、一九四三年に東条英機の航空大拡充の号令で、大学・高専校生を対象にした特操ができ、一期、二期で約三〇〇〇人の学生が採用されていた。海軍には従来から予備学生制度があり、学卒の採用は毎年五〇人程度だったが、一九四三年には五二〇〇人に拡大された。だから、特攻で戦死した同じ「少尉」の中には、正規の訓練を受けたプロの操縦者と、一年程の訓練しか受けていないアマチュアがいた。この場合のアマチュアとは、速成教育しか受けていない学徒出身、少飛出身者を指す。職業としての軍人を選んだ士官学校出身者らをプロフェッショナルとするならば、戦時動員された彼らは、「非熟練者」としてプロから「素人扱い」を受けていた点でも、まさにアマチュアであった。両者の違いは技能だけでなく、戦争に対する見方、自己の位置付けなども大きく異なっていた。[33]

そのプロとアマの比率は、

陸軍――少尉の特攻戦死者、五〇四人中、プロが九一人、アマが四一三人＝プロ率一八％

海軍――少尉の特攻戦死者、四五三人中、プロが六人、アマが四四七人＝プロ率一・三％

で、陸・海軍ともに断然アマチュアが多い。(山口宗之作成の「各階級における現役の占有率表」より)

一方、下級者で最も多いのが、陸軍では伍長の三九七人。海軍では二等兵曹の六一二人で、彼らは陸軍少年飛行兵学校(以下、少飛という。海軍は予科練)の出身者である。一四歳以上で高等小学校卒業者を対象としていた少飛は、一九三四年に設立されていたが、ここも一九四三年に八〇〇〇人に拡充された。定員増だけでなく修了年限も三年半であったものが半分以下に短縮された。特攻戦死者の多くは、このときに入校した短縮組（乙種）の少年たちであった。

特攻戦死者の中で最も多い、少尉と伍長の多くが一年余の速成教育を受けたアマチュアで、当然、飛行技術も未熟だった。これとは逆に「技術的には最も熟達していたと思われる准尉（兵曹長）の出撃数が極度に低いことと考え合わせ、特攻作戦の非情さはともかくとしても成功度の低かったろうことを裏書するというべきである[34]」と山口宗之は指摘する。

東条英機の号令によって、一九四三年から実施された操縦者養成のための速成教育は、人員不足を補うためのもので、特攻要員を調達するためにつくられた制度ではないとされているが、結果的には、この制度の出身者が最も多くの犠牲者を出しており、生涯、軍人として軍隊生活をおくるプロを温存し、アマチュアがその代替として使われたことは数字が示している。


特攻作戦の持つ矛盾に最初に気付いたのは海軍で、すぐに特攻要員をアマチュアに切り替え、プロを温存した。その結果、「陸軍少尉の現役率（プロ率）一八％に対し海軍少尉はわずか一・三％に過ぎないことである。全特攻隊中の主力の一翼を担った海軍少尉の九九％は実は学生出身によって占められていた」わけで、「海軍当局が海軍兵学校出身の現役（プロ）少尉を最後まで特攻出撃からはずした理由は何であったのか、知る手だては今のところない[35]」という。

陸軍も、しばらくしてこの矛盾に気付き、プロを温存し始めた。軍上層部は、実戦経験を有するゆえに、例え体当りが成功したとしても効果が少ないことを知っているプロを、なるべく特攻作戦には使わずに、その身代わりとして学生と少年に体当りを実行させた。

表2　知覧基地からの出撃特攻機

機　種	出撃機数	採用年	エンジン（馬力）	最高速度
97式戦闘機	172	1937年	70馬力	470km/時
1式戦闘機	120	1941	1130	515
3式戦闘機	49	1943	1500	600
99式襲撃機	36	1939	940	443
99式高等練習機	35	1939	450	349
2式複戦	15	1942	1080×2	547
98式直協機	3	1938	510	349
4式戦闘機	2	1944	2000	624

（知覧特攻平和会館の展示、その他より作成）
出典）吉田裕『日本の軍隊』2002年・岩波書店・222頁より

アマチュアである学生と少年を使えば命中率は下がり、戦果は期待できなくなる。陸・海軍とも早々とアマチュアを使ったということは、その段階で軍事的な成果を諦め、特攻作戦を続けることだけを目的に、特攻兵を送り出したことになる。

未熟な操縦者には戦果を期待しようがないから、新しい飛行機はなるべく温存し、性能の低い旧式の飛行機が特攻用として使われた。表2は、吉田裕が『日本の軍隊』において、鹿児島県の知覧基地から出撃した特攻機を機種別に分類したもので、最も多いのが八年も前に作られた時速四七〇キロしか出ない九七式戦闘機であった。これらの旧型機を沖縄上空で待ち受けていたのが、時速六〇〇キロのアメリカの戦闘機であった。特攻機は性能では太刀打ちできないうえに、重い爆弾を積み、機銃や無線機を外し、石油不足から代用品を混ぜた劣悪な燃料やオイルを積んでおり、二重、三重のハンディを背負わされていた。

軍上層部は、身内（職業軍人）をあまり使わず、学生と少年を、国のため、天皇のためにと送り出した。アマチュアを使えば効果は得られない。効果がないのに、それでも続けられた特攻には、どのような目的、意味があったのだろうか。

8・沖縄戦

フィリピン戦で日本軍は連合艦隊を失い、多くの飛行機も失って敗北した。これによって南方からの資源ルートが断たれることになり、事実上、戦争の遂行は不可能になった。しかし、戦争をやめようということにはならず、翌一九四五年一月、軍は「帝国陸海軍作戦計画大綱」を策定し、本土決戦の構想を明文化した。

陸軍はアメリカ軍を本土に引き込んで最後の決戦を挑もうと考えたわけだが、本土決戦とは本土を戦場にすることであり、国民を直接戦闘に巻き込むことで、国民に対して「一億特攻」、「一億玉砕」を求めた。ここでいう本土とは通称で、軍部が考えていたのは、日本列島に、朝鮮、台湾、南樺太を含んだ地域で、当時の日本列島の人口は七一九三万人だから、「一億玉砕」とは、朝鮮の人口二三七一万人、台湾の六〇八万人を加えたもので、植民地の人々にまで死ぬことを求めたことになる（一九四〇年・昭和国勢総覧・東洋経済新報社）。

特記すべきは、この「作戦計画大綱」において、沖縄は本土決戦のための時間稼ぎの場として、アメリカ軍の出血消耗を強いるだけが目的になり、見捨てられたことである。

沖縄の守備軍（第三二軍）は、主力である第九師団に北（読谷）と中（嘉手納）飛行場を守らせ、そこから海上のアメリカ軍を攻撃させる方針で、半年以上かけて陣地を構築していた。その第九師団が、軍中央の命令で台湾に移動になった。その代わりに沖縄に派遣される師団の輸送が、一九四五年一月に中止されたために、両飛行場を守備するのは不可能と判断した三二軍は、両飛行場を放棄し、南部に引いての持久戦を決断せざるを得なかった。

三月二三日から始まった沖縄戦では、まさに、この本土決戦が実際に行われた。アメリカ軍は上陸前に激しい空爆を加え、さらに海からの艦砲射撃によって本島南部の大半は焼き払われた。「県民五七万人のうち小学校六年生以上の男子を総動員して陣地構築・補給作業などに協力させ、満一七歳から四五歳までの男子約二万五〇〇〇人を防衛隊に招集して、戦闘に従事させた（うち約一万三〇〇〇人が戦死）。さらに県下すべての中学校・女学校から二〇〇〇人以上の男女生徒が鉄血勤皇隊・ひめゆり隊などの学徒隊として従軍した（うち一一〇五名が戦死）。（略）沖縄県民の悲劇は日本軍による県民殺害がなされたことでいっそう増大した。慶良間諸島では五五三人が集団自決を強要され、久米島ではスパイ容疑で朝鮮人一家七人（夫婦と幼児五人）を含む二〇名が処刑された。本島でもスパイ容疑や戦闘の邪魔になるなどの理由で処刑・殺害が頻発した。日本軍の手で殺害された県民は、集団自決を含め、八〇〇人以上にのぼった[36]」とされる。

この結果、沖縄戦では軍人と住民がほぼ同数戦死（住民の戦死者九万四〇〇〇人。軍人軍属九万四一三六人）しており[37]、これにマラリア病死や餓死を加えると、一般住民の犠牲者数は二〇万人前後になると推定されている。また、糸満市摩文仁の韓国人慰霊塔が、「一万余名があらゆる困難を強いられたあげく、戦死、虐殺されるなど惜しくも犠牲となった」とするように、一～二万人の朝鮮人が沖縄に連行され、男性は軍夫として地下壕の建設などに、女性は従軍「慰安婦」にさせられ、多くの犠牲者を出した。

9・本土決戦

沖縄戦において、軍は沖縄の住民を総動員して戦闘に利用したように、陸軍は本土決戦にあたり、「一億特攻の攻撃精神でこれを迎えうつ」として、国民に戦闘への参加を求めた。

一九四四年七月、政府は「一億総武装」の方針をうちだし、国民生活と軍需生産に対する統制を強め、一九四五年三月に「国民義勇隊」の結成を決定した。これは、これまでの大政翼賛会や大日本婦人会などの組織を、国民動員組織として一元化させようというものであった。

本来、義勇兵とは自由意思で参加する志願兵のはずだが、日本の国民義勇隊は、国民の参加を義務とし、否応なしに戦闘組織に組み入れ、軍の指揮下に置こうとするもので、アメリカ軍が上陸した場合に、兵站を担うだけでなく、軍とともに戦闘を行う組織であった。

国民義勇隊に動員された国民には軍服は支給されなかったが、国際法上の戦闘員であることを示すために、私服に「戦」と書いた白い布を胸につけていた。陣地作りをしている間の食料は自前で、戦

闘が始まったら軍から支給されるとされていたが、そんな話は誰も信じていなかったという。(38)

国民を軍事行動に動員するということは、国民は日常生活を犠牲にしなければならないことから、これを合法化するために、一九四五年六月二二日に「義勇兵役法」が公布された。この法律は、一五歳から六〇歳までの男性、一七歳から四〇歳までの女性すべてを義勇兵役に服させるもので、動けるほとんどの国民が兵役の義務を負った（本法を受けて「国民義勇戦闘隊統率令」が制定され、国民義勇隊を義勇戦闘隊に転化する法的基準が示された）。

国民国家の軍隊は、国民の生命、財産を守ることを主たる任務としていることから、国家の危機に際しては、国民に正確な情報を伝え、国民自身の手で自らの生命と財産を守るよう呼びかければ、これに呼応した国民は自らの意思で、義勇兵（兵制によらず、民間人が自由意思で兵となったもの）になるとされていた。

天皇制国家では、法によって国民を動員し、天皇制を守るために戦い（一億特攻）、天皇のために死ぬよう求めた（一億玉砕）。そのために、国民は義勇隊員として軍の統制下に入り、軍からの命令どおりに動くよう求められた。

国民義勇隊の組織化は農村部においては受け入れられたが、都市部においては軍部の計画したとおりには進まなかった。「国民義勇隊の編成は、日本ファシズムの国民動員体制の極限の形態であった。しかし一億国民を本土決戦に総動員しようとするこのとき、支配者の期待したような国民の戦意の燃え上がりはまったくみられなかった。それは戦局の悪化もさることながら、国民生活そのものが崩壊に瀕していたことが大きな原因[39]」であった。

一九四五年になると、食糧不足、闇取引の横行、物価高騰に加えて、アメリカ軍が中小都市へ空爆を広げたことから、都市住民は自らの命を、自らで守らなければなくなった。国民の不満は高まったが、厳しい弾圧によって、その不満を公にすることはできず、不満は落書きや流言蜚語として広まった。

こうした不穏行動や天皇に対する不敬発言は憲兵と警察の徹底した取締りで抑えることはできたが、本土決戦において国民を「燃え上がらせる」ことは、憲兵や警察にできることではなかった。

国民義勇隊という入れ物をつくり、義勇兵役法によって強制的に国民を動員できるシステムをつくったが、軍と政府としては、いかにして国民の士気を高め、強大な敵と戦わせるかということが最大の課題となった。例えば、軍と政府は国民一人一人が、落ちてきた爆弾を団扇で消し、上陸した敵を竹槍で刺す戦術をもって、自発的に本土決戦に参加するよう求めたが、それは強権によってできるものではなかった。

このとき日本には皇国史観に基づく愛国教育があり、天皇を頂点とする一枚岩の社会があった。勝敗を度外視して戦い、天皇のために死ぬことが名誉であるという価値観があった。だから、本土決戦という最終局面において、この精神が最高度に高められ、国民は喜んで天皇のために死ぬはずであり、軍は、本土にアメリカ軍を引き込み、国民を楯にして戦えば、アメリカ軍は進むことはできないだろうから、これまでの負けを一挙に覆せると「本土決戦」を唱えた。

しかし、軍以外の政治指導者は、上からの動員だけでは、国民は立ち上がらないと考えていたと思われる。その証左として、軍に強い影響力を持っていた皇国史観のイデオローグ、平泉澄《ひらいずみきよし》(40)が、義勇兵役法の上諭（重要な法律が公布されるときに、その冒頭に上諭という形で天皇の言葉が付される）の陸軍省案が出されたとき、次のように修正するように指示したことを挙げることができる。

（一）義勇兵役法　既に義勇といふ以上　気持ちの上に於いては臣民自ら進んで之に従うといふ風に御表現願度事

（二）危急存亡の際に国土を死守するといふ悲痛なる気持ちを御表現願度事

これは、「上から強圧的に全国民を義勇軍に入れてしまうというのではなく、下から進んでそうお願いして入れてもらいたいという形にして、かつそれが国家的危急存亡のときになされる緊急措置だったという悲痛な気持ちを表現することが必要だという(41)」思惑からであった。

「豚に歴史がありますか」「百姓に歴史がありますか」と学生に説教したという東京帝国大学教授の平泉澄は、大衆を徹底して蔑視しながらも、本土決戦にあたっては、大衆の主体性を発揮させなければならないと、下からの自発性を求めた。

平泉澄の思想である皇国史観によれば、国民は国家に包摂されるもので、国民は国家と一体となり、国家の意のままに動く存在としてあった。その国民が、全国的な空爆によって家を焼かれ、飢えの苦しみに悩まされ始めると、怨嗟の眼差しを、空爆をするアメリカ軍に対してよりも、戦争そのものへ、戦争をしている国家に向け始めたことを知った。そこで平泉は、上からの支配を貫徹しつつ、下からのナショナリズムを喚起しなければならないと考えた。

皇国史観は、国（文部省教学局）が学問、教育、思想を天皇中心主義になるようコントロールしようとして提唱されたもので、日本の絶対性、独自性、優越性を主張するために国が正統なものとして定める「正史」であったと定義されている。[42]

この皇国史観の代表的イデオローグとされる平泉澄は、東京帝国大学で中世日本史を専攻する一教授にすぎなかった。彼は、一九三一年にヨーロッパに留学したのを転機に、これまでのアカデミズムを克服するとして、「皇国護持」を至上価値とする天皇至上主義へと変節した。その彼が、軍部、宮中、政治中枢（近衛、東条内閣）への大きな影響力を行使できたのは、彼の「歴史学が、天皇中心の歴史学であり、その説くところが時代とぴったり合っていたから」であったと立花隆は説明する。

立花が『東大と天皇』で明らかにしたところによると、「天皇のために生命を捧げることが、日本人の最高の道徳」とされ、「特攻隊と玉砕戦法とは、この道徳の最もピュアな表現である。それは大義を守るためには、死滅、全滅もよしとする考えで、行為の有効性などといった、実利、実益的側面を勘案して行動を選択する、西欧流のプラグマティズム思考とは対極をなす考え[43]」であった。

軍部の依頼により各地の部隊で講演を行っていた平泉澄だったが、その大げさな説法や演出が評判を呼び、一九三四年になると陸軍士官学校でも講義を行うようになった。ここで東条英機と知り合うことになり、以後、勢いを増し、陸軍大学校の講師になり、その思想は軍の中枢幹部の中に浸透しただけでなく、昭和天皇の弟、秩父宮にも週に一度の講義をすることで信頼を得、宮中とも親密な関係をつくっていった。

平泉澄の思想のエッセンスは、「日本精神の極致は『忠』の一字に帰着するということと、日本人の忠義の対象は天皇ただ一人しかいないこと、そしてその究極の表現は命を捧げることになるということにつきる」[44]といわれるように、平泉澄は、天皇を守るために国民は死ななければならず、その死こそ日本精神の美学の極致であるとした。

実際に戦局が悪化してくると、彼は「楠木正成の湊川の合戦の精神[45]」を讃え、日本全体が劣勢（湊川状態）にある今こそ、楠木正成のように、国民一人一人が天皇のために命を捨てて特攻攻撃に徹するなら、いかなる大軍も恐れることはないと呼びかけた。

そのために政府は義勇兵役法をつくり、国民を総動員して本土決戦を戦う態勢を整えた。戦争の陰で甘い汁を吸っていた人々（軍需物資を隠匿していた軍人、飛行機大増産を叫びながらアルミニュウムを横流ししていた軍需工場の経営者、配給品を着服していた役人など）は、既得権益を守るために戦うだろう。しかし、こういうことには関係のない、しかも飢えに苦しむ都市住民を戦闘に参加させるためには、従来からの「公の大義名分」（天皇のため、大東亜共栄圏の建設）による、上からの強制には限界があることを認識しつつも、平泉らは国民を信用することも、自由を認めることもしなかった。

だから、義勇兵役法の第七条一項に、義勇召集を免れるため、逃亡、潜匿、身体の損傷、疾病の作為、その他の詐偽行為をした者は二年以下の懲役。二項で、故なく義勇召集の期限に遅れた者は一年以下の禁錮という罰則規定を設けなければならなかった。[46]

本土決戦という戦争の最終局面を迎えて、国民義勇隊をつくり、国民に自発的な参加を求めながら、法による強制動員を行い、動員に応じない国民を処罰する条項までもつくらなければならなかったところに、平泉澄による皇国史観の限界と虚偽性があったといえるだろう。

10・特攻の目的

本土決戦を最終目標にした軍部は、上からの支配を貫徹したまま、国民に決戦への「主体的参加」を求めた。

一九四五年四月一九日、陸軍は「敵の一人を斃すに我が十人を犠牲とするも敢て辞せず、要は敵を完全に殲滅し皇土に一人も残存せしめざるを要し[47]」と発表し、敵一人を殺すのに国民が十人死んでもかまわないとした。これが「自衛のための戦い」と称された、この戦争の到達点で、軍高官と政府首脳は、自分たちはシェルターに隠れながら、国民を犠牲にすることで有利に講和を進めようとした。

四月二一日、「決戦訓」が公表され、「全国民体当り精神に徹す」ことが求められた。

五月三日、政府は、ドイツが降伏しても日本は単独で戦うとし、「国民諸君も特攻の勇士の如くあれ」と呼びかけた。

六月八日、御前会議において「本土決戦」が決定され、これまでの「自存自衛、アジア解放」という戦争目的が、「国体護持」に変えられた。

六月二二日、義勇兵役法が成立、即日施行された。翌二三日、沖縄の牛島軍司令官らが自殺して、沖縄戦における組織的な抵抗が終わった。陸軍の特攻は六月三日の第一〇次航空総攻撃で終わっていたが、海軍は六月二二日の菊水一〇号作戦で終了した。

義勇兵役法の施行と特攻作戦が終了した日が重なるのは、偶然の一致ではなく、密接に連動していたと考えることができる。

アメリカ軍は二月より、焼夷弾による市街地の破壊を始めた。三月は沖縄戦のために中断されたが、四月からは中小の都市へも空爆は拡大された。被災した人々は、家族や家を失っただけでなく、食料の確保もままならなくなり、戦意を失っていた。「参謀将校が自動車に乗って焼跡の視察にきたとき、疲れはてて路上に座り込んでいた罹災者が、期せずして一せいに立ち上がり、『お前達の為にかうなったのだぞ。それを視察とはなんだ』とののしり、参謀たちは返す言葉もなく逃げ去った[48]」という状況であった。

こうしたことは軍も認めており、「軍部及び政府に対する批判逐次盛となり、ともすれば指導層に対する信頼感に動揺を来たしつつある傾向あり。且国民道徳は退廃の兆しあり又自己防衛の観念強く敢闘奉公精神の昂揚充分ならず。庶民層には農家に於いても諦観自棄的風潮あり。指導的知識層には焦燥和平冀求気分底流しつつあるを看取す。かかる情勢に乗じ一部野心分子は変革的企画を以って蠢動しある形跡あり。沖縄戦最悪の場合に於ける民心の動向に対して特に深甚なる注意と適切なる指導とを必要[49]」という認識を示している。

二つの内戦（戊辰戦争と西南戦争）以外の日本の戦争が、外征としての侵略戦争であったために、出征した兵士以外の日本人は、戦争とはどのようなものなのかを実感したことがなかった。中国の重慶などに無差別爆撃を加えていた日本軍の非人道的行為を当然のこととして眺めていた日本人は、アメリカ軍による無差別爆撃によってはじめて被害を体験し、戦争への見方を急激に変えていた。このような状況の中で、国民の戦意を維持し、国民を本土決戦に立ち上がらせるために、沖縄戦における特攻作戦が必要とされたのではないだろうか。

フィリピン戦は、南方の資源ルートの確保という、それなりの戦略的な意味があった。しかし、沖縄戦には戦略的な意味はなくなり、本土決戦の時間稼ぎとされた。であるのに特攻作戦が延々とつづけられたのは、本土決戦のために国民を総動員する義勇兵役法を国民に受け入れさせ、国民義勇隊を早急に組織するために、沖縄では、若い少年飛行兵や学徒兵が爆弾とともに体当りをしていることを国民に見せる必要があった。本土決戦になったら、天皇を守り、国を守り、家族を守るために国民も、彼ら特攻兵のように肉弾となって敵に突っ込み、潔く死ぬ必要があることを理解させ、納得させるために、特攻隊員の「死」を必要とした。これが、特攻作戦が続けられた真の目的であったのではないだろうか。

無論、一義的には軍事的な行き詰まりから特攻作戦は実施されたのだが、特攻に効果がないことが判明した後も、特に軍事的な意味が喪失した沖縄戦においても特攻を継続し、飛行機による特攻戦死者の多くをこの沖縄戦で出したのは（フィリピン戦の特攻戦死者は六四七人以上。沖縄戦では一九六八人以上——小沢郁郎『つらい真実』における数字）、国民の戦意を喪失させないためだけでなく、国民に本土決戦を覚悟させ、本土決戦に立ち上がらせるために、政府と軍は、特攻兵に死ぬことを求めたと考えることができる。

そう考えると、戦果を問うことなく、死を自己目的化した理由が判るし、アメリカ軍のレーダーと戦闘機が待ち受けるところへ、旧式の飛行機に重い爆弾を下げて向かわせたのも、そして、速成教育の未熟な操縦者を投入した理由も理解することができる。

戦果を無視した特攻作戦に投入されて死んだ特攻兵は、戦争計画が破綻しているのに戦争を続けようとする軍上層部の官僚的な保身のために殺された犠牲者であり、同時に、本土決戦に向けての世論誘導を行うために死ぬよう求められた政治の犠牲者でもあったことになる。

特攻兵の死を国民に見せつけることによって、本土決戦を決意させようという政府と軍の思惑の中、「天皇のために死ぬことが最高の価値」とする皇国史観が、その力を示すことなく、軍事行動と同様に完全に行き詰まり、国民も「一億特攻」のために自発的に立ち上がることをしないまま、日本は降伏した。

一部の軍人が徹底抗戦を主張したが、国民は、これにのらなかった。「滅私奉公」と教え込まれていた国民は、「奉公」することなく、「滅私」を免れようと従順に占領を受け入れた。天皇のために死ぬことが究極の美学であると主張した平泉澄自身、天皇のために死のうとはせず、故郷の福井県に戻って神職となった。

11・天皇と特攻

日本陸・海軍は最高司令官としての天皇が統率する軍隊であったが、天皇自らが命令しないのがタテマエで、参謀総長（陸軍）、軍令部総長（海軍）の進言を受け入れる形式をとった。しかし、天皇は特攻作戦については折にふれて最高司令官の顔をのぞかせている。

一九四四年一〇月、フィリピンにおける海軍最初の特攻によって、アメリカの護衛空母一隻を沈没させたことは、天皇にも報告された。「このとき、海軍大臣（米内光政）にたいしては、『かくまでやらなければならぬということは、まことに遺憾であるが、しかしながら、よくやった』といい、軍令部総長（及川古志郎）にたいしては、『まことによくやった。攻撃隊員に対しては真に哀惜にたえない』といったと伝えられている」と森山康平は『図説特攻』で述べている。(50)

この天皇の言葉は、フィリピンで待機していた特攻兵にも伝達され、このとき、この特攻を命じた大西瀧治郎は、（一）日本の戦力から判断すると、もう戦争を続けるべきではない。（二）もはや講和しかないが、講和を言い出せるのは天皇しかいない。他の者が言い出せば憲兵に捕まって殺されてしまう。(三)天皇から講和を言い出してもらうには、フィリピンで多くが特攻して命を投げ出す必要がある。この事実を聞いたら、天皇は必ず戦争をやめるというだろう、と考えていた。しかし、大西の期待に反して、天皇は「やめろ」とはいわず、「よくやった」と褒めた。それは、「もっとやれ」という激励と受けとめられても仕方がなかった。この大西の考えが表に出ることがなかったのは、「海軍首脳が期待したような『もう戦争をやめろ』という天皇のお言葉が得られなかったので、事実を公表すれば天皇批判に通じる一面もあるとして、闇から闇へと葬った可能性も否定しきれない[51]」という。

確かに、海軍首脳(米内光政海軍大臣等)は、マリアナ沖海戦で壊滅的打撃を受けた一九四四年八月以降、外交による和平を秘密裏に模索していたことから、天皇の決断による講和に期待したという話はありえる。海軍首脳による和平模索の背景にあったのは、アメリカとの航空戦力が六対一と大きく開いていて、もう勝ち目はなかったこと。サイパン島の陥落により、アメリカの戦略爆撃機が日本本土を爆撃することを可能にしたこと。それは、日本本土が攻撃を受けるだけでなく、中国大陸に展開していた〝百万〟の兵士は、国土を守る上でなんの役にも立たない〝遊兵〟と化したことを意味し、破局を自覚したからであった[52]。

フィリピンの次に連合軍が狙うのは、海軍は沖縄、陸軍は台湾と読み、陸軍は沖縄にいた精鋭の第九師団を台湾に移駐させた。その台湾を素通りしたアメリカ軍は沖縄を目指した。沖縄を守備していた第三二軍は、軍中央が九師団を台湾に引き抜いたのは沖縄を見捨てたからだと考え、南部に下がって持久戦に持ち込むことにした。

一九四五年四月一日、アメリカ軍が簡単に沖縄に上陸したことを知り、「いずれが航空基地を確保するかに沖縄の最高の戦略的価値を見出していた大本営や陸海軍航空部隊は驚愕し、『現地軍は何故攻撃に出ぬか』という昭和天皇の督促もあって、第三二軍に対して攻撃に出ることを要望した[53]」。

「現地軍は何故攻撃に出ぬか」と天皇が沖縄戦に注文をつけたのには理由があった。アメリカ軍が沖縄本島に上陸する一ヶ月以上前の二月七日から二六日にかけて、天皇は若槻礼次郎ら歴代の首相経験者など六人を呼んで、個別に所信を聞いた。このとき五人は、戦局の悪化に対して、悲観論と楽観論に分かれ具体策を述べなかったが、近衛文麿だけが唯一人「上奏文」を用意した。

日中戦争を起こし、「国民政府は相手にせず」と声明を出して戦争を長期化させ（第一次近衛内閣）、日独伊三国同盟を締結し、大政翼賛会をつくり（第二次近衛内閣）、東条英機との対立から総辞職（第三次近衛内閣）した人物が、敗戦は時間の問題であり、戦争継続は共産革命をまねく恐れがあるから、軍部の主戦派を一掃し、講和して、国体を護持すべきだと天皇に上奏した。これに対して、「天皇は、沖縄の戦勝がえられたら、その機会に和平を考えてもよい、と語った。近衛は、『沖縄で勝てるという目算がありますか』とたずねると、天皇は『統帥部が今度こそ大丈夫だといっている』と答えた。近衛が『彼らのいうことで今までに一度でも当たったことがありますか』と逆襲すると、天皇は『今度は確信があるようだ』と答えて、相変わらず軍部を信頼し、近衛の言葉には耳をかさなかった[54]」。

講和を言い出すためには、沖縄戦に勝利しなければならないと考えていた天皇は、四月一日、アメリカ軍が簡単に沖縄本島に上陸したのに驚き、二日後に、「現地軍は何故攻撃に出ぬか」と督促したわけだが、軍中央が沖縄戦での中核戦法としたのが特攻作戦であった。

フィリピンでの最初の特攻は、アメリカ艦隊を奇襲する形になり、護衛空母一隻を沈めた。「そのようにまでせねばならなかったのか、しかし、よくやった」とした天皇は、沖縄でも特攻作戦に、おおいに期待していたと考えることができるのだが、そうでもなかったようだ。天皇は次のように「独白」している。

沖縄決戦の敗因。之は陸海作戦の不一致にあると思ふ、沖縄は本当は三ケ師団で守るべき所で、私も心配した。梅津（陸軍参謀総長）は初め二ケ師団で十分と思ってゐたが、後で兵力不足を感じ一ケ師団を増援に送り度と思った時には已に輸送の方法が立たぬといふ状況であつた。所謂特攻作戦も行ったが、天候が悪く、弾薬はなく、飛行機もよいものはなく、たとへ天候が幸いしても駄目だったのではないかと思ふ。特攻作戦というものは実に情に於いて忍びないものがある。敢えて之をせざるを得ざる処に無理があった。（略）私は之が最后の決戦で、これに敗れたら、無条件降伏も亦已を得ぬと思った。

（寺崎英成、マリコ・テラサキ・ミラー編『昭和天皇独白録・寺崎英成・御用掛日記』一九九一年・文藝春秋社・一一三、一一四頁）

『昭和天皇独白録』は、敗戦の翌年一九四六年に、五人の側近が、張作霖暗殺から敗戦までを五回にわたって天皇から直々に聞いてまとめたもので、これは東京裁判を前にして、天皇には戦争責任がないことを証明する「弁明書」であったとされている。

特攻作戦についての発言に注目してみると、老朽機が使われ、成果が上がらなかったと報告を受けていたことが読み取れる。そのためか、作戦そのものが「無理」で、天候がよかったとしても「駄目」だっただろうと突き放している。この「独白」が、戦争責任を問われる裁判のための「弁明書」であったことを考えれば、連合国側は、特攻を「自殺急降下攻撃」と表現していたことから、「キリスト教的価値観から認められない自殺を、国家が強要した」と解釈されかねないと判断して、天皇は傍観者的態度を表明し、間接的に特攻作戦を否定してみせたとも考えられる。

沖縄戦に勝利すれば有利に和平交渉を進めることができると考えていた天皇だが、その沖縄戦に敗北したために戦争は続けられた。沖縄戦では約二〇万人の住民が犠牲になり、日本本土でも多くの街が焼かれ、広島と長崎には原爆が落とされた。

天皇が戦争の遂行に迷ったのが二月で、そのために一ヶ月間近く重臣たちの意見を聞いたが、ただ一人、即時降伏を勧めた近衛文麿の意見は取り入れられなかった。「近衛上奏文は棚上げされたが、アジア太平洋戦争で日本国民がこうむった惨禍の大半が一九四五年三月以降に生じていることからいって、天皇のこの選択はきわめて重大な意味をもっていた」(55)といえよう。

特攻作戦についても同様なことがいえ、二月の段階で決断していれば、沖縄戦における特攻戦死はなかったことになるのだが、天皇とその側近が「国体護持」に腐心している間に、特攻兵たちは次々に出撃していった。本書で取り上げている朝鮮人特攻兵も沖縄戦における戦死者であった。

12・犠牲と成果

特攻作戦が行われた八ヶ月間（一九四四年一〇月～一九四五年六月）、いったいどれくらいの将兵が特攻戦死したのか、その数はいまだに確定していない。

その理由として、まず、まとまった公的史料が残されていないことが指摘されている。一九四五年八月一四日から、東京市ヶ谷の陸軍省と参謀本部の中庭から煙が昇り始めた。重要書類を焼却し始めたのだが、特攻作戦に〝うしろめたさ〟を感じていた軍中央は、連合国側から責任を追及されるのを恐れて急いで特攻関連資料を焼却したのではないかといわれている。

もう一つ、特攻戦死者の数を特定できない理由は、特攻の概念が曖昧で、何をもって特攻戦死とするのか、明確な認定基準がなかったことにある。例えば、特攻戦死の公的な認定でさえも、「海軍は甘く、陸軍は厳しい」といわれていたように、海軍は特攻機だけでなく、支援の戦闘機や戦果確認の戦闘機でも帰還しなかったら、特攻機と同じように特攻戦死として扱った。しかし陸軍はこれを認めず、多くの場合、「突入」を目撃した確認者、もしくは突入を知らせる無線連絡を必要とした。

何をもって特攻戦死とするのかという統一した認定基準がなく、全体的な史料も残されていないことから、特攻隊の生存者や関係者などが、所属していた部隊の特攻戦死者を正確に把握しようと、遺族を訪ねるなどして調査し、数字として積み重ねることを行った。こうした資料を集計したものとして、偕行社版の『特別攻撃隊』や、沖縄戦での特攻をまとめた『特攻戦死者芳名録』（知覧特攻慰霊顕彰会発行）があるのだが、ここでも認定基準が問題となってくる。

飯尾憲士は『開聞岳』で、「陸軍上層部は、たとえば第二二振武隊の藤山二典中尉のように、突入する前にグラマンに襲われて徳之島で戦死した者を、特攻戦死扱いにしないという無神経さを曝していたが、その藤山中尉の名前も（特攻戦没者芳名録に）収録されていたのだ[56]」と喜んでいる。これは、陸軍が特攻戦死と認定しなかった者でも、『特攻戦死者芳名録』では特攻戦死と認めて記載しているということで、当然、両者の数は違ってくることになる。

また、沖縄戦における特攻は、出撃機数も多く、切迫した状況であったために実態の把握が難しく、特攻戦死者全体の数字のばらつきの原因になっているといわれている。

どれくらいのばらつきがあるのか、管見だが、飛行機による特攻戦死者の総計として一番大きな数字が、四六一五人（『昭和史』・半藤一利）。少ないのが三八〇三人（『検証戦争責任Ⅰ』・読売新聞社。航空機のみ。回天や「大和」などを含めた特攻戦死者全体は九五六四人となっている）。だいたいが、三八四八人（『「特攻」と日本人』・保阪正康）の近辺になっている。

小沢郁郎は『つらい真実』で、日本側の資料二〇点、アメリカ側の資料八点をつき合わせて、矛盾点を修正して、三七二四人以上と算出している。この計算の根拠を示した後、「陸軍特攻関係者にやってほしいことは、慰霊や称揚であるまえに、どこで、誰が、いつ突入したかの確定であろう。上述の不整合をそのままにしての主張は、死者の鎮魂にも生者の説得にもなりはすまい」[57]と、特攻をさせた指導者たちが、実態の解明を怠って、特攻賛美に明け暮れている姿を批判している。

犠牲に対して成果はどれほどだったのか。アメリカ軍を中心とする連合国側の艦船に対してどれだけ損害を与えたのかが戦果になるが、誇大な大本営発表を積み上げても意味はないし、アメリカ側の資料も輸送船を除外したり、損傷の程度の問題（アンテナを折られたのを損傷と数えるかなど）もあり、正確な数の把握を困難にしている。

ところが多くの特攻関連本は、「○月○日、○○隊のAが、○○を撃沈」と具体的に書き、それに基づき、撃沈数と命中率を計算している。一般的に特攻作戦を礼賛する本ほど成果を大きくとり、特攻の有効性を示そうとしている。

命中率を計算する場合、特攻戦死者数を分母とし、沈没、損傷させた隻数を分子にしている場合が多い。この隻数を数える方法が数字のトリックとして使われているという。

海軍は空母を、陸軍は輸送船を体当りの目標にしたが、これらの艦船は単独で動いているわけではなく、周囲を戦艦や巡洋艦などが取り囲んで船団として行動していた。だから特攻機の多くは、目標である空母や輸送船に近づくことすらできず、沈めたのは船団の外側にいた小さな駆逐艦や艇にあたるもので、隻数そのものは多くなるが、相手に与えたダメージは少なかった。よって、隻数ではなく、沈めた船のトン数を合計すると、それは通常戦として戦われたマレー沖海戦の約半分にしかならないことから、特攻作戦の軍事的効果はそれほど大きくはなかったといえた。しかし、特攻作戦の有効性を主張したい軍上層部は、隻数にこだわり、命中率を高めにしているという[58]。

基本的には、帰れない特攻機に代わって成果を見届ける役目の戦闘機が随行していた。この戦闘機からの報告が最も確実と思われるが、激烈な戦場で、自身を守りながら、特攻機の姿を追って、結果を目視で確認するのは非常に難しかったといわれている。例えば、次のような確認機の操縦者の証言がある。

「特攻機四機を沖縄まで誘導し（一）、かつ戦果を確認し帰還すべし」という命令を受けた坂本隆茂（中尉）は、爆弾の代わりにドラム缶二個分のタンクを吊り下げ（二）、無線機を搭載した。戦争を通じて一番嫌いなのは、敵よりも味方の参謀だった。操縦桿を握ったこともない参謀が、「護衛の戦闘機はつけない。敵と遭遇した場合は空中衝突せよ（三）。誘導機自爆せんとするときは連続長音を発信しつつ突入せよ（四）」と命じた。沖縄上空は暗さを増しており、戦果確認のためには一分一秒を争う時間帯だった。突如、前方の特攻機、四機の周囲は猛烈な対空砲火の弾幕に包まれた。照空灯なしで一ヶ所に集中するお手並みは実に見事。二機が火だるまになり海に吸い込まれていった。二機が突入。二隻から大爆発が起きる。二隻ともかなり大きな艦種であることはようやく識別できたが、与えた損害の程度はわからない。戦果をどう報告するか。艦船の種類、隻数、損害を要求されていたが、残念ながら艦種も損害も確認していない。仕方がない、とにかく『中型艦二隻』と発信してお茶を濁すことにした[59]」。

この証言を補足すると、

（一）アマチュアの操縦者をプロが誘導して、沖縄まで連れていく場合が多かった。

（二）これだけ燃料を余分に積まなければ九州－沖縄を往復できなかった。爆弾を積んだ特攻機は燃料を満タンにしても、沖縄に到達するのがやっとで、往復は不可能だった。飛行機は帰ることを考えなければ二倍の距離を飛べることになり、この航続距離の問題が特攻作戦実施の理由の一つであった[60]。

（三）特攻機は重い爆弾を積むために無線機とともに機銃も外されていたので、空中での戦闘はできなかった。だから、敵機と遭遇したら、特攻機は空中で体当りをせよと命じられた。

（四）誘導機であっても、暗に体当りするよう求められていた。この場合、誘導機は無線機を積んでいるので、決められた周波数を発信しながら艦船に突入した。基地では、その信号音が切れたところで誘導機が体当りをしたと判断した。もちろん、誘導機は爆弾を積んではいなかった。

基本となる確認者の報告ですら不確定要素が含まれおり、なおかつ、分母となる特攻戦死者の数も確定しておらず、分子として、撃沈した隻数を採用するのも的確ではないことから、全体を網羅した客観的な数字としての「成功率」を知るのは難しい。

参考までに、防衛研究所の主任研究官として特攻の実態を分析した服部省吾が、新聞（二〇一〇年三月一四日付・朝日新聞）に語った数字を見てみると、「出撃した約三三〇〇機を調べた。米艦船に命中したのはその一一・六％だった。揚力で操縦不能になるなどで艦船近くの海に墜落した機が五・

七％。撃墜された機五・三％。帰還機も二七・五％あった一方、不明が四九・九％もあった。方向を間違えて山などに激突。機体の整備不良で墜落(61)」などが不明の中身であった。

美しい言葉で飾られている特攻の「物語」の裏に隠されているのは、出撃した半数近くが、どうなったのか判らないという、お粗末で、悲しい現実であった。

註

（1）奥宮正武「敗北を拒絶した体当り戦術」・『別冊歴史読本・三八・日本陸海軍航空隊総覧』一九九一年・新人物往来社・六四頁

（2）小沢郁郎『つらい真実――虚構の特攻隊神話』一九八三年・同成社・一二頁

（3）生田惇『陸軍航空特別攻撃隊史』一九七六年・ビジネス社・一頁

（4）小沢前掲『つらい真実』一三、一四頁

（5）読売新聞戦争責任検証委員会『検証戦争責任Ⅰ』二〇〇六年・中央公論新社・一三八頁

（6）保坂正康『昭和陸軍の研究・下』二〇〇一年・朝日新聞社・五九五頁

（7）小沢前掲『つらい真実』一四頁

（8）知覧特攻平和会館発行の『魂魄の記録』は、「特攻勇士が身を以って示された崇高至純の殉国精神を顕彰」するとし、同会館敷地内には小泉純一郎首相（二〇〇四年当時）の揮毫碑「至純」が建立されたように、「純真な若者の死」が強調されている。このような思考方法に対して、野坂昭如は「国に殉じた若者の気持ちは純真だったかもしれない。しかし（略）純真のみをいい立てて、死地におもむかなけ

ればならなかった若者の悲しい気持ちをなおざりにして、また、純真をあげつらい、若者を死地にそそのかすことはやめてもらいたい」（『卑怯者の思想』一九六九年・中央公論社・二二七頁）と戦争体験者として苦言を呈している。

（9）一九五二年に元海相の及川古志郎や河辺正三、菅原道大、寺岡謹平などの元陸海軍の将官が発意して特攻平和観音奉賛会を設立した。これを母体として、（財）特攻隊戦没者慰霊平和祈念協会という組織がつくられた。特攻隊員は英霊中の英霊であり、国家の人柱であり、「彼らの死があって、戦後日本の繁栄がある」という言は、この流れの代表である。（保阪正康『「特攻」と日本人』二〇〇五年・講談社・二〇頁）

（10）森山康平『図説特攻』二〇〇三年・河出書房新社・九六頁

（11）森山前掲『図説特攻』四一頁

（12）森本忠夫『特攻――外道の統率と人間の条件』一九九二年・文藝春秋・四四頁

（13）森本前掲『特攻』三〇、三一頁。この言葉は、一九四四年一〇月、海軍中央の首脳会議で大西瀧治郎が述べたものである。「思慮は周到」といわれた大西が、現実をきちんと把握していながら、なぜ「必ず死ぬのだから、必ず命中する」といえるのか、何も説明していない。大西の中にあったのは単なる「賭け」でしかなかったのではないかと森本は説明する。

（14）艦船から飛行機に向かって撃ち上げる対空砲弾は、通常、時限式で発射されてから何秒か以内で爆発する。だから飛行機の距離と速度を計算して発射しなければならず、当てるのは難しかった。ところが小型のレーダーが内蔵された時限式のVT信管がついた砲弾が開発され、距離や時間に関係なく、飛行機があるエリア（二〇メートル以内）を通過すれば爆発するようになった。この砲弾によって、マリアナ沖海戦で日本軍機は次々と撃ち落とされ、フィリピン、沖縄戦でも特攻機に対して使用された。

（15）山田朗『〈もの〉から見る日本史・戦争Ⅱ』二〇〇六年・青木書店・三〇頁

（16）大西瀧治郎は、海軍が伝統としていた巨砲大艦主義を時代遅れだと批判した合理主義者であると評価されているが、一九三八年から一九四三年までの五年近く、計二一八回にわたって行われた中国重慶への無差別爆撃の指揮者であった。この爆撃による死者は一万二千人とされ、都市を破壊するためだけでなく、市民を精神的に追い詰めるための戦術とされた。二〇〇六年、重慶大爆撃被害損害賠償請求訴訟が東京地裁に提訴された。中国人原告は、重慶爆撃は戦争犯罪であり、日本政府は謝罪と補償をする必要があるとしている。

（17）・防衛庁防衛研修所戦史室『戦史叢書――海軍捷号作戦〈二〉フィリピン・沖縄戦』一九七二年・朝雲新聞社・一〇八頁

（18）防衛庁前掲『戦史叢書――海軍航空概史』一九七六年・四四六頁

（19）防衛庁前掲『戦史叢書――沖縄・台湾・硫黄島方面陸軍航空戦』一九七〇年・三〇六頁

（20）河野仁『〈玉砕〉の軍隊、〈生還〉の軍隊』二〇〇一年・講談社・四八頁

（21）吉田裕『日本の軍隊――兵士たちの近代史』二〇〇二年・岩波書店・一三〇、一三一頁

（22）同前・一三三、一四九、一六二、一六三頁

（23）小沢前掲『つらい真実』一四四、一四五頁

（24）「如何に特攻兵器を整備しても、果たして決死の志願者が集まるかどうかが一番の心配事だったが、

募集してみると下士官や練習生に志願者が多くて安心した、と海軍特攻部長大森中将が戦後語っているが、当時の純粋な少年兵達の中には、自分が体当りを実行してでも戦果を挙げ国を救わねばという使命感や憂国の情厚き者が多かった。彼らの志願の全てを強制の産物と受け止めるのは皮相である。親に黙って予科練や少年飛行兵の試験に応募した者も多く、彼等は国のために死なねばならないと考えていたのだ」(西川吉光『特攻と日本人の戦争』二〇〇九年・芙蓉書房出版・一七〇頁)

(25) 軍上層部は、血気に逸って特攻を申し出る将兵が、そう多くはないだろうと予測していたと思われる。それは次のような試作機を作ったことからも窺える。「離陸すると、車輪が機体から自動的に離れ落ちるように作ったキ一一五特攻機があった。これは、一度離陸すれば、帰ってきて着陸することをさせないためであった。これを計画した陸軍航空本部は、そこまでしない限り、操縦者が体当りをしないと考えたからだろうか。これは是が非でも、ただ操縦者を殺すことしか考えない狂気の計画であった」(高木俊朗『陸軍特別攻撃隊・上』一九八三年・文藝春秋・一七三頁)。これは試作で終わったが、このようにしなければ体当りをしないだろうと考えた軍上層部の発想は、特攻を「申し出た」操縦者に対する処遇としてはありえないものであった。

(26) 小沢前掲『つらい真実』一一三頁

(27) 同前・一二〇頁

(28) 跳飛爆撃(スキップ・ボンビング)は反跳爆撃ともいわれ、飛行機が急降下して海面スレスレに爆弾を投下すれば、(投げた小石が水面を跳ねるように)爆弾は海没することなく跳ね、船腹に命中することになる。これは、高高度からの爆弾の投下が、あまりにも命中率が低いので、急降下爆撃が実施されたのだが、急降下爆撃では、せっかく命中させても上部構造物に損害を与える程度で、船は沈まなかった。そこで爆弾を魚雷のように船の側面に当てようとする跳飛爆撃がイギリスで開発された。一九四三年三月、南太平洋を航行中の日本軍の輸送船団が、米豪による跳飛爆撃を受け、輸送船八、駆逐艦四隻を一瞬で失い、三〇〇〇人の将兵と武器弾薬、車両のすべてが海に沈んだ（日本では「ダンピール海峡の悲劇」、アメリカでは「ビスマルク海海戦」と呼ぶ）。

日本軍も、飛行機による体当りは、どうしても揚力が働き威力が減少することから、船腹を狙うことができ、効果も大きい跳飛爆撃の研究と実験をしていた。この跳飛爆撃では、急降下し、爆弾を海面で跳ねさせる技術と、その後に目標の船を回避する技術が必要とされたために、操縦者には長期間の訓練が必要で、さらに爆弾を吊るしてもスピードが出る飛行機と遅延信管（飛行機が船の上を通過してから爆発する爆弾）の開発が必要であったが、日本軍はいずれも完成させることができなかった。

(29) 海軍は、海岸線に高速度撮影機を設置して、爆撃機を使い、跳飛爆撃の実験を行った。飛行機は急降下して二五〇キロ爆弾を海面に落とした。いったん水中にもぐった爆弾は、二〇〜三〇メートル先で水面に飛び上がってきた。ちょうどその上を飛行機が通過しており、爆弾は投下した飛行機に命中した。飛行機は海中に没し、三人の搭乗員は死亡した。（小福田晧之『指揮官空戦記』一九七八年・光人社・二一七、二一八頁）

(30) 高木俊朗『陸軍特別攻撃隊・上』一九八三年・文藝春秋・一〇、一八〜二一、一三二、七二頁

(31) 小沢前掲『つらい真実』一四二、一四三頁

(32) 高木俊朗『陸軍特別攻撃隊・下』一九八三年・文藝春秋・五四〇頁

(33) 国民が戦時動員によって徴兵され、戦場へ送られることは、成人としての暮らしを中断し、生命の保障のない戦闘の場に投げ入れられる要員(員数)にされたことで、降りかかってきた運命をみずからに納得させるには多大なエネルギーを必要とした。一方、職業として軍隊を選んだ者には、戦争についての専門技術者としての任務が、あまりにも自明であり内在化していた。だから、前者は大義を必要とし、家族に送った手紙には「東洋永遠の平和のために」を繰り返していた。それは、戦争の聖化のために発案された言葉なのだが、それ以外にみずからの思いを託す言葉を持たなかった。後者にとって、軍務とは人生で特別あるいは異常なことではなく、選んだ職業上の経歴を重ねることに他ならなかった。だから、手紙に大義は必要なく、技術の習得や昇進のことが中心につづられていた。(鹿野政直『兵士であること――動員と従軍の精神史』二〇〇五年・朝日新聞社・一四八~一五三頁)

(34) 山口宗之『陸軍と海軍――陸海軍将校史の研究』二〇〇〇年・清文堂出版・二一一頁

(35) 同前・二一四頁

(36) 江口圭一『十五年戦争小史』一九九六年・青木書店・二三七頁

(37) 歴史学研究会編『日本史史料五現代』一九九七年・岩波書店・一三八頁

(38) 熊谷直『学徒兵と婦人兵のものしり物語』一九九四年・光人社・一六二頁

(39) 藤原彰『岩波講座日本歴史・二一　近代八・敗戦』一九七七年・岩波書店・三四〇頁

(40) 平泉澄《ひらいずみきよし》(一八九五~一九八四年)、福井県生まれ。東京帝国大学文学部国史学の教授で右翼思想家。彼は自分の塾(青々塾、松柏塾)を持ち、そこの塾生である学生しか助手などのポストにつけず、答案や卒論も、彼のイデオロギーに合致しなければよい点を与えなかった。また学内に右翼団体(朱光会)

を組織し、大きな力を発揮していた。戦後は故郷で神主になり、なおも皇国史観を主張していた。なお、「歴史家の戦争責任を平泉澄一人に負わせてスケープゴートになっていること、それによって皇国史観の全体像の把握がすすんでいない」という批判もある。（長谷川亮一『「皇国史観」という問題』二〇〇八年・白澤社・二六～四三頁）

(41) 立花隆『東大と天皇・下』二〇〇五年・文藝春秋・三二二、三二三頁

(42) 永原慶二『皇国史観』一九八三年・岩波ブックレット・一八～三一頁。皇国史観の特徴として、一・国家に対する絶対的な優越感を持つ。二・民衆は忠孝一体の論理で、家→国＝天皇に帰属することだけが価値とされ、それ以外の価値はない。三・自国中心主義と表裏一体の関係で侵略、他民族支配を肯定、賛美。四・近代科学としての歴史認識はない、の四点を永原は挙げている。

(43) 立花前掲『東大と天皇・下』二二八頁

(44) 同前・二二七頁

(45) 湊川の合戦――後醍醐天皇の倒幕計画に参加した楠木正成たちは鎌倉幕府を崩壊させた。しかし、後醍醐政権は幕府時代よりも悪いとの不満が噴出し、足利尊氏らが反旗を翻したことから、後醍醐天皇は足利討伐を楠木正成に命じた。一三三六年、楠木軍が湊川（兵庫県）において、七〇〇騎で五〇万の足利軍に挑み、最後に生き残った七三名が切腹して果てたことから、日本軍は、楠木正成は命をかけて天皇を守った英雄であるという教育をはじめ、忠義の権化として讃えた。

(46)「義勇兵役法」一九四五年六月二三日公布、即日施行。第七一項、条義勇召集を免るる為逃亡若しくは潜匿し、又は疾病を作為し、其の他詐偽の行為を為したる者は二年以下の懲役に処す。二、故なく義

勇召集の期限に後れたる者は一年以下の禁固に処す。

立花隆は、義勇兵役法制定と同時に、「戦時緊急措置法」という、他の法がどうであろうと政府が発した緊急命令に従わない者は処罰するという超法規的な大権付与法がセットで制定されたとしている。（立花前掲『東大と天皇・下』三二七頁）

(47) 山中恒『少国民の名のもとに』一九八四年・小学館・一九二頁

(48) 家永三郎『太平洋戦争』一九六八年・岩波書店・二五三頁

(49) 山中前掲『少国民の名のもとに』一八八頁（一九四五年六月八日、最高戦争指導会議「今後採るへき戦争指導の基本大綱」(二) 民心の動向）

(50) 森山前掲『図説特攻』四一頁。これは猪口力平・中島正『神風特別攻撃隊』一九五一年・日本出版協同からの引用。

(51) 同前・四一～四三頁

(52) 森本前掲『特攻』一一九頁

(53) 江口前掲『十五年戦争小史』二三五、二三六頁

(54) ねずまさし『天皇と昭和史・下』一九七六年・三一書房・二一一頁

(55) 江口前掲『十五年戦争小史』二三三頁

(56) 飯尾憲士『開聞岳』一九八五年・集英社・一二九頁。飯尾は、特攻機は丸腰だから、アメリカ軍機に遭遇したらなす術がない。だから特攻隊として出撃したら、途中で撃墜されたとしても、特攻戦死と認めるべきと考え、突入を確認した者がいなければ特攻戦死と認めない陸軍を非難し、知覧の「芳名録」

の扱い方を当然とする。
(57) 小沢前掲『つらい真実』八四頁
(58) 同前・九二、九三頁
(59) 苗村七郎『陸軍最後の特攻基地』一九九三年・民芸閣・七七〜八三頁「特攻隊の誘導と戦果の確認」
(60) 日本軍は空軍を持たず、陸・海軍がそれぞれ独自の航空部隊を持ち、別々の飛行機を生産し、別々に運用するという極めて非合理、不経済なことをしていた。ただ、共通して、高くつく大型の爆撃機をあまり作らず、安上がりの戦闘機を多く作った。爆撃機の航続距離は長く、戦闘機は短かった。
フィリピン戦では航続距離はあまり問題にならなかったが、沖縄戦においては、戦闘機では沖縄と九州の基地を往復することができなかった。そこで必要とされたのが帰ることを考えない特攻攻撃で、往復することを考えれば倍の燃料を必要とし、燃料タンクを吊るさなければならないが、帰る必要がなければ、燃料タンクの代わりに爆弾を吊るして、そのまま体当りをすれば、航続距離の問題は解決した。

なお、マリアナ沖海戦では、アメリカ軍がこれと同じことを考え、実行した。日本軍の空母艦載機は防弾装備がない分、軽く、アメリカ軍機よりも二〇〇キロ長く飛ぶことができた。したがって、アメリカ軍機が往復できない地点に空母を止め、そこから日本軍機を飛び立たせれば、アメリカ軍機は日本の空母を攻撃できないが、日本軍機は一方的にアメリカの空母を攻撃でき、しかも戻ることもできた。日本軍はこの作戦に絶対的な自信で臨んだ。空母から飛び立った三五〇機のうち、一三〇機がコースを外れ、二〇〇機が途中で待ち伏せしていたアメリカ軍機に撃ち落され、空母の一〇〇キロ手前にいた戦艦にほとんどが撃ち落され、何機かが空母に近づき、爆弾を二発投下したのが成果で、空母にはかすり傷も与えられなかった。安全な地点にいたはずの日本の空母は、潜水艦の攻撃を受けて正規空母（大鳳、瑞鶴）が沈没した。これで終わらず、翌日、アメリカ軍機は航続距離を無視して日本艦隊を襲撃し、空母（飛鷹）を沈めた。このアメリカ軍機は空母には戻れないので、海上に不時着し、乗員のほとんどが待ち受けていた駆逐艦に救助された。救助する自信があったから、あえて航続距離を無視して攻撃させたのであった。（マリアナ沖海戦については森山前掲『図説特攻』一〇、一一頁）

（61）朝日新聞、二〇一〇年三月一四日付。〈昭和史再訪、一九四四年一〇月二五日、特攻攻撃開始〉より。なお命中率算定の根拠は示されていない。

第三章・日本からの「逃亡」――金尚弼（結城尚弼）の計画

金尚弼（結城尚弼）は、高等専門学校（高専校）を卒業と同時に陸軍に入隊、操縦者として一年余の速成教育を受けた後、沖縄で特攻戦死したとされている。

『戦史叢書』は、「結城少尉は部下を目標上空まで誘導し、その攻撃状況を確認のうえ、沖縄に着陸報告し、爾後再び離陸して、自ら特別攻撃を敢行した」(1)と書く。この記述を信じる者は、アメリカ軍が制空権を掌握している沖縄に、着陸するだけでも大変であるのに、着陸を成功させた後、再び離陸して、特攻するとは「神業に近いことで、凄いことをやった特攻隊員がいた」と高く評価する。

時は一九四五年四月三日、アメリカ軍が沖縄本島に上陸して三日目であった。沖縄本島の北（読谷《よみたん》）と中（嘉手納《かでな》）飛行場はアメリカ軍によって制圧されていたが、南（那覇《なは》）飛行場は、まだ日本軍が確保していたので、「沖縄着陸」は全く不可能なことではなかった。しかし、すぐ傍にはアメリカ上陸軍がおり、海上には一四〇〇隻の大艦隊がいる中で、目標を見つけたら即体当たりするよう求められていた特攻機が、なぜ、このような難しいことをやらなければならなかったのかを考えると、

『戦史叢書』の記述を鵜呑みにすることはできない。

金尚弼（結城尚弼）は何を思って、不可能といわれる「沖縄着陸」をやろうとしたのだろうか。そして、「再び離陸して、特攻」したのだろうか。

1・「志願せよ」

延禧専門学校（現、韓国の延世大学校。以下「延専」という）は、一九一五年にアメリカの宣教師が設立した学校で、官立の京城帝国大学(2)に対応する私学の名門といわれていた。私立で、民族意識の高い学校であった「延専」も、一九四一年に朝鮮総督府に接収され、日本人校長が派遣されていた。京城帝国大学教授の辛島驍《からしまたけし》が、「延専」の校長を兼務していた一九四三年頃は、教授（ほとんどが朝鮮人）約二〇名、学生（全員朝鮮人）五〇〇名で、京城（現、ソウル）の西に広大なキャンパスを有していた。

この「延専」に朝鮮軍司令部の参謀長と憲兵がオートバイとサイドカーで乗りつけ、全学生は講堂に集まるよう命じられた。朝鮮軍とは朝鮮を占領する日本軍のことで、一九〇四年に朝鮮に侵攻し、以後、占領軍として朝鮮を支配していた。

「このなかで、大日本帝国の臣民ではないと思う者、手をあげよ」

反抗した者は、ひどく迫害されることを学生の誰もがよく知っていた。だから一人として手を挙げる者はいない。

「ようし、立派だ。それではここに志願書類があるから、志願せよ」

配布されたのは、特操（陸軍特別操縦見習士官）の志願用紙であった。

大日本帝国の臣民でない者は志願しないだろうが、臣民であれば志願するのは当然だからと、全員が志願したことになった。これが当時の「志願」という言葉の意味であった。

キムサンピル（金尚弼）は京城での試験に合格し、東京の航空本部での適性検査にも合格した。「延専」からの合格者は彼一人だった。(3)

一九四三年九月、「延専」の繰上げ卒業式の日、キムサンピル（金尚弼）の卒業祝いをしようと、彼の母、姉、兄の三人は、校門のところで待っていた。他の卒業生たちは、三々五々、嬉しそうに出てきた。彼の姿だけが、なかなか現れない、と思ううちに、予期しないことが起きた。

急にエンジン音がしたと思ったら、憲兵下士官の運転するサイドカーに乗せられた尚弼が、真っ青な顔を引きつらせて、口を真一文字に結んだまま、横も後ろも振り向かず、私たち家族の横を通過してしまったのです。みな、一瞬、立ちすくみましたが、すぐに姉と母が、アイゴーアイゴーと泣き叫びはじめました。歳老いた母はとうとう失神して、そこに倒れました。

延禧（「延専」）では、ただ一人の合格者ですからね、もし卒業して家に帰したら、逃亡するかもしれない、と軍は考えたのでしょう。そして、まるで罪人を拉致するように、連れ去ってしまったのです。

（桐原久『特攻に散った朝鮮人』一九八八年・講談社・一二九、一三〇頁）

以上がキムサンピル（金尚弼）の兄、キムサンヨル（金尚烈）が語る、弟が強制的に家族から引き離されたときの様子である。

朝鮮軍はメディアを通じて特操への志願を促したが、応募は少なく、第一回の募集で、朝鮮では七七人が身体検査に合格したものの、うち朝鮮人は七人しかいなかった(4)。日本では、この制度に合格すれば、最下級の二等兵（初年兵）を経験する必要がないことから応募者が殺到した。しかし、朝鮮での場合、朝鮮人合格者が少なかったということは、合格者のほとんどが、朝鮮の大学・高専校に通う朝鮮在住の日本人学生だったことになる。

こうしてキムサンピル（金尚弼）は、自分の意思を介在させることなく、卒業と同時に日本陸軍の軍人にされ、学徒兵と呼ばれることになった。

2・学徒兵

朝鮮において志願兵制（一九三八年）や徴兵制（一九四四年）が施行される以前より、日本では、兵役は国民の「名誉ある義務」とされ、二〇歳以上の男性は徴兵検査を受けたあと、適格者は徴集され

表3　旧陸軍の階級表

兵	二等兵、一等兵、上等兵、兵長
下士官	伍長、軍曹、曹長
准士官	准尉
将校	少尉、中尉、大尉、少佐、中佐、大佐、少将、中将、大将

兵士となった。原則として逃れることができなかったことから、徴兵とは国家権力によって兵役につかせる行政処分を意味し、徴兵忌避は三年以下の懲役と、他に優先して兵士に徴集するという懲罰規定が設けられていた。

徴兵されて陸軍に入った場合、例えば歩兵となって、二等兵から出発して年功を積んでも、ほとんどが兵長で止まった。

軍隊は、指揮（暴力の管理）を専門にする将校と、戦闘（暴力の使用）を専門にする下士官・兵により成立つ官僚制機構で、学歴社会であった。戦前、日本人の多くは貧しく、ほとんどが初等教育（小学校）を終えた後に働きに出て、二〇歳になると徴兵され、二等兵になった。

ところが中学校（五年制）卒業以上の学歴を有する者には幹部候補生制度があり、試験を受け、一定の教育を受ければ将校になることができるバイパスがあった。さらに高学歴者である大学・高専校生には二五歳まで兵役猶予の特権が与えられていた。

戦争の長期化に伴い、兵役猶予されていた学生を早く戦場に送り出すために、九月卒業という繰上げ卒業などが行われたが、戦況の悪化により、一九四三年九月、東条英機（首相）は国民動員の徹底を図るためとして、文系の大学・高専校生の兵役猶予制の停止を発表した。学生の特権を全面的に剥奪するこの措置によって二〇歳から二五歳までの文系の学生がいっせいに徴兵されることになった。

理系や医学系の学生の兵役猶予は続いたが、約一〇万人（推定）の学生が戦場に駆り出されることになり、各地で盛大な「出陣式」が行われた。これは、兵力の不足を場当り的に学生で補おうとするもので、結果的に「教育・研究の停止」という国の未来を放棄することを意味した。

兵役猶予制度廃止による学生の一斉動員を「学徒動員」といい、動員された学生は「学徒兵」といわれた。なお、学徒動員とは、学校に在籍したまま軍隊に入ることで、この年（一九四三年）の九月に大学・高専校を繰り上げ卒業した者は、これには含まれない(5)。キムサンピル（金尚弼）は繰上げ卒業組だから、厳密にいえば学徒動員ではないが、学窓から軍隊に直行したことから実質は同じであり、軍隊内でも職業軍人からアマチュアとして扱われたことから、学徒兵の範疇に入れてもよいのではないだろうか。

3・朝鮮人学徒動員

一九四三年一二月の学徒動員により日本人学生が徴兵された後、日本の大学・高専校の文系学部には朝鮮人と台湾人の学生が残ることになった。この時点で両者は兵役法の適用外で、兵役の義務はなかった。一九四四年四月から朝鮮人に、一九四五年四月から台湾人を徴兵することになっていたが、それまでの間は彼らに何の義務もなかった。

こうした状況は許されないと、陸軍は省令「陸軍特別志願兵臨時採用規則」をつくって、朝鮮人・台湾人学生に徴兵の網をかぶせた。徴兵といっても、省令の名前が「志願兵臨時採用」であるように、あくまでも志願兵の募集であるにもかかわらず、志願兵になるよう強要したという意味で、「志願兵の徴兵」が行われた。なお、海軍はこのような立令は行わなかったから、朝鮮人・台湾人学生は陸軍にのみ行くことになった。


この措置は、日本在住の朝鮮人・台湾人学生だけを対象としたものではなく、植民地においても、大学・高専校に在籍する学生に対して「志願兵の徴兵」が行われた。

朝鮮総督府は、一九三八年の陸軍特別志願兵制度に、「職」と「食」を求めて朝鮮人志願者が殺到したことや、皇民化政策の成果に自信を持ち、自発的に志願を引き出す環境づくりを行えば、多くの朝鮮人学生が志願してくるものと楽観視していた。しかし、志願の受付が始まっても志願率は一五%程度で、官立系の学校は多くの志願者を出したが、私立民族系の「延専」の場合、適格者二八二人に対して志願者は四人にすぎなかった。

原因は、小磯国昭（第八代）朝鮮総督の「烏合の衆まで引っ張っては却って皇軍の精強に悪影響を与える。首に縄をかけて強制するつもりは断じてない」といった訓示にあった。小磯総督は朝鮮人の「愛国熱」を錯覚し、自発性を引き出そうと格好をつけたが、学生はそのタテマエを逆手にとって、志願なら行かなくてよい、選択の自由はある、他にも「ご奉公」の道はあるとの論法で志願しようとはしなかった(6)。

朝鮮人学生の志願に対する反応によって、皇民化政策が虚構でしかなかったことを知った総督府は、このまま手をこまねいていれば朝鮮支配の根幹に関わることになりかねないと考え、「全員志願」へと方針を転換した。朝鮮軍報道部長は記者会見で、「いまや志願する、しないはすでに学徒たちの考える余地もないものである。ただ実行する一つのことが残っているだけである(7)」と、強制に転じたと言明した。

総督府は学校関係者の積極的な関与を求め、各学校は志願を求める「蹶起大会」を何度も開いた。「延専」の教職員は不振打破のために家庭訪問をし、学生や家族に直接、志願を奨励した。さらに総督府は対日協力者（親日派）を動員して日本軍兵士になることの意義を説き、マスコミの扇動も始まり、警察も介入することになった。家に刑事が行き、志願しないのはなぜかと聞くとか、親族を拘束して志願を迫り、志願書を書くと親族は警察署から帰宅を許されるということまで行われた。

また、この年の九月に繰り上げ卒業した者や既に就職している適格者にも志願の勧誘は広がり、両方で一二七六名が入隊した。「満州」の建国大学、中国の東亜同文書院、北京大学、興亜学院の朝鮮人学生も全員志願を余儀なくされた。最終的には、適格者六二〇三名のうち四三八五名（七〇％）が「志願」した(8)。

四三八五人の学生を動員するために、なぜこのような大騒動を繰り広げたかについて、カンドクサン（姜徳相）は『朝鮮人学徒出陣』において、三つの理由をあげている。
朝鮮学生の力が体制にとって驚異となる勢力に成長しないように、学生の民族意識を漂白化し、精神をカーキ色に染め上げること。一九四四年春からの徴兵制の実施で、日本語の判らない「皇軍兵士」が生まれることから、彼らのような二重言語を持つ兵士が先行して軍隊内にいることが必要であったこと。富の偏在が極端な時代、朝鮮人学生の親は社会的に上流階級とみられる層に属していたことから、地域社会に大きな影響力を持つ家庭の子息までが軍隊に入ったのだから、徴兵は逃れられないと一般大衆に思わせるためであったという(9)。

学徒動員の日本人学生が一九四三年一二月一日に入隊したのに対して、朝鮮人学生は、翌一九四四年一月二〇日に入隊し、各地の部隊に配属された。四月になると、朝鮮に徴兵制が実施され、朝鮮人青年二一万八一八九人が入隊してきた。中には日本語が理解できない者も多くいて、隊長の訓示や命令を通訳したり、上官との間に入って彼らの世話をしたのが朝鮮人学徒兵であった。

また、一応、従順に志願して、入隊し、「満州」の部隊や中国戦線に配属になったら、脱走して中国側に行くか、あるいは独立運動の参加しようと考えていた学生もいて、実際に脱走に成功し、中国側で従軍した後に光復軍に参加した例もあった(10)。

第一章で紹介したチョンギヨン（鄭琪永）も東京大学の学生のときに学徒動員されたが、彼によると、朝鮮人学徒兵四三八五人のうち、戦死が六四〇人。脱走を企てた者が四〇〇人以上で、半数が成功して中国に行き、半数の二〇〇余人が失敗して軍法会議にかけられ服役したという。

4・特操

日本人の学徒動員に先立つ六ヶ月前の一九四三年六月、大学・高専校生を対象にした特操（陸軍特別操縦見習士官）の募集が行われた。これは、この年の九月に繰り上げ卒業する学生を狙ったもので、採用されると一〇月一日に入隊することになっていた。学徒動員は一二月一日入隊だから、二ヶ月早かったことになる。操縦者としての適性（視力、運動能力など）を持つ学生を早期に確保しようとする軍当局の焦りがここに見て取れる。

学生をターゲットにした理由は、「優秀なる飛行兵たるには、先づ敵機に遭遇した瞬間に綜合的判断を下し、臨機の処置がとれるやうな訓練が必要である。このためには空の経験ばかりではなく、日常の豊かな経験が必要であり、それが勘となって働くのである。この観点よりすれば、大学、高専学生が、その綜合判断力の故に、機上戦闘員の速成に適してゐることは当然の事である」[11]と募集案内に書かれており、「速成に適している」点がポイントになっている。

三次元において運動しなければならないパイロットの養成には、長い時間を必要とするのは今も昔も変わらない。技術の平準化が今よりも遅れていた当時は、何ごとにおいても基礎の基礎から教えなければならず、より時間がかかったと思われる。そうであるならば、時間をかけて習得した操縦技術は貴重なものとして大切に扱い、操縦者の消耗はなるべくさけて質と量を保とうとするのが常道だろう。しかし、兵士を消耗品としか考えない日本軍では、操縦者も例外とせず、等しく消耗品として扱った。

その象徴が、ほとんどの日本軍機には防弾装備がなかったことにあった。これは、航続距離を伸ばすためには機体を少しでも軽くしなければならないことから、鉄板を入れるなどの防弾装備が省かれたもので、日本軍機は搭乗員の命を守ることよりも、少ない燃料で遠くまで飛ばすことに重点を置いてつくられていた。だから、燃料タンクに被弾すると火を噴いて簡単に墜落した。

海軍の操縦者で、テストパイロットでもあった小福田皓之は、「ちょっと敵弾を受けると、大きな爆撃機が、すぐに火に包まれて落ちてゆく」光景を何度も目にして惨憺たる思いをしながら、空中戦が行われた後の対応についても、「アメリカ側は、航空戦後、かならず救助の船を出して、米軍の漂流者の捜索救助に非常に努力する。また後で分かったことだが、小さな島々に、これら救助のための人員を配していた[12]」と語る。アメリカ軍機の防弾装備はしっかりしていたので、飛行機が墜落しても搭乗員が助かる確率は高く、救助を必要としたということなのだろう。

航続距離は日本軍機より劣るが、それ以外の性能（スピードや安全性等）は上回る戦闘機を開発し、操縦者を酷使しないシステムをつくり、なおかつ救助をきちんと行っていたアメリカ軍は、空母を充実させることで航続距離の問題をクリアした。アメリカ軍の逆のことを行った日本軍の、当然の帰結が操縦者の枯渇であった。

飛行機の操縦者を養成する既存の制度として、陸軍の場合、士官学校は四年余の訓練で卒業し、少年飛行兵学校（少飛）でも三年六ヶ月の教育と訓練を行って操縦者を養成するのがメインで、他にもいくつかの訓練施設（航空機乗員養成所など）があった。それだけでは操縦者の不足を補えないということで、大量に学生を採用し、その中で使いものになりそうな人材を一年余教育し、操縦者に仕立てようというのが特操であった。

特操一期生（一九四三年一〇月入隊）の採用は一八〇〇人で、応募は「採用予定の六倍という好成績」[13]であった。二期生は、一二月一日入隊の学徒動員の中から、一二〇〇人が選ばれている。[14]

軍の思惑通りに学生の応募者が殺到した背景には、いずれ徴兵されることがあり、その場合は最下級の二等兵から経験しなければならず、下級兵士は兵営内で日常的に暴力をふるわれたことから、これを避けようとして学生たちは新制度に殺到した。

山口宗之は『陸軍と海軍』で、二等兵として入隊した後、特操を志願した学生の手記を紹介し、「奴隷にも似た初年兵（二等兵）の生活に堪え兼ね」「陸よりも空のほうが死の危険性は高いことを認識しつつも、全員が死ぬわけではないと自分を納得させ、人間扱いされない仕組みから逃れるために特操を志願した」[15]との実例を紹介している。

このような選択ができたのも学歴があったからで、学歴のない者には短期間で将校になれる道はなく、「奴隷にも似た」生活に耐えるしかなかった。

特操一期生は、各地の飛行学校で約六ヶ月の基礎訓練を受けた後、一九四四年三月中旬に、各地の教育飛行隊に分散配置された。ここで四ヶ月間、実用機による操縦訓練を受け、八月より実戦部隊に配置され、実戦機での訓練を続け、入隊から一年で少尉に昇進した。

5・二重の差別

「延専」から連行され、特操一期生となった金尚弼（結城尚弼）は、一九四三年一〇月、熊本県の隅之庄教育隊に入隊した。

ここでの話として同期生が語るのは、金尚弼（結城尚弼）は無口であったこと、暴力の対象になっていたことである。桐原久は『特攻に散った朝鮮人』で、「結城君は、あまり十分に日本語ができなかったから、貴様、朝鮮人のくせして、何か！と教官からブチ殴られていたのを覚えていますよ。可哀そうなことをするなと思ってみていましたが」という同期生の話を紹介している。(16)

飯尾憲士は『開聞岳』で、「ある日、敬礼の態度かなにかで、彼が教官から殴り倒され、鼻血を出したことがありました。その時、教官は、『なるほど、貴様は、……』あとの言葉が、私はこの手紙で書き辛いのですが、ひどい侮蔑の言葉を教官は彼に投げつけました。そばにいた私が、日本人として恥ずかしくなる表現でした。教官が去ったあと慰める私たちに、『いや、俺が悪かったんだから』と、彼は笑っていました」という同期生の手紙を紹介している。(17)

天皇の軍隊である「皇軍」内には「内鮮の差別」（内＝内地。鮮＝朝鮮）などあろうはずもなく、軍隊こそが「内鮮一体」が実践される場所であると宣伝した総督府だが、組織内に囲い込んでしまえば、もう〝アメ〟を与える必要はないということなのだろう、朝鮮人は軍隊内で階級の上下に加え、民族差別という二重の差別を受け、それには常に暴力が伴っていた。[18]

日本人兵士には、日常的な暴力を日本軍の伝統として受忍する素地があったのだろうが、朝鮮人兵士はそうではなかった。「生まれてはじめて殴られ、逃亡する人もいた」ために、日本軍は、日本人兵士に対して、「差別をやめる」こと、「ともすれば蔑視的に陥りやすいので、幹部以下特に注意を要す」との文書を作成せざるを得なかった。[19]朝鮮人兵士は、軍隊という閉鎖空間において日常的に暴力の恐怖にさらされ、外（戦場）に出れば死の恐怖にさらされることになった。

もちろん日本人学徒兵も暴力の対象になったことはいうまでもない。特操は一年余で下士官よりも上の将校（少尉）になるので、昇進する前の今しかないと下士官から日常的に殴られた。下士官には特操が短期間で昇進することへの怒り、学歴社会への憤りがあったという。

熊本県で六ヶ月の基礎操縦訓練を終え、一九四四年三月、金尚弼（結城尚弼）は「満州」（関東軍）の航空部隊、第二三教育飛行隊に配属となり、その後、訓練のために「満州」の各地を移動した。

一九四五年二月、関東軍は特攻隊を二隊編成した。そのうちの一つ、誠三二飛行隊は隊長の広森達郎（中尉）ら一五人編成で、隊員として金尚弼（結城尚弼）がいた。「誠」は台湾の第八飛行師団に所属する特攻隊につけられた名称（冠）だから、広森達郎らは台湾に移動し、台湾から出撃する計画であったことになる。

金尚弼（結城尚弼）が特攻を「志願」したかどうかの記録はない。「志願しない自由」がないところでの「志願」の有無など意味がないことは前章で述べた。彼と同じように、一九四三年に高専校を繰り上げ卒業になり、特操に入隊した日本人が、「飛行士の教育を受けたあと、戦隊基地へ赴いた。一九四五年一月、満州で『空中勤務者は全員特攻要員』とされ、連日、そのための急降下訓練を重ねた」[20]と証言していることから、「満州」の航空部隊にいた速成教育の操縦者の全員が特攻要員となり、その中で、台湾まで飛行することができる技術レベルに達した者が特攻隊員に指名されたとみてよいだろう。

6・苦悩

金尚弼（結城尚弼）が特攻隊員に指名されたのが一九四五年二月一一日。そして戦死したのが四月三日。この間、彼は「何のために死ぬのか」と苦悩し、それを兄との対話という形で残している。

彼の兄、キムサンヨル（金尚烈）によると、「延専」の校門で弟を見送った後、一年以上経ってから、弟より「満州」の敦化の飛行隊にいるから面会に来てほしいと連絡があったという。特操出身者は一年で将校になれたことから、家族に将校になった姿を見せたかったのか、あるいは、将校になったことで教官からの暴力から逃れることができ、精神的余裕ができたために家族に会いたいと思ったのか、いずれであるかは不明である。

日本陸軍将校の軍服を着た弟の姿に驚いた母と兄だが、その夜、兄は弟に必死で逃亡を勧めた。「日本のためなんかに一生懸命働くことなんかないよ。幸か不幸か飛行機乗りになったのだから、これを活用して逃げろよ、中国か台湾へ！　中国には朝鮮臨時政府[21]もあるだろう。また台湾にも独立運動の拠点があるそうだ」と勧める兄に対して、弟は「もし僕が逃げたら、やっぱり朝鮮の奴らは卑怯だと、朝鮮全体が馬鹿にされるのです。僕は日本陸軍で朝鮮を代表しているのです。（略）もしここで逃げたら、残った母さんや兄さんたちに日本の憲兵隊からどんなひどい目にあうか……だから僕は絶対逃げませんよ[22]」と応えた。

弟は卒業と同時に拉致されるようにして日本軍に入隊させられた。それは弟の本意ではなかった。だから、当然のように日本軍から逃げ出したいと思っているだろうと兄は考えた。一方、弟は、日本軍に入れられて一年余、軍隊という組織の怖さを肌で知ることになり、脱走した後、残された家族に加えられるであろう想像を絶する迫害を心配し、逃亡を拒否した。

このままでは、弟は日本に殺されてしまうと考えた兄は、数ヶ月後に再び弟を訪ねた。この兄弟の父親は、大韓帝国の軍人で、「併合」で職を失った後に死亡した。上の兄は、三・一独立運動に参加して、「満州」に逃げ、行方不明になっていた。こうした家族の歴史を考える兄は、弟が日本のために働こうとしていることが納得できなかった。

弟は、「いずれ我が国は独立するんですよ。それには、まずこの戦争で日本が勝つことが第一ですよ。これだけ日本のために尽くしたのだから——と言えますよ。僕は朝鮮を裏切って日本に尽くそうとしているのではないのです。いま逃亡するほうが失うものが大きいからです[23]」と逆に兄を説得した。

「日本が戦争に勝てば、朝鮮の独立を認めてくれるかもしれない。だから日本に協力することは朝鮮を裏切ったことにならない」という論理は、太平洋における日本軍の緒戦の勝利を見て、軍事力では日本に太刀打ちできないと考えた朝鮮人対日協力者（親日派）の論理と相通ずるもので、植民地支配構造の中で日本軍に引き入れられた朝鮮人として、自己の存在を見つめた場合に、このような論理しか立てられなかったのだろう。彼の意識（朝鮮人である）と存在（日本軍軍人）は完全に引き裂かれていたが、それを統一しようとする方法が、このような論理であったと思われる。

「戦争に勝てば、朝鮮の独立を認める」と日本は一度もいったことはなく、それは主観的願望にすぎなかった。兄はこれ以上議論しても無駄だと諦め、固く手を握りしめて別れた。

このとき、金尚弼（結城尚弼）は自分自身が特攻要員になるとは思ってもおらず、ソ連を敵とする「満州」の航空部隊にいるかぎり、当分の間は安全で、いつでも地続きの朝鮮に飛んでいけると考えていたのではないかと推測できる。

日本がアメリカと戦争を開始したとき、陸軍の総兵力二一〇万人のうち、「満州」・朝鮮が七四万人（三五％）、中国に六八万人（三二％）、内地に五三万人（二五％）、南方地域に一五万人（七％）という配置であった。その後、南方地域で戦線が拡大するにともない、中国全体（中国及び「満州」）における軍事費（陸軍臨時軍事費）のシェアは、一九四一年、三三％（南方地域の六・八倍）。四二年、二四％（同二・七倍）。四三年、二七％（同一・七倍）。四四年、五三％（同二・四倍）。四五年、三〇％（同七・七倍）であったように、「中国戦線に投入された臨時軍事費は、一度たりとも太平洋戦争の主な舞台となった南方戦線でのそれを下回ることはなかった」。特に、一九四四年、太平洋地域で「玉砕」をつづけていた日本軍にとって、主戦場はこの地域であったはずなのに、この年の軍事費の五三％を中国戦線で使っていたことから、日本陸軍は戦費で見る限り中国を主敵として戦っていたことになる。しかし、こと「満州」に関しては、一九四二年に「満州」に投入された臨時軍事費のシェアは一四％で、南方戦線の九％よりも高かったが、それ以後は、四三年、一一％、四四年、五％、四五年、八％へと大きく低下した。これは日本軍が中国の抗日軍に手を焼きながらも、太平洋地域での敗勢を立て直すべく、ソ連国境に展開していた陸軍部隊を南方に転用したためであった(24)。

日本陸軍は本来、北のソ連を主敵としていたが、南方戦線から兵力の移動を求められると、まだソ連とは強い緊張関係に入っていなかったので、「満州」から転用することにし、航空部隊は続々と南に向かった。金尚弼（結城尚弼）もその中の一人であった。

7・最後の面会

一九四五年二月一四日、特攻隊である誠三二飛行隊は「満州」の平台飛行場から九州に向かった。

途中、給油のため平壌（現、ピョンヤン）に着陸。ここで二泊するという連絡を受けた兄、キムサンヨル（金尚烈）は平壌の旅館に駆けつけた。

弟、金尚弼（結城尚弼）は特攻隊員となったことを告げ、「特攻隊員といっても、そう心配することはありませんよ。もう飛行機も足りなくなっていて、いつ出撃できるかわからない」としながら、「今晩は最後になるかもしれないから、じっくり話しましょう」と兄にいった。

このとき弟は整備兵の今野喜代人を伴って、三人で食事をしており、戦争を生き延びた今野は、「三人で食事をしながら話をしました。でも大事なことになると、会話は朝鮮語になってしまうので、私にはわかりませんでした。当時は朝鮮語は禁止されていたのですが、二人は私の前で堂々と朝鮮語で話をしていました。ただ二人とも目に一杯の涙をためて、真剣に話しているので、私は死に行く心境をこもごも語りあっているのだなあ、と思いながら聞いていました[25]」と語っている。

兄によると、このときも弟は、逃亡を勧める兄に対して、「兄さんの言うように飛行機だから、逃げる気なら逃げられます。でも、逃げて生きてみても民族のためにどれだけ今の状況で尽くせますか」と、逃亡という選択肢を否定したという。

後のことは考えずに逃げろ、生きていれば、いつか独立に貢献できる日が来るからと、逃亡を勧める兄。その兄のいう通りに逃亡したとしても独立のために何ができるのだろうかと悩む弟。お互いを思う気持ちから、「二人とも目に一杯涙をためて」語り合ったが、お互いが納得できる結論は出ず、「僕はここに来る前、警察に行って、僕が戦死したら、母と兄をよろしく頼みます。兄には穀物小売人の免許をよろしくと、と頼んできました。大丈夫でしょう」と、自分の死を既定の事実として、家

族のことを思う弟に、兄は眼前が真っ暗になったという。(26)

抑圧者である日本のために死ぬ必要のない朝鮮人にとって、生きるために逃亡することは重要な選択肢の一つであった。しかし、逃亡することによって自分一人が助かったとしても、残された家族はどうなるのか。過酷な仕打ちどころか、見せしめのために殺される可能性は充分にあった。同族意識が強く、家族の絆も強い朝鮮社会にあって、家族を人質にとることが、軍に服従させる有効な手段であったことを日本軍も認識していたはずである。

金尚弼（結城尚弼）は、植民地支配－被支配という関係の中で、支配の側より支配者のために死ぬことを求められた被支配者であった。悩んだ彼は、それに従うこと、すなわち自らの「生」を犠牲にすることで、植民地に住む母と兄と姉の安泰が得られると考えたのではないだろうか。彼は、この時点では、「生きる」ことをほぼ諦めていたと思われる。

8・分けられた部隊

一九四五年二月一七日、誠三二飛行隊の特攻隊員一五人、整備兵一三人は福岡県の大刀洗飛行場に到着。ここから台湾に向かうはずであったが、福岡から台湾までの間の制空権はアメリカ軍が握っており、なおかつ九州もいつ襲撃されるかわからないことから、北へ向かい、岐阜県各務原《かかみがはら》市の基地へ移動した。ここで爆弾を積むための機体改造を行う予定であったが、愛知県名古屋市への空爆が激しくなってきたので、隣接する各務原市も危険と判断され、二月二〇日、長野県松本市へ避難。ここで機体改造を行うことになった。

特攻機は、一般的には戦闘機に二五〇キロ爆弾を吊るすように改造されるのだが、戦局の悪化に伴い、もっと破壊力を増すようにと、この部隊は倍の五〇〇キロ爆弾を積むよう命令されたために、改造に時間がかかり、松本市には約一ヶ月間の滞在となった。

三月一〇日、アメリカ軍のB29爆撃機が東京を空爆（二六万戸焼失）。一四日には大阪市が空爆を受け（一三万戸焼失）、沖縄の慶良間諸島にアメリカ軍の機動部隊が迫っていた。整備兵の今野喜代人は、「広森隊長は一刻も早く出撃せねば、と焦燥の色濃いものがありました[27]」と、思いつめていた様子を語る。

隊長の広森達郎は、機体改造を終え、試運転を済ませた九機だけで、先に出発することを決断し、部隊を二つに分けた。

先発は、広森隊長ら九人、整備兵も九人（誠三二飛行隊の飛行機は「九九式襲撃機」という二人乗りの中型機であったため戦闘機の二倍の爆弾を搭載できた。通常は後部座席に射撃手兼通信手が搭乗した）。残されたのは、金尚弼（結城尚弼）（少尉）、小林勇（少尉）、時枝宏（軍曹）、古屋五郎（伍長）、佐藤正（伍長）、佐藤英美（伍長）の六人と整備兵が四人で、伍長の三人は少飛出身者であった。

三月一八日、隊長の広森達郎ら九機は松本市を離陸。三月二五日、鹿児島県の知覧基地に到着した。

ここで、台湾ではなく直接「沖縄に前進し、現地にて命令を受くべし」との命令を受け、給油の後、沖縄に向かった。

このとき、鹿児島県の奄美大島以南はアメリカ軍の制空権内になっており、九機がそろって沖縄に到着できたのは、かなりの幸運だったようで、「去年の一〇月以降、沖縄まで飛んできた日本軍機は一機もなかった」と沖縄にいた兵士たちに大歓迎されたと、広森隊長機に同乗して沖縄の中飛行場に降りた整備兵、今野喜代人は語っている(28)。

沖縄で、「明日出撃」の命令を受け、今野らは徹夜で五〇〇キロ爆弾の積み込み作業を行い、翌三月二七日早朝、沖縄の守備軍（三二軍）の牛島満司令官らが見ている中で、九機は海上のアメリカ艦船に体当りを行った。

もし、隊長の広森達郎が全機の改造が終わるのを待って出発したら、隊長の命令どおりに動かなければならない金尚弼（結城尚弼）は、それこそ命令どおりに体当りをしなければならなかった。隊長が部隊を分け、先に飛び立ち、彼が残ったことでチャンスが舞い降りた。後発部隊の隊長になれば、命令する立場になり、全くの受身ではなくなる。

彼は、残りの飛行機の改造が行われている間、「生き延びる」方法を熟考したと思われる。兄と最後の別れをした時点では、彼は生きることについて諦めに似た気持ちだった。しかし、隊長が先に出発して状況は変わった。彼は、これを生きるための最後の機会と捉えたと考える。

残された部隊の中で最も高い階級にいたのは、金尚弼（結城尚弼）と同じ少尉の小林勇の二人で、どちらかが隊長を命じられたことになる。『開聞岳』を一九八五年に書いた飯尾憲士は、整備兵の今野喜代人に手紙で確認したところ、「六機の長機は小林少尉です。先任将校でありますので当然であります」[29]との返事を得て、後発部隊の隊長は金尚弼（結城尚弼）ではないとした。

『特攻に散った朝鮮人』を一九八八年に書いた桐原久は、『開聞岳』を読んだ上で、これを批判して、小林勇が先任将校であった証拠がないこと。飛行隊においては、隊長がナンバー2を最後尾の編隊の長にして、編隊全体を見守る任務を与える場合があったことから、「満州」からの編隊の組み方を見ると、最後尾の長であった結城尚弼がナンバー2の地位にあったと思われること。松本市滞在中に書いた寄せ書きによると、広森隊長の隣に結城尚弼が書いていることから、彼は広森隊長に眼をかけられていた存在で、広森隊長は出発前に、後発部隊の長として結城尚弼を指名したと推測する。[30]

広森が後続部隊の隊長に誰を指名したのか記録としては残っていない。歴史としてみるなら、飯尾憲士の記述は「証言」に基づき、桐原久のものは「推論」にすぎない。しかし、飯尾の「証言」も裏付けをとる必要があり、桐原はそんな「証拠はない」とする。

9・詳細な遺書

金尚弼（結城尚弼）は、沖縄に向けて出撃する前日に、「延専」の日本人校長、辛島驍に宛てて、これから行う作戦の内容を具体的に書いた次のような遺書を送っていた。

結城は、特に我等六機の攻撃を見、戦果を確認して、那覇の飛行場に敵前着陸を夜間に致し、飛行師団に戦果を報告し、夜間其場で尚弼単機で爆弾を抱えて、敵船団に突っ込む、轟沈する、此の様な任務を持つ命令を受けています。部下を船団の上迄誘導し、そして部下の戦闘振りを、体当りしての戦果を、敵の数十機或は数百機のグラマンと空中戦を交わせながら、部下機の体当り戦果を確認した後、夜間着陸、戦果報告後、直ぐ爆弾を抱いて、部下機の叩き残りを体当りします。小隊長として出撃する明日の厳粛な仕事です。

（辛島驍「朝鮮学徒兵の最後」一九六四年・『文藝春秋一〇月号』二七一〜二七二頁。遺書は長文であり、作戦に関する部分を抜粋した）

金尚弼（結城尚弼）は、この遺書で自分が後続部隊の隊長であり、部下の体当りを確認し、報告する任務を命令されたと書いている。

ところが、特攻機からは機銃や無線機は外されており、丸腰の特攻機に戦果確認をさせるのは無理なことで、戦果を確認するためには別に戦闘機がつけられるのが通例であった。だから、遺書に書かれた、「特攻機に戦果を確認せよ」という命令は極めて異例であり、軍隊経験者である桐原久は、このような命令が本当にあったのかどうかを調べた。

金尚弼（結城尚弼）に命令を出す立場の人間として、当時、宮崎県の新田原基地にいた第八飛行師団の参謀、福沢丈夫（大佐）を捜し出した桐原らは、福沢にインタビューすることに成功している。[31]

それによると福沢は次のように語っている。

（一）直接電話を取ってはいないが、戦果を確認して沖縄南飛行場に着陸、報告したというのを聞いて、奇異に感じながらも、凄い人だと思った。

（二）私は「戦果を確認して報告せよ」などという命令は出していない。

（三）彼の行動は、日本特攻史上、ただ一例です。厳密に言えば命令違反です。

（四）（彼が朝鮮人であることは）いや、全然知りませんでした。そうだったのですか。

命令を出す立場にある上官は、そんな命令など出していないといい、遺書は命令を受けたと書く。上官が命令を出していないと証言し、命令自体が不自然であることから考えると、遺書に書かれていた命令は、金尚弼（結城尚弼）の自作自演（偽の命令）であった可能性が高いことになる。

仮に、これが偽の命令であるとしたら、彼は、なぜ、偽の命令を詳細に記した遺書を書いたのか。彼は、なぜ、故郷の家族ではなく、母校の日本人校長に遺書を送ったのかが重要なポイントになる。

三月二八日、機体の改造が終わり、松本市を飛び立った金尚弼（結城尚弼）ら残りの六機は宮崎県の新田原基地に到着した。

四月一日、アメリカ軍、沖縄本島上陸。この日のうちに沖縄の北、中飛行場を制圧。

四月二日、金尚弼（結城尚弼）は遺書を書き、「延専」の校長、辛島驍に送る。

四月三日、六機は沖縄に向かった。彼が遺書の通り行動したとしたら、その後、他の五機が突入したのを見届けてから、沖縄着陸を試みたことになる。

「そのような命令を出していない」と証言した参謀の福沢丈夫によれば、「沖縄南飛行場に着陸、報告したというのを聞いて、奇異に感じながら、凄い人だと思った」と、金尚弼（結城尚弼）は沖縄に着陸したとする。

この福沢の証言は、後から刷り込まれたもので、『戦史叢書』の記述を自分の記憶のようにしている可能性が高い。なぜなら、『戦史叢書』は、四月三日の金尚弼（結城尚弼）の行動と戦果を記した同じページに、福沢丈夫が書いた特攻隊を讃える長い回想文（「特攻隊員は出撃のときは、（略）喜々として機上の人になり、その沈着荘厳の姿は全く神々しかった」）を名前入りで記載しているからである。[32]
福沢は、自身の文章が掲載されているページを何度か読み、その時に同じページの結城尚弼の件も目にしたはずで、「沖縄から連絡があったと聞いた」とする福沢の話は、後から刷り込まれたものである可能性が極めて高いと考える。

桐原久は、この福沢丈夫の回想文にはふれていないが、「沖縄に着陸した」とする福沢の証言を採用していない。三月二六日に、先に出発した広森達郎とともに沖縄に到着し、広森らが特攻戦死した後も沖縄に残り、地上戦を経験した整備兵の今野喜代人の、「私たち以後、日本から飛んできた飛行機があったという話は聞いたことがないです[33]」という方を採用している。

もし、金尚弼（結城尚弼）が沖縄に着陸することができたのなら、同じ部隊であり、「満州」からずっと行動をともにし、平壌では兄と三人で食事をしている今野には会うはずであった。今野は、会っていないどころか、自分たちが沖縄に到着した後、日本軍機は一機も着陸していないと話したことから、金尚弼（結城尚弼）は沖縄には着陸できなかったと桐原は結論付けた。

そうなると遺書に書かれたことは単なる願望にすぎないことになるが、桐原久は、「なぜ、彼は偽の命令を詳細に記した遺書を書く必要があったのか」という問題意識から、次のような推論を立てた。

広森達郎が隊長であれば、行動の自由はなかったが、部隊を分けたことで重石がとれた。兄から逃亡を勧められていた結城尚弼は、これを好機到来と捉え、計画を練った。そして、出発前に、「隊長である私が、みんなを沖縄まで誘導し、みんなが突入したことを確認して、沖縄に着陸し、戦果を電話で本部に連絡して、再び離陸して、体当りするように上から命令された」と部下に告げた。さらに、このような命令を受けたことを詳しく書いて、遺書として朝鮮に送っておけば、命令に基づいて特攻を実行したという証拠になる。こうした布石を打った上で、部下が突入したのを確認し、その後、「自分は一か八か、運を天に任せて、中国大陸へ逃げよう。それならば家族にも民族にも、一切迷惑はかかるまい」と考え、実行しようとした。これは「推論」というより「確信」というべきものであったと桐原は書いている(34)。

桐原久は、金尚弼（結城尚弼）は逃亡するために、偽の命令で部下を欺いたとする。さらに、偽の命令を詳しく書いた遺書を朝鮮に送り、体当りをした証拠にし、逃亡をカモフラージュしようとしたという。確かに、金尚弼（結城尚弼）の場合は、自身にふりかかる敵前逃亡罪（陸軍刑法七五条）を恐れることよりも、被抑圧民族という弱い立場であったことから、植民地に残された家族に対して総督府から加えられる直接的な迫害をどうしても考えてしまい、このような手の込んだ細工をしなければならなかったことは理解できる。しかし、偽の命令で部下を従わせることなど、簡単にできるものなのだろうか。

10・遺書と戦史

一方、遺書を記載した辛島驍の手記を疑心暗鬼で読み、なおかつ後続部隊の隊長は金尚弼（結城尚弼）ではなく、小林勇であったとする飯尾憲士は、「沖縄に着陸、報告後に離陸し、特攻せよ」という命令は、隊長の小林が出したと考えた。この後発部隊の六機は爆弾を積むために無線機を外していたので、もし戦果を報告する必要があるのなら、誰かが沖縄に着陸して報告しなければならなかった。

ところが戦史は次のように書いている。

新田原の福沢大佐は一日薄暮の攻撃に引き続き、三日、誠第三十二飛行隊の残部である軍偵特攻六機（結城尚弼少尉ほか）に戦果確認の九七戦一機を付け、上陸点付近の敵艦を攻撃させた（戦果は省略）。結城少尉は部下を目標上空まで誘導し、その攻撃状況を確認のうえ、沖縄に着陸報告し、爾後再び離陸して、自ら特別攻撃を敢行した。戦果確認のために付けた九七戦は帰途喜界島に不時着し、無線連絡により細部を報告した。

（防衛庁防衛研修所戦史室『戦史叢書――沖縄・台湾・硫黄島方面陸軍航空作戦』一九七〇年・朝雲新聞社・四四五、四四六頁）

『戦史叢書』は戦果確認のために戦闘機が一機つけられたとしており、確認機がいたのなら、金尚弼（結城尚弼）が命じられたとする任務と重なり、特攻機が危険な沖縄に着陸しなければならない理由はなくなる。飯尾憲士は、「小林少尉は念には念を入れて、至難の任務を結城少尉に与えたことになる」(35)とし、命令を出した理由を「念のため」としている。おそらく飯尾は、隊長の小林が、朝鮮人である金尚弼（結城尚弼）に無理難題を押し付けたと考えたのではないだろうか。

また、遺書の出所である、「延専」の校長、辛島驍の手記が、日本人に都合よく書かれていること、例えば、「彼（金尚弼）から来る手紙は必ず後輩のことに及び、『一人でも多く自分の後へ続かせてください』と書かれてあった」と、彼が戦争協力者のように書かれていることから、飯尾は、この手記を信用しておらず、金尚弼（結城尚弼）は日本軍の将校になりきってしまったのか、それとも別のことを計算していたのであろうか、「私は結城少尉の心のなかを、読むことはできなかった[36]」と判断を避け、遺書の中身には深入りしていない。

それでも飯尾憲士は、事実を知ろうと、前述の『戦史叢書』の金尚弼（結城尚弼）の件は、何を根拠に書かれたのかを調べた。『戦史叢書』の記述には、「第八飛行師団陣歿者名簿（昭和三九年川野元参謀作成）」からの引用と、出所が記されていたので、飯尾は、この「名簿」を入手した。「第八飛行師団陣歿者名簿」には、「結城少尉が、延禧専門学校長に遺書を送り、その中に、戦果確認後、離陸して特攻を敢行すると書かれている」との注記があった。『戦史叢書』は、これを引用したわけで、『戦史叢書』の記述の根拠になったのは、辛島驍の「手記」に紹介された「遺書」であることが判明した。

一九七〇年に書かれた『戦史叢書』は、喜界島に不時着した戦果確認の戦闘機からの無線連絡による報告ではなく、一九六五年に作成された「第八飛行師団陣歿者名簿」を引用し、この「名簿」は、一九六四年に雑誌『文藝春秋』に掲載された辛島驍の「手記」に依拠し、「手記」は金尚弼（結城尚弼）の「遺書」を全文紹介する形で書かれていた。ようするに、「遺書」に書かれていたことが一人歩きし、史実となり、金尚弼（結城尚弼）は何の疑いもなく、「戦果確認後、沖縄に着陸。報告の後、再び離陸して特攻戦死」したとされたことになる。

このような『戦史叢書』の記述は信用できないと考えた飯尾は、確実な情報を得ようと部隊関係者に手紙を送り続けた。すると宮崎県の新田原基地で金尚弼（結城尚弼）らの六機を見送った整備兵の一人、酒井光夫（兵長）から、「結城少尉は、爆弾を積まず、護衛機として出撃されました」[37]との返事が届いた。

特攻隊でありながら、一機だけ爆弾を積まずに出発したということは、護衛兼戦果確認の任務を負っていたことになり、遺書は、願望や空想であったのではなく、書かれた内容の一歩を踏み出していたことを示す。彼は偽の命令を、部下だけでなく、新田原基地の整備兵らにも納得させたことになり、沖縄着陸のための第一段階は乗り越えていたことになる。

この、「爆弾を積まず、護衛機として出撃した」という証言から、『戦史叢書』に書かれていた戦果確認の戦闘機一機は存在しなかったことも考えられた。そうであるのなら、「戦果確認後、沖縄に着陸して報告せよ」という命令もあり得ることになり、飯尾憲士は、本来は隊長がやるべき沖縄着陸という至難の任務から、小林隊長は逃げ、金尚弼（結城尚弼）にやるように命令したと考えた。上官の命令は絶対であった。

飯尾にとって金尚弼（結城尚弼）は、隊長から無理な命令を押し付けられた受難者であったが、「特攻隊員として出撃しながら、このような任務を負わされた人はいない。重い気持ちになる。しかし、遺書の匂いからすると、結城尚弼少尉は、奮い立っているのである。朝鮮出身者の誇りにかけて、祖国を喪った青年の意地にかけて、非情の任務を喜んだのか[38]」としている。

こうした飯尾の論理展開からは、彼は「逃亡を企てていたのではないか」という疑問は浮かぶことはなく、「おそらく決然と離陸したのであろう。不可能に近い任務であればある程、朝鮮出身者の彼は、祖国の後輩よ、俺の行動を見てくれ、と、心中に期するものがあったはずである」[39]と、彼は覚悟して任務遂行に向かったという結論に至った。

11・逃亡か、特攻か

金尚弼（結城尚弼）が後続部隊の隊長であったのか否かは、はっきりしない。遺書の中で自分自身が隊長であったと書いていることから、間違いなく隊長であったとする桐原久は、彼は隊長として部下の突入を確認し、沖縄に着陸、戦果を報告した後に、中国へ逃亡しようと考えていたとする。飯尾憲士は、彼は隊長ではなく、隊長の小林から沖縄着陸後、報告せよという不可能に近い任務を命じられ、決然とそれを遂行しようとしたとする。

沖縄着陸という目的は同じだが、両者の違いは彼の主体性の有無にある。「逃亡」という目的のために主体的に動いて、生きようとしたのか。死を覚悟して、困難な任務に立ち向かったのか。両者の違いは「生」と「死」のどちらを考えていたのかに結びつく。

どちらであったのかを考えるために、これまでに明らかになったことを整理してみると、

（一）広森隊長が先に出発し、金尚弼（結城尚弼）が残った。
（二）作戦内容を具体的に書いた遺書が朝鮮（母校の校長）に送られた。
（三）彼だけが爆弾を積まずに沖縄に向かった。
（四）その沖縄には到着しなかった。

この四点を一連の流れとして考えてみると、ポイントは（一）と（二）をどのように結びつけるかだろう。飯尾憲士は、辛島の「手記」そのものを信用していないので、遺書の内容も重要視していない。遺書から出発している桐原久は、（一）と（二）は因果関係があるとして、金尚弼（結城尚弼）が隊長になったので、「逃亡」のために偽の命令を記した遺書を書いたとする。本書の立場も、遺書は重要だと考える。

何のために彼は、作戦内容を詳しく書いた遺書を朝鮮に送ったのか。

自分の死の意味を誰かに伝えたかったからとも考えられるが、それなら先ず家族に送るだろう。特に、二度も面会に来てくれた兄に送るであろう。だが、遺書の送付先は「延専」の校長であった。

遺書は、あくまでも「延専」の校長宛にする必要があった。校長に届いたなら、遺書は必ず総督府に渡され、特攻をした証拠になり、逃亡を疑われることはなかった。そうなれば家族への危害を防げた。このように考えると、桐原久の説のほうが説得性を持つ。彼は死を告げるためではなく、生きるための道具として遺書を書き、校長の辛島に送ったと考えることができる。

金尚弼（結城尚弼）は特攻を命じられたとき、「定められた死」から逃れられないものと諦観した。しかし、隊長が先に出発し、彼は残された（一）。生きるための、わずかな可能性を感じとった彼は思案をめぐらした。生きるために逃亡すれば、故郷の家族は殺されるかもしれない。彼は、それを防ぐために細工をすることを思いついた。母校の校長に作戦内容を書いた遺書を送れば（二）、総督府に渡り、逃亡を疑われることなく、特攻戦死したことになるはずであった。そして、上からの命令だとして爆弾を積まずに飛び立つことに成功し（三）、沖縄に向かった。沖縄上空に到達すると、他の隊員と別れ、南飛行場に着陸しようとして高度を下げた。そこにいたのはアメリカの大艦隊で、集中砲火を浴びて撃墜されてしまった（四）と考えれば、矛盾なく繋がる。

前にも述べたが、一般的に、特攻隊は隊長機にだけ無線機が積まれ、部下の突入を見届けると、最後に無線の電波を発信しながら隊長機も突入した。あらかじめ決められていた周波数の電波を受信した基地では、その電波が途切れた時点で、「〇〇隊、全機突入」と判断した。隊長機が真っ先に撃墜されたら、後のことは把握しようがないわけで、通常、このようなずさんな戦果確認方法が行われていた。それ以外の方法としては、戦果確認のために戦闘機がつけられたが、激烈な戦場での目視による戦果確認は難しく、かなりいい加減な報告がまかり通っていたことは前にもふれた。ようするに、特攻作戦全般において、軍上層部は戦果確認にそれほど神経を使っていなかった。

ところが、金尚弼（結城尚弼）の部隊は、アメリカ軍が上陸したばかりの沖縄に着陸し、戦果を報告せよという命令を受けたと遺書は書く。この部隊に何か特別な任務が課せられていたかというと、何もなかった。ということは、数ある特攻隊のうちの一部隊の戦果確認などに軍上層部はこだわっておらず、「沖縄に着陸、戦果を報告せよ」という命令など出す必要はなかった。

彼が遺書に書いた命令は、日本軍において「上からの命令」が絶対で、誰もがこの言葉に弱いことを見抜いた上でのもので、偽の命令であった。このように考えた場合、遺書は、逃亡後に朝鮮の家族に災いが及ばないように計算されたもので、「命令された上での行動」であったことの証拠になるようにと、「延専」の校長、辛島驍に送られたことになる。

そうであるのなら、遺書が総督府に渡って、「そのような命令があったための行動だったのか」と、関係者を納得させなければ意味をなさない。金尚弼（結城尚弼）は、辛島に遺書を送りつければ必ず総督府に渡るであろうと読んでいたことになる。

この読みは正しかっただろう。辛島は必ず総督府か朝鮮軍関係者に見せ、教え子の勇気ある行動を誉め、これこそ校長としての皇民化教育の成果だとアピールしたであろう。すぐに自分の学校の学生を講堂に集め、後に続くよう促したかもしれない。

しかし、辛島は朝鮮にはいなかった。遺書は、「後日、別命で東京に移っていた私のもとへ」転送されてきたと辛島は書く。いつ東京に移ったのかについては記されていないが、もし、金尚弼（結城尚弼）が逃亡に成功したとしても、家族に迷惑をかけないよう計算された遺書は、総督府の手に渡らなかったことになる。

生き延びようとした金尚弼（結城尚弼）によって書かれた遺書は、朝鮮では、その役目を果たさなかったのだが、戦後二〇年経って、日本の雑誌で公表されたことにより、彼の思惑とは逆の役割を果たすことになった。

遺書の内容どおりのことが公式戦史に書かれ、それが史実となり、彼は「勇気ある特攻戦士」として評価され、讃えられることになった。爆弾を積まずに九州を出発したというのに、沖縄には着陸していないのに、彼は「部下の戦果を確認後、沖縄に着陸し、戦果を報告の後、再び離陸し、特攻した」と特攻の歴史に刻まれてしまった。

12・日本からの「逃亡」

金尚弼（結城尚弼）は、特攻隊でありながら爆弾を積まずに沖縄に向かった。爆弾を積んだ同じ部隊の五機は、沖縄上空に到達後、そのまま嘉手納湾のアメリカ艦船に突入した。これを見届けた彼は沖縄那覇の南飛行場に着陸し、九州の新田原基地に電話で五機の戦果を報告し、「私は、これから爆弾を積み、体当りを行う」と連絡し、爆弾を積み、燃料を補給する（通常、特攻機は体当りしたときに残りの燃料に引火して、火災を起こさせる目的から満タンの燃料を積んでいたという）。そして、飛行機に乗り込み、堂々と沖縄を離陸し、海に出ることができれば、爆弾を切り離し、日本から、そして天皇から逃亡できるはずであった。

図1　東アジアの中の沖縄の位置

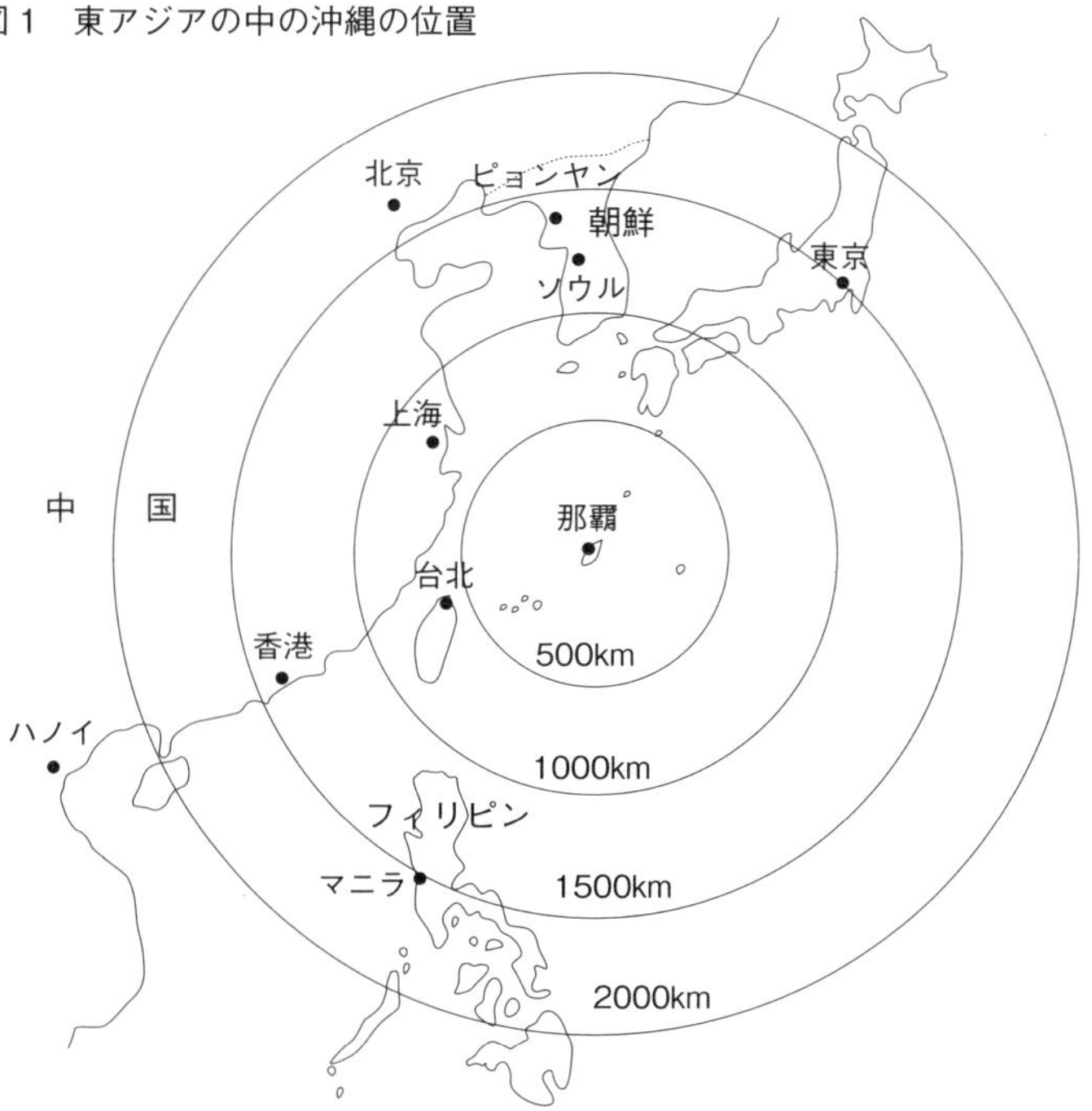

出典）安仁屋政昭「沖縄は近現代の日本でどのように存在したか」佐々木隆爾編集『争点日本の歴史』第6巻・1991年・新人物往来社・248頁より

沖縄への着陸は逃亡するための必要条件であった。彼が乗っていた飛行機（九九式襲撃機）の航続距離は一〇六〇キロで、九州から沖縄までは六〇〇キロだから、残りの燃料では四六〇キロしか飛べない。台湾まで飛ぶとしたら（沖縄－台湾間六五〇キロ）、どうしても沖縄に着陸する必要があった。仮に、着陸ができ、給油もできたのなら、八六〇キロ先にある上海までも飛ぶことができた。

しかし、整備兵の今野喜代人が「私たちは三月からずっと沖縄にいたわけですが、私たち以後、日本から飛んできた飛行機があったという話は聞いたことがないです」というように、彼は沖縄に着陸はできなかった。

以上のことから、本書では、金尚弼（結城尚弼）は日本のために死ぬつもりはなかったと考える。彼は、部隊が分けられたのを契機に、逃亡を考え、「偽の命令」を考え出した。そして、朝鮮の家族に危害が及ばないように、このような命令を受けたという遺書を書いて、朝鮮の有力者（辛島）に送った。

九州の基地から、計画通りに爆弾を積まずに飛び立つことに成功した彼は、沖縄上空で部隊から離れ、沖縄の南飛行場に着陸しようとした。しかし沖縄には、上陸作戦用のアメリカの大部隊がいた。その大部隊が上陸して三日目であった。そこへ「日の丸」をつけた飛行機が単機で入ってきた。彼は撃墜され、那覇港付近の海に墜落した。つまり、金尚弼（結城尚弼）は特攻して戦死したのではなく、逃亡を試みたが、失敗したと見ることができよう。

ところが、一部の日本人は、彼は「二度も特攻をやったすごい人物」と評価し、強く抱きしめて離そうとしない。「二度の特攻」とは、アメリカ軍がひしめく沖縄に着陸するのは特攻するのと同じで、それを成功させた上に、再び離陸して、体当りしたのは、二度特攻したのと同じ価値があるという意味として使われている。

彼は、沖縄には着陸していないのに、このように評価するのは、日本人の側の勝手な思い込みにすぎない。彼が体当りしたという証拠は何もない。あるのは彼自身が書いた「遺書」で、「遺書」は偽の命令を記し、それが「史実」となって一人歩きしているのであって、事実を反映したものではない。その「遺書」の送付先が、家族ではなく、辛島驍であることから、彼は日本から逃亡しようとしていたと考えて間違いないだろう。

13・辛島驍の「手記」

金尚弼（結城尚弼）が偽の命令を詳細に記した遺書を母校の日本人校長に送ったのは、遺書が総督府に渡るであろうことを見越していたと思われることは前述した。そういえるのは、彼は、校長の辛島驍が総督府と強いつながりを持っていたことを知っていたからであろう。

「延専」の校長であった辛島驍《からしまたけし》は、戦後、「あれからもう二十年の歳月が流れた」として、一九六四年に、「朝鮮学徒兵の最後」という七ページの手記（以下「手記」という）を雑誌『文藝春秋』の一〇月号に載せた。

この「手記」は、特攻戦死した結城尚弼の存在を明らかにし、彼が朝鮮人学徒動員で先陣を切ったと高く評価し、当時の朝鮮人学生が置かれていた状況や、出征の様子を説明し、最後に遺書の全文を紹介している。

この辛島の「手記」を、飯尾憲士は日本人に都合よく書かれているとして、否定的に読んでいる。桐原久は基本的に信用しているようだが、ある程度は批判的に読まざるを得なかったようで、辛島の言葉を、キムサンヨル（金尚烈）の口を借りて間接的に批判している。

例えば、「結城君が休暇で帰鮮した際、母校を訪ねてきたので、私（辛島）は学生をグランドに整列させて、彼に言った。『何でも言いたいことを言いたまえ』。だが彼は学生の前に立つと多くを語らず、『俺についてこい』というなり上着を脱いで走り出した。校庭は二十万坪の広さである。彼は黙々と、だが在学生に何事かを訴えるかのように、坂をのぼり、林を抜けて走りつづけた。在学生ばかりでなく教職員も、彼の後について走った。約一時間――落伍者はなかった。これが契機になって、校内には『やればできるのだ』という気概がみなぎり、士気は大いに上がった。（桐原注・金氏によると、これは日本の支配者側から見た感覚で、実は学生たちは徴兵を恐れて山へ逃げたのだが、一家が暮らせなくなる、と親たちから説得され、出頭したのが、真実であった）」[40]というように、辛島の「手記」をそのまま載せ、それを兄のキムサンヨル（金尚烈）に否定させている。

金尚弼（結城尚弼）は後輩を前に、日本軍の軍人になる必要はないとして、後輩とともに山に逃げようとした可能性があるのに、支配者である日本人には、「俺についてこい」と走り出し、全員が同じように汗を流すことによって、結束力が高まったように見えたということになる。これが、自己の尺度でしか相手を理解しない、できない、植民者共通の〝まなざし〟なのかもしれない。

「手記」によれば、一九四三年一〇月、朝鮮人学徒動員が決定すると、総督府に各高専校の校長が集められ、説明を受けた。その後、辛島は「特に単独で小磯総督と会見し、あくまでも志願であることを確かめた」という。辛島は単独で総督と会見できるほどの実力者であったことになる。

辛島はいう、（志願を迷う）「学生の相談に応ずるのは、すべて朝鮮人の教職員諸君にゆだねることにした。日本人がその衝に当たっては、強制の感を与えることを恐れたのである」「まもなく三人の学生が現れた」「直立不動の姿勢で『志願します』というのであった」「こんなに早く志願する学生があろうとは思っても見なかった。だが、この時校内では、戦局が切迫した折でもあり、〝結城に続け〟という気概が自然にもりあがっていたのである」「当時の朝鮮に、我々がびっくりするくらいの強固な天皇陛下万歳組があったのは事実である。この三人の学生がきっかけとなって、志願者の数は、日毎にふえていった」とする。

「延専」の場合、適格者二八二人に対して、「志願します」といったのは、この三人を含めて四人しかおらず、「〝結城に続け〟という気概が自然にもりあがっていた」とはいえない。辛島が「もりあがった」とするのは、総督府が「志願強要」に転じてからのことであり、辛島は、総督府の指示通りに、この政策を推し進めたからであった。

カンドクサン（姜徳相）は、辛島驍は、学徒動員が決まると「『今こそわれ等は醜の御楯(41)といでたつ栄を担ったのだ。友よ征こう、皇民魂を発揮する秋は来た』と絶叫、全教職員、学生を講堂に集め、率先志願の趣旨を説明、三二四名の学生を引率して朝鮮神宮に参拝、神前で学生の蹶起を勧奨した」「米国系ミッションスクールの延専は、対米戦争後、尹致昊が校長を辞職し高橋濱吉が引き継いだが、さらに緑旗連盟[42]の論客、城大（京城帝大）教授・辛島驍（東大卒・国民総力連盟宣伝文化委員）が校長に就任してから校風をかえていた。総督府には延専は敵性学校との認識があり、そこに流れている自由思想のようなものを憎んでいた。辛島は、朝鮮文化、学術界を意のままに操縦する怪物であった。その辛島が、校長に就任してからは延専の米英色を一掃し急角度に皇民練成教育を実施し」た。辛島は「学問も大切だが要は精神だ。鉄の肉体だ。帰還学生の手記を読んでも判る通り、戦場こそはまたと得難い教場だ[43]」と学生を戦場に送り出した張本人だとしている。

渡邊一民は、一九四一年に朝鮮で創刊された『国民文学[44]』は、文芸雑誌に限定されない性格を持たされ、「日米開戦と東洋の将来」「大東亜文化圏の構想」「軍人と作家・徴兵を語る」などの座談会が次々に記載され、「当時の朝鮮ジャーナリズムの黒幕といわれた京城帝大教授辛島驍、『京城日報』学芸部長寺田瑛、《緑旗連盟》主幹津田剛の三人と総督府や朝鮮軍の将校がかならず出席して[45]」いたと、辛島の名前を最初に持ってきている。

『親日派』を書いたイムジョングック（林鍾国）は、辛島驍、寺田瑛、津田剛の三人は「皇民文壇をつくりあげた元凶の三巨頭であるが、とくに津田という男が悪辣であった[46]」としている。

このように、「怪物」「黒幕」と称された辛島だが、「手記」では、「戦争という一方向しか向くことを許さなかった、あの厳しい戦時下に、しかも植民地朝鮮に於いてである。もし志願しなければ、どんな恐ろしい制裁が待っているかもしれないと思われた。暗黒への不安が教授にも学生にもあった。その怖ろしい末路へ学生を追い込まぬために、諄々と説いた」のであると、悪いのは時代であり、あくまでも志願強要は学生のためを思ってやったのであり、軍に協力するためではないとしている。

こうした言い訳は、当時、果たした役割を戦後になって正当化するためによく使われる論法であるが、カンドクサン（姜徳相）や渡邊一民の辛島評価と、辛島自身の自己評価とはあまりにもかけ離れている。

14・中国認識と朝鮮認識

一九〇三年生まれの辛島驍は、東京帝国大学文学部支那文学科を卒業すると、一九二八年に朝鮮の京城帝国大学に赴任した。ここで現代中国文学の研究に取り組み、約一〇年かけて、『中国現代文学の研究〜国共分裂から上海事変まで〜』という論文を書き上げた。この論文は一九三九年に東京帝国大学に学位論文として提出されたが、論文審査は行われなかったという。なぜなら、「日中戦争から太平洋戦争への途を歩んでいた当時の日本にあっては、この論文が扱った内容と資料は、まかりまちがえれば著者に身の危険をもたらしたであろうし、論文の出版はおろか、それは審査の対象ともなりえなかったのである」と息子の辛島昇が、この本の「解説」[47]で書いている。

辛島驍が扱ったのは中国の革命文芸運動で、この運動が一九三〇年前の「白色恐怖下」を生き延び、「反帝主義大衆運動」になるまでを分析し、一九三二年の第一次上海事変の抗日運動で論考は終っている。この「まかりまちがえば身の危険をもたらし」かねない論文を執筆するにあたって、彼は「周樹人（魯迅）、郭沫若氏等」から教示を仰いだ。彼は魯迅を師と仰ぎ、三度、会いに行っている。「当時私は已に大学を出て京城に赴任していたが、夏休みの末に閑暇を見出すと上海に渡って先生を訪ねた。狭い路地の奥の家に先生は静かにソヴェートの新しい文学や理論に関する勉強をしておられた。満耳の嘲笑を聞きながらもじっとこうした努力をしていられる先生を私はその時つくづく『大きいな』と思った」。

魯迅は一九三六年に五六歳で死去しているが、その時は、「先生！と呼びかけて心のすべてをさらけ出して人間道についてしみじみと教えを乞い、中国の将来や日支の関係を語り合うことは甲斐なき望となって了った[48]」という。

魯迅を尊敬し、魯迅が活動していた左翼作家聯盟にもシンパシーを持っていた辛島は、当時の日本人としては数少ないリベラル派だったといえよう。その彼が、朝鮮では、朝鮮文壇の黒幕、怪物といわれ、皇民化政策を推し進め、朝鮮人学生を戦場に送り、徴兵制の地ならしを行ったのはなぜだろうか。

辛島驍は、大学における中国文学の研究が、古代に偏向していて現代に疎く、「動きつつある友邦の動向に対して相変わらず旧尺度をもって測らんとしつつあることに不満をもち、清朝末期、欧米文化の流入以後の中国の真実を探らんとして、現代文学の研究に志した」のだという。彼は、中国が、抗日戦争を戦いつつ、共産主義と民族主義とが激しいイデオロギー闘争を行っていることや、それが生み出す政治的なダイナミズムや文学の領域における緊張関係に深い関心を抱いていた。

当時、多くの日本人が中国蔑視観を持っていた中で、中国に対する「友邦」意識を持っていた辛島だが、自身が住む地、朝鮮の文学には関心はなかったようである。そこにあるのは「朝鮮文学」ではなく、日本の「国民文学」であり、皇民化政策をめぐって朝鮮人作家たちが、どこまで日本化を受け入れるのか、日本語を使用しての表現は何を意味するのか等々、生きることと表現することの間で苦悩していたことに、辛島の関心は向かなかった。

辛島は、中国は他者として認め、興味を抱き、学問的な価値があるものとして研究対象にした。しかし、朝鮮は他者として認めることなく、あくまでも日本の一部と考え、興味すら持たなかったと思われる。だから、自らが「他者に自身の価値観を強要している」などとは思わず、植民地の人々のために働いているのだと自分自身を評価し、満足していたと考えられる。

当時としてはリベラルな思想を持っていた辛島だが、おそらくリベラルであることを隠すために、また、「現代中国文学」の研究を続けるために総督府や朝鮮軍に取り入り、その結果、京城帝大教授でありながら、「延専」の校長を命じられた。命じた総督府も、「延専」の自由な気風を潰すには、頭の固い皇国史観の持ち主よりも辛島のような人物のほうが適任と考え、辛島もまた総督府が期待した役割を果たした。

辛島が「延専」の校長就任を断われば、京城帝大教授の地位も失い、研究は続けられなくなる可能性があったことは容易に想像できる。それでも自分の思想に忠実に生きようと、決然と拒否する方法もあっただろうが、彼は妥協し、生活を維持し、研究を続ける道を選んだ。一度妥協すれば総督府の要求はエスカレートし、同時に社会的地位は高まり、影響力も大きくなる。こうして彼は完全に植民地支配機構に絡めとられていったのではないだろうか。

哲学教授として京城帝国大学に赴任した安倍能成は、朝鮮の美しい自然や文化を紹介する随筆を書き、『青丘雑記』（一九三二年）などを上梓した。しかし、彼はあくまでも旅人であって、「政治的議論をしない」ことを信条にしていた。彼は、「朝鮮で働いている者として、苦しみや恥の方が多いと感じていたし、生々しい問題にも切り込む必要を感じてはいたが、ついに、それはできなかった。そして逃避の念を抱いて朝鮮を去った」[49]といわれている。

安倍能成が植民地支配に対する消極的な協力者であるとしたら、辛島驍は積極的加担者であろう。辛島が果たした客観的な役割はきわめて大きく、重いのに、彼は、自身で己の役割を過小評価することで、加担者としての自画像を薄めている。

それだけでなく、金尚弼（結城尚弼）の遺書を利用し、遺書が送られてくるほど相手から信頼されていたのだとして、相手に深く同情することで、同じ地平に立っているかのように振舞い、総督府に協力して自分の学校の学生を戦場に送り出した自らの過去を消し去ろうとしている。

15・何のために、誰のために死ぬのか

辛島驍は「手記」において、朝鮮人学生がどのような思いで戦場に行き、死ぬことを納得したのかを説明している。「日本人の場合は、日清、日露の戦いを経て、国を守るためには一身をなげうつ気持に、ある程度スムースになれたと思う」、しかし、そうした歴史を共有していない朝鮮人の場合、「何のために、誰のために死ぬのか？　この命題を解かねばならない。朝鮮民族の将来と自分の死とを結びあわせて、その解答を自ら見出さなければならぬ。従って、朝鮮人学生の悩みは、日本人学生のそれと比較にならぬほど深刻であった」。だから、朝鮮人学生は、次のような解答を、自ら見つけて、志願し、戦場へ赴いていったと辛島はいう。

解答その一。「内鮮一体」を信じ、日本人として認められるために、日本人以上に日本人として働き、日本人らしく死んでいく道をとった。これは、辛島が「今こそわれ等は醜の御楯といでたつ栄を担ったのだ。友よ征こう皇民魂を発揮する秋は来た」と演説した後に、校長室にやってきた三人の朝鮮人学生のことで、カンドクサン（姜徳相）にいわせると、三人は「ひとかどの親日家の子息で、その意味で辛島のとりまき、一蓮托生をめざす親衛隊[50]」であった。

志願が強要される前の段階での志願者は、この三人プラス一人しかおらず、「皇民魂の発揮」「戦場こそ教場」だとする辛島の皇民化教育の結果は惨憺たるものであった。だからこそ真っ先に手を挙げ

たこの三人は彼にとっては忘れられない存在であったのだろうが、彼が考えなければならないのは、「適格者二八二人」に対し、「志願者四人」の持つ意味であり、その後、残りの「二七八人」に対して、どのような強要が行われたかである。

解答その二。ある者は朝鮮独立のために志願した。「あの戦争は米、英、蘭の植民地支配からアジア民族を解放し、民族自決の道を歩ませよう、という願いが掲げられていた。しからばなぜ朝鮮民族だけが『内鮮一体』でなければならないのか？　『内鮮一体』と特別扱いしているようにみえながら、実は植民地支配にすぎないのではないか？　朝鮮独立は当然はたさなければならない。そのためには、インド人が第一次世界大戦に於いて、独立を条件の下に英国のために戦った如く、この戦いに於いては日本のために戦おう。そして、これだけ尽くしたのだからと、その功績に対して朝鮮の独立を認めさせよう。その時のための、朝鮮民族の将来の幸せのための、捨石になろう、そう決意して、日本軍の営門をくぐった学生もあったと思う」と辛島は説明する。

先の戦争は「欧米の植民地支配からアジア民族を解放し、民族自決の道を歩ませようとするものであった」というのなら、日本は真っ先に、植民地にしていた朝鮮、台湾を解放しなければならなかった。しかし、日本は最後まで植民地を手放さなかった。それだけではなく、独立を求める人や勢力は徹底して弾圧した。特に朝鮮では、独立どころか、逆に天皇制イデオロギーを強要して完全なる同化を求めた。

この事実から出発して、辛島が自ら書いている「内鮮一体とは、特別扱いしているようで、実は植民地支配にすぎないのではないか？」という、この疑問符に、辛島自身が解答を示さなければならなかった。なのに、彼は自らに課せられたこの問題と向き合うことを回避している。戦後二〇年経ち（手記が書かれたのは一九六四年）、戦後民主主義の中で過去を客観的に見ることができるようになったにもかかわらず、この問題から逃げている。

なぜ、朝鮮民族だけが「内鮮一体」であり、そうでなければならなかったのか。それは、「民族を解放、民族自決の道を歩ませ」たくなかったからであり、「解放」「自決」の道を否定するためであった。朝鮮は日本の一部であり、独立の対象にはなりえず、朝鮮は日本の一地方になるべきところと当時は考えられていた。しかし、そうなっても日本人とは対等、平等の関係にはなりえず、朝鮮人は日本人の後ろを従順に、永遠に追走してくる集団とみなされていた。

これを、包摂（日本人とする）と排除（日本人でない）の関係でみると、日本は、朝鮮人を包摂するわけでも排除するわけでもなく、両方を場合によって恣意的に使い分けていた。なぜなら、「日本人とする」のなら国民としての諸権利を与えなければならず、「日本人でない」とすれば、労働力動員や徴兵ができなくなるからで、時々と状況で使い分けていた。

こうした日本の政策に翻弄されるように、「内鮮一体」を信じた一部の朝鮮人は、朝鮮固有のものを捨て、日本人になれば差別されないだろうと考え、包摂される道を選んだ。だから徴兵に応じれば正式に日本人の一員になれると考え、朝鮮への徴兵制導入に賛成し、その代償として参政権を求め、地位の向上を得ようとした。こうした人の多くは、日本の圧倒的な軍事力を前にして、独立を絶望視し、「次善の策」として包摂されることを選んだのだが、それは同時に植民地支配の肯定につながる道でもあった。

「包摂は排除に劣らぬ支配の一形態で」あるとする小熊英二は、『〈日本人〉の境界』において、「歴史上の多くのマイノリティたちが、国家に包摂されることこそが排除に対する対抗手段だという論理にのめりこんで」行き、だから「自分たちは『日本人である』と主張することで差別を解消しようとする努力は、『日本人』でなければ差別されても当然であるという認識に結びつきやすい行為」[51]であったと指摘するように、包摂されることは排除されることに劣らぬ差別意識を伴う可能性があり、差別される側から差別する側に移行するのではなく、自己を否定してしまうことにつながった。

辛島驍は、植民地支配というものをどのように考えていたのだろうか。彼は植民地で生活した多くの日本人と同じように、植民者意識を持っていなかったと思われる。植民地支配している支配民族でありながら、支配者意識を持たなかった。差別者でありながら、差別しているとは思わなかった。日本の方が朝鮮よりも経済的にも軍事的にも強いのだから、日本に従うのは当たり前で、朝鮮人が日本の生活様式を取り入れるのは当然であると考え、他民族を支配し、苦痛を与えているという罪の意識は、最後まで持たなかったのではないだろうか。

罪の意識を持たずに、むしろ良いことをしたと自己評価したのが、植民地の学校で教えていた日本人教員の大多数であった。当時、朝鮮には植民地支配を下支えし、日本語を普及させるために多くの日本人教員がいたが、その大部分が、朝鮮と日本の間には文明の進歩の度合いに大きな格差があり、これを縮めるために朝鮮人の子どもを教育するのだという意識があったという。だから日本への同化を求める皇民化政策は、朝鮮人を日本に近づけるための善意の行為と考えていた。そこにおいては植民地支配の不当性が意識されることはなく、それに対する罪悪感を持つこともなく、戦後も「善意」のままでいられ、「朝鮮で過ごした日々」を懐かしみ、当然、他民族を支配し抑圧したことに対する責任意識も生まれなかった。

「朝鮮の発展に尽くした」と自己認識していたであろう辛島驍の人生において、おそらく唯一の汚点が、自分が校長をしていた学校の学生を戦場へ送り出したことであり、しかし、それは軍の命令で仕方なくやらされたので、そうしなければ学生はひどい目に合わされていたと、彼は朝鮮人学生と同じ被害者の立場に立つことによって、自身がどのような立場で、どのようなことをしたのかを消し去った。

辛島驍は、「せめて戦没学徒兵の氏名、原籍さえわかれば、遺族に弔いの手紙だけでも書きたい」と思い役所を訪ねたが冷たく扱われた。「彼らの冥福を祈る『戦没朝鮮人学徒兵の碑』を建てたいと久しく念願してきたが、今、ペンを握って、この追悼文（「手記」）を書いている」のだという。

辛島はまるで時代の被害者のように振舞っているが、このような振る舞いに対しては、一九八五年に、日本で、朝鮮人特攻戦死者の碑を建てようとする動きに反対したヨテスン（余泰順）（キムサンヨル（金尚烈）の夫人）が発した言葉、「碑でも建てようとすることでその罪悪感から逃れようとするが、とんでもない。このような形式的なもので我が民族の永い痛みが癒されることはありえないのである」[52]が有効だろう。

「罪悪感から逃れようとする」ものでも、「形式的なもの」でもない、顕彰とは無縁の追悼を行うためには、どうしても加害と被害の立場をきちんと踏まえることが必要となる。その上で、加害者である日本人は、植民地支配をした責任を果たさなければならず、それをしないかぎり、どのような追悼も日本人の側の自己満足に終わってしまうだろう。

「植民地支配した責任を果たす」とは、日本人が、自らの手で、植民地支配とそれに伴う暴力について、まず被害の実態解明を行い、その結果に基づいて加害責任を明らかにし、謝罪し、お互いが合意の上での補償を行い、再発防止プランを提示しなければならないのだが、現状は、「まず」にすら手がつけられていない状況にある。

註

（1）防衛庁防衛研修所戦史室『戦史叢書――沖縄・台湾・硫黄島方面陸軍航空作戦』一九七〇年・朝雲新聞社・四四六頁

（2）一九一九年の三・一独立運動後に教育の必要性を強く意識した朝鮮人が民間の大学を設立しようと活動を開始した。この運動を押さえ込むために、一九二四年につくられたのが官立の京城帝国大学で、設立にあたって多くの日本人が教員として送り込まれた。学生も多くは日本人で、朝鮮支配を効果的にするための教育が行われた。
(3) 桐原久『特攻に散った朝鮮人』一九八八年・講談社・一二八、一二九頁
(4) 裵姈美・野木香里『特攻隊員とされた朝鮮人』『季刊戦争責任研究』五六・二〇〇七年夏季号・日本の戦争責任資料センター・六八頁
(5) 蜷川壽惠『学徒出陣――戦争と青春』一九九八年・吉川弘文館・二六頁
(6) 姜徳相『朝鮮人学徒出陣』一九九七年・岩波書店・三三頁
(7) 同前・七九頁
(8) 蜷川前掲『学徒出陣』一〇三、一〇四頁
(9) 姜前掲『朝鮮人学徒出陣』三七一、三七八、三八〇頁
(10) 脱走第一号は、慶応大学の学生、キムジュンヨプ(金俊燁)であった。彼は入隊前から磁石や地図を用意し、部隊が中国の徐州郊外に到着すると、月のない夜に脱走し、中国側に受け入れられた。日本軍は中国人捕虜と脱走兵との交換を持ちかけたが、中国側はこれを拒否した。これは後の朝鮮人兵の脱走に大きな影響を与えた。彼は中国軍で宣伝を担当。日本人兵に正しい戦況を伝え、朝鮮人兵には「日本軍を脱出して光復軍に加われ」と訴えた。(金俊燁『長征――朝鮮人学徒兵の記録』一九九一年・光文社)
(11) 朝日新聞社『写真報道・学鷲』一九四四年
(12) 小福田晧文『指揮官空戦記』一九七八年・光人社・二七三頁
(13) 生田惇「陸軍学徒兵のすべて」『別冊1億人の昭和史・別巻九』一九八一年・毎日新聞社・二三七頁

(14) 蜷川前掲『学徒出陣』五〇頁
(15) 山口宗之『陸軍と海軍』二〇〇〇年・清文堂出版・一〇八頁
(16) 桐原前掲『特攻に散った朝鮮人』三五頁
(17) 飯尾憲士『開聞岳』一九八五年・集英社・二〇一頁
(18) 内地とは、一八九〇年、大日本帝国憲法が施行された当時、既に領土であった、本州、四国、九州、北海道、沖縄、小笠原諸島をいう。それ以後、侵略によって支配した領土である台湾、南樺太、関東州、朝鮮、南洋諸島を外地といった。
(19) 山田昭次、古庄正、樋口雄一『朝鮮人戦時労働動員』二〇〇五年・岩波書店・二一二頁
(20) 朝日新聞社（二〇〇五年九月二四日付）「語り継ぐ戦争・学徒出陣」における、本多藤人の証言。
(21) 朝鮮臨時政府とは俗称で正式には大韓民国臨時政府。三・一独立運動を契機に、上海で亡命政府である臨時政府が樹立された。一時、内紛などで衰退していたが一九三二年にユンボンギル（尹奉吉）が日本軍司令官らを殺害して、世界に存在を示すことで甦り、中国国民党とともに中国各地を移動した。この頃、重慶にあって光復軍をつくり日本に参戦しようとしていた。
(22) 桐原前掲『特攻に散った朝鮮人』一四三、一四四頁
(23) 同前・一四五、一四六頁
(24) 森本忠夫『魔性の歴史』一九八五年・文藝春秋・五一、五二頁。（%の小数点以下は四捨五入した）。
(25) 桐原前掲『特攻に散った朝鮮人』一四八、一四九頁
(26) 同前・一四八頁

(27) 同前・二一一頁
(28) 同前・二一二、二一三頁
(29) 飯尾前掲『開聞岳』二五〇頁
(30) 桐原前掲『特攻に散った朝鮮人』二一九、二二〇、二二二頁
(31) 同前・二二三、二二四頁。桐原久は、当時、鹿児島県の南日本放送の社長をしており、同社は知覧基地から出撃した一一人の朝鮮人をテーマにした「十一人の墓標」というドキュメンタリー番組を制作していた。その担当記者が福沢丈夫と会ってインタビューしている。この番組では、兄、キムサンヨル（金尚烈）が弟の足跡をたどっている。
(32) 防衛庁防衛研修所戦史室前掲『戦史叢書――沖縄・台湾・硫黄島方面陸軍航空作戦』四四六頁
(33) 桐原前掲『特攻に散った朝鮮人』二二七頁
(34) 同前・二〇三頁
(35) 飯尾前掲『開聞岳』二五二頁
(36) 同前・一六九頁
(37) 同前・二五三頁
(38) 同前・二五四頁
(39) 同前・二五六頁
(40) 桐原前掲『特攻に散った朝鮮人』二六、二七頁
(41) 「醜《しこ》の御楯《みたて》」。万葉集の「今日よりはかへり見なくて大君の醜の御楯と出て立つ我れは」からきており、

もともとは天皇の楯となって外敵を防ぐ防人が、自分を卑下した言葉。戦時中は天皇のために死ぬという意識を支える表現として日常的に使われた。

（42）緑旗連盟は、当初は在朝日本人を皇民化するために総督府から補助金を受けていた団体だったが、一九三六年に雑誌『緑旗』を創刊し、翌年に朝鮮人作家のヒョンヨンソプ（玄永燮）が参加すると朝鮮人の参加が相次ぎ、朝鮮人を皇民化する団体となった。一九三八年に津田剛が主幹になると新聞も発行し、「内鮮一体」「国語使用」「神社参拝」など総督府の主張をそのまま展開した。『緑旗』は朝鮮総督府の御用雑誌。「緑旗連盟」は親日派の拠点といわれた。

（43）姜前掲『朝鮮人学徒出陣』六、一四、一五頁

（44）一九四一年、親日文学の拠点となる日本語の雑誌『国民文学』が崔載によって創刊された。同誌は「日本精神に立脚し、日本精神を宣揚する文学」の中心舞台となった。（高崎宗司「朝鮮の親日派」『岩波講座近代日本と植民地・六』）

（45）渡邊一民『〈他者〉としての朝鮮』二〇〇三年・岩波書店・一一二頁

（46）林鍾国『親日派』一九九二年・御茶の水書房・三四四頁

（47）辛島驍『中国現代文学の研究』一九八三年・汲古書院・四四九頁。この本は、一九三〇年をはさんだ約五年間の中国文芸運動を分析している。国民党によって徹底的に弾圧された革命文芸運動だったが、「この与えられた苦難は中国革命作家にそのインテリ性浮動性を断固として清算し、真に革命的大衆と結合する機会を与えることとなったのであった。満州事変の勃発によって彼らが再び地上に姿を現してきた時、その惨苦によって試錬された新しい精神と行動が、過去の欠陥を拭い去って中国の革命文化運

動を新コースに入らせたのであった」（三六二頁）として、革命文化運動にシンパシーを寄せている。このような内容であったために、この論文の審査が行われたのは敗戦の翌年、一九四六年で、著者に学位が与えられた。辛島驍は戦後、私立大学（日本大学、相模女子大学、専修大学等）を転々とし、現代中国文学研究から離れた。著書に『中国の新劇』『唐詩詳解』『中国文学大系』など。彼は一九六七年に病死し、一九八三年に息子、辛島昇らによって『中国現代文学の研究』が出版された。

(48) 同前書〈解説〉・四五七、四五八頁
(49) 高崎宗司『植民地朝鮮と日本人』二〇〇二年・岩波書店・一四九、一五〇頁
(50) 姜前掲『朝鮮人学徒出陣』一五頁
(51) 小熊英二『〈日本人〉の境界』一九九八年・新曜社・六二九頁
(52) 裵姈美・酒井裕美・野木香里「朝鮮人特攻隊いに関する一考察」『視覚表象と集合的記憶』森村敏己編集代表・二〇〇六年・旬報社・二七六頁

第四章・植民地――人の支配と被支配

朝鮮人が日本軍の軍人・軍属になり、あるいは特攻要員となり戦死しなければならなかったのは、なぜか。それは日本が朝鮮を植民地として支配し、土地や原材料、食料などを奪っただけでなく、人間をも支配していたことによる。

日本が大韓帝国を「併合」した年（一九一〇年）、日本に在住する朝鮮人は二六〇〇人しかいなかったが、敗戦時には、二二〇万六五四一人であった[1]。三六年間で八五〇倍に増大したこの数こそ、日本が植民地を労働力等の供給源として利用したことを示している。特に、強制連行が開始された一九三九年以降、日本に連行される朝鮮人は年間二〇万人以上となり、その総数は、七二万四七八七人にのぼった[2]。こうした利用にとどまらず、日本は朝鮮人を戦場に送り、生命までも奪った。

本章では、植民地支配を人の支配という側面から見つめ、日本が、日本の戦争のために朝鮮人をどのように動員したのかを概観し、その結果について考えてみたい。

1・「他者」の受容と征服

「日本人」という概念は「他者」との関係の中ではじめて意味を持つもので、「他者」の存在がなければ「日本人」であることを意識しないし、する必要もなかった。

同様のことが、その他者にもいえ、日本よりも先に列強の圧力に遭遇した清国はアヘン戦争に敗れ、一八四二年、イギリスに不平等条約（南京条約）を締結させられた。直後に発生した民衆反乱（太平天国の乱）も、列強に鎮圧され、民衆は屈服した。

一八五八年、日本も不平等条約（日米修好通商条約）を締結させられ、開国を余儀なくされたが、列強は中国民衆の抵抗を目の当たりにして、轍を踏まないよう、日本に対しては慎重な姿勢をとった。しかし、日本は自ら屈服する道を選び、他者の優越性を認め、その他者に追いつき、対等になることを目標とした。

日本は国家を挙げて、他者の機械文明・先進技術を導入し、他者である西洋人を積極的に受け入れ、近代的軍事力を育成、強化する殖産興業・富国強兵政策を推し進めた（「脱亜入欧」）。この結果、列強と同様な行為をアジアにおいて行うことが可能となり、日本は帝国主義を構築するに至った。

一八七一年、台湾に漂着した琉球人が殺されたことを口実に、日本は台湾に攻め込み、清国に対して、琉球が日本に属することを認めさせたこと。清国と朝鮮の支配を巡って争った日清戦争に勝利した日本が、清国の影響力を朝鮮から排除し、なおかつ台湾の割譲を認めさせたこと（一八九五年）などが、日本が帝国主義国家となったことの証左であると考える。

列強が、清国や当時の日本に対して行った行為と、日本がアジアにおいて行った行為は、その本質においてまったく同じであり、西洋という「他者と対等」になることを目的として、「他者を受容」しつつ、アジアという「他者を征服」しようとしたのが日本近代の一側面であった。

一九〇一年、ロシアとの緊張が高まる中、「満州」におけるロシアの権益を認める代わりに、大韓帝国における日本の権益を認めさせる「満韓交換論」を唱えた伊藤博文らは、ロシアと接触するが失敗。その後、日露戦争に勝利した（とされる）日本は、ロシアに対して、「韓国を自由に処分すること」を認めさせて大韓帝国を保護国にしたように、日露戦争とは、一部でいわれる（司馬遼太郎が『坂の上の雲』で描く）ような「祖国防衛戦争」などではなく、日本とロシアが大韓帝国の支配を巡って争った植民地獲得戦争であった。

大韓帝国では、これに反対する義兵闘争が展開され、初代韓国統監であった伊藤博文がアンジュングン（安重根）に殺害された。その翌年、日本は大韓帝国を「併合」し、植民地にした（一九一〇年）。

第一次世界大戦（一九一四〜一八年）が起きると、日本はドイツに対して宣戦布告し、中国山東半島におけるドイツの権益を奪い、さらに中国に対して「二一ヶ条の要求」を突きつけた。東アジアの人々は欧米の帝国主義と、琉球−台湾−朝鮮を支配することでアジア唯一の帝国主義国になった日本とに挟まれることになった。
その第一次世界大戦では、一〇〇〇万人という死者を出した反省から、以後の国際社会ではデモクラシーと民族自決が潮流となり、アジアの人々もこれに呼応して両方の帝国主義からの解放を求めるようになっていた。三・一独立運動がその一例で、朝鮮全土で二〇〇万人が独立を求めて蜂起した。これに対して日本の軍、警察は徹底した武力鎮圧を行い、七六四五人の死者を出した(3)。この弾圧から逃れた独立運動家が中国上海に集まり、亡命政府である大韓民国臨時政府を樹立し、日本の敗戦まで抵抗を続けた。また、「満州」や中朝国境においても連綿と朝鮮人による抵抗運動が続けられた。

このように日本は遠来からの他者には包摂され、近傍の他者は包摂しようと、日清、日露の戦争で台湾、朝鮮を征服した。征服とは「他者が他者であることを認めず、他者に自らの価値観を強要する」ことで、日本は朝鮮を植民地にした前後から、古代より深い関係を持つ朝鮮を対等な文化を持つ他者として認めようとしなくなった。

近代日本における、このような他者との関係を根底的に揺るがせたのが、一九一九年の三・一独立運動だとする渡邊一民は、「朝鮮民衆が、日本に同化されぬみずからの〈他者性〉にもとづいて独立のため立ち上がったのだ。こうして朝鮮という〈他者〉が顕在化することによって、近代日本は西洋という〈他者〉以外、もうひとつの内なる〈他者〉との対決を一九一九年以降強いられることになる。もっとも植民帝国日本は、内なる〈他者〉の存在をあくまでも否定し、それを同化、征服することに全力を傾注した(4)」と指摘する。

他者であることの否定、それは朝鮮人が異民族であること、独自の文化、歴史、言語、社会を持つことを否定するだけでなく、個々人の尊厳をも否定する行為であった。

一九二三年に発生した関東大震災において、朝鮮人が暴動を起こすというデマが流され、東京および、その周辺地域で約六〇〇〇人の在日朝鮮人が、軍、警察や住民が組織した自警団によって殺害され、中国人や日本人の社会主義者、方言しか話せない人も殺された。日本が「大正デモクラシー」[5]による自由を謳歌している最中に起きた、この弾圧と虐殺は、「アジアの指導的民族」を自負していた日本人が、民族自決とデモクラシーという国際社会の動きを理解していなかったことを明らかにした。日本の大衆は、「大正デモクラシー」をファシズムに対抗する思想へと成熟させようとしないまま、一九二七年に陸軍出身の田中義一内閣を成立させた。田中内閣は国家総動員体制への道を開いただけでなく、在留邦人の保護を口実に中国への軍事介入を行った（山東出兵、一九二七年）。こうした日本の軍事行動は、民族自決を求める中国人の怒りを招いた。

中国民衆の反日運動が広がると、日本の政治家や軍人はこれを利用して、日本国内で反中国感情を煽り、国民は中国への制裁を叫んだ[6]。

一九三一年、謀略によって柳条湖事件（満州事変）が起こされると、日本人の排外主義と愛国熱は一気に高まった。デモクラシーの息の根は止められ、人々は日本の軍事行動を支持し、中国を屈服させるよう求めた。この頃より日本の社会では、「日本を絶対化し、『国のために』を最高の価値基準とする国家意識[7]」が急速に形成されていった。

2・植民地と天皇制イデオロギー

国民の支持を得て、大きな影響力を持つようになった軍部は、一九三六年に「帝国国防方針」を策定し、南北併進（陸軍はソ連と、海軍はアメリカ・イギリスと戦争をする）のために軍備を大拡充することを決定した。

この年に植民地の最高権力者である朝鮮総督（第七代）に就任した南次郎（陸軍大将）は、この国策に基づき朝鮮を総力戦体制に組み入れようとした。南次郎が目標としたのは朝鮮への「天皇の行幸」と、そこでの「徴兵制の施行」であった。

「天皇行幸」を可能にするには、独立を求める組織など、朝鮮人のあらゆる抵抗勢力を一掃して、完璧な治安の確保が必要であった。「徴兵制」を実施するには、朝鮮人が天皇の軍隊に入隊することを名誉とし、天皇のために死ぬことを厭わないだけでなく、朝鮮の社会が「天皇のための死」を受け入れるようにしなければならなかった。

翌一九三七年、日中戦争が始まると朝鮮は兵站基地となった。南次郎は、朝鮮は兵站を担うだけでなく、戦争に必要な人的資源の供給地だとし、目標であった徴兵制を朝鮮に実施しなければならないと考えた。そのためには、これまでの「内鮮融和」ではなく「内鮮一体」が必要だとして、朝鮮人を皇国臣民（天皇を中心に奉り、ひたすら天皇に奉仕する国民）にしようと「皇民化政策」を押し進めた。

具体的には、「日の丸」の掲揚、「君が代」の奉唱、宮城（皇居）遥拝、神社参拝、「皇国臣民の誓詞[8]」の斉唱、天皇と皇后の写真の拝礼、創氏改名などを制度化して朝鮮人に強制した。こうした天皇制イデオロギーを広めようとする政策は、朝鮮人が朝鮮人であることを否定し、心身ともに日本に同一化するよう迫るものであったが、アイデンティティを別にする朝鮮人にとって、日本の天皇は「異国の神」でしかなかった。

長い間、学校教育などで皇国史観を教えていた日本では、天皇は「神の子孫」であり「現人神」であると教義化されていたが、こうした歴史を有しない朝鮮人に、日本は、なぜ天皇制イデオロギーを押し付け、広めようとしたのだろうか。

日本は列強の植民地主義に対する強い危機意識をテコに、自国の体制変革（明治維新）を成し遂げ、西洋という他者に追いつこうと「脱亜入欧」を推し進めたことは先に述べた。その結果、植民地を獲得して帝国主義を形成したにもかかわらず、後発であったことから、単独で列強に対抗することはできなかった。それゆえに、日本はアジアと連帯して列強に対抗すべきであるという「アジア主義」を形成し、維持し、主張し続けた。

「アジア主義」は連帯の方法や、果実をめぐって幾つもの主張に分かれたが、おおまかには、「脱亜」に対して「興亜」を求め、アジアは団結しなければならないとした。その団結は、あくまでも日本を中心に行われなくてはならず、朝鮮の独立などは団結を乱すものとして弾圧の対象になったように、

「アジア主義」は強い侵略性と同化論を内包し、戦時中の皇民化政策や大東亜共栄圏のイデオロギー的基盤となっていった。

このように日本は、「脱亜」を進めながら、「興亜」を求める「アジア主義」を抱え込んでいたために、その植民地主義は複雑な様相を見せることになった。

日本の植民地主義は、近代化（資本主義化）を遂げた国が、近代化以前の国（地域）を保護し、領導して近代化を促すべきであるとする、「文明の格差」を根拠にした欧米流の植民地主義を模倣し、これによって周辺地域の支配を正当化するものとして行われた。すなわち、他国を侵略することは植民地支配ではなく、文明化を促すためのものであると位置づけたのである。あるいは、既に存在している宗主国を追い出し、独立させてから近代化させる、そのためにとりあえず侵略する、といった行為として行われた。こうした行為の前提には、日本は「脱亜」し、既に近代化したという自負が存在した。

だが、欧米流の「文明の格差論」に倣って、周辺地域の文明を引き上げなければならないとする意識は、周辺地域を「未開」「野蛮」とするアジア蔑視観を必然的に形成した。同時に、このような行為の模範とした欧米への劣等感も生み出し、一面では優越感、他面では劣等感という複雑な状況を発生させた。欧米を模範としたことから、欧米に対する羨望を生み、卑屈なまでの低姿勢を生んだ反面、それらの裏返しとしての憎悪にも似た対抗意識が形成された。一方で、日本は周辺地域に対しては、差別意識を伴う高みからの支配を行いながらも、欧米に対抗するために「団結」を求めた。

アジアが「団結」した結果として措定されたのが、天皇制に基づく国体であった。つまり、明治以降形成された国家体制のありようが拡大されたわけで、求められたのは天皇が頂点に君臨する世界（八紘一宇）であり、天皇の下での平等（天皇の赤子、一視同仁）な社会であった。

日本は、このようなイデオロギーによって世界秩序は形成されなければならないと主張したために、当然のように周辺地域や欧米の反発を招き、軋轢を生むことになった。

ここで注目すべき点は、日本が列強に対抗するためにはアジアの「団結」が必要だとすることにより、「自らをアジアの被抑圧民族の側に置くという虚構を生み出す必要にせまられた」[9]ことである。欧米を対極に置くことによって、日本の植民地主義は、欧米のような異民族支配論や植民地自治論（本国の利益の範囲で植民地に一定の権限を委譲する）は取れず、同化論を取った。アジアは日本と同じように欧米の脅威にさらされているのだから、同じ陣営としてまとまらなければならず、「われわれの共同体に包摂」されて、「同じ日本人になる」べきだと、日本は、植民地の人々に対して日本への同化を求めた。

さらに日本は、日本に包摂された人々は異民族ではないとし、「同じ日本人」になるのだから、同じように天皇制イデオロギーを信じるように求め、それを植民地統治政策として実施した。ただし、そこには上下関係が厳然として存在し、日本人は例外なく常に上であるとされていた。

現在でも、一部において、「先の戦争はアジア解放のための聖戦であった」との主張がなされるが、こうした言説が生み出された背景がここにあり、それが虚構であったがゆえに解体したにもかかわらず、今なお「日本が欧米の支配からアジアを解放した」という主張が堂々と行われている。

「同じ日本人」なのだから、日本人と同様に天皇制イデオロギーを信じるように求めてみても、植民地の人々は異民族であり、固有の文化を持っていた。であるのに、日本は、植民地に日本文化を根付かせ、天皇制イデオロギーを広めることができると考え、政策として実行した。

こうした考えを持つに到った背景の一つに文化の同質性があるという。橋谷弘は論文「近代日本は植民地で何をし、何を残したのか」において、文化の同質性が同化政策という幻想を生んだとして、「欧米植民地でも、言語や宗教など本国文化への同化を強要する例はあった。しかし、日本のように被支配民族を骨の髄から『全き《ママ》日本人』にするという政策を進めた国はなかった。おそらく、肌の色から衣食住に至るまで異質な相手であれば、このような発想が容易に生まれることはなかったであろう」[10]と指摘する。この同質性は他民族への支配を正当化するものではなく、本国と平等の地位を保障するものでもなく、むしろ、両者に深刻な対立を生み出す原因になったと、但し書きで述べられているように、朝鮮や台湾の人々は、アジア的同質性や、顔の形や肌の色が似ているということから「日本人になるべき人」とされたというのだが、された方にすれば「民族性の抹殺」でしかなかった。

ようするに、日本と朝鮮は古代より深い関係があり、文化的同質性を有しているのだから、「朝鮮人は日本人になり得る」という幻想に基づいて日本は支配を行い、天皇制イデオロギーを広めようとしたが、朝鮮人は異民族であり、異文化を持っていたので、強権で押し付けざるを得なかったということになる。

3・日本人の不安と恐怖

加えてもう一つ、日本人の不安と恐怖心が天皇制イデオロギーを必要としたのではないかと考える。日本と朝鮮は「一体」であり、朝鮮人も同じ「天皇の赤子」であるとしながらも、決して差別をやめなかったように、日本人はホンネの部分では、他者である朝鮮人を「同じ日本人」と認めようとはしなかった。ホンネとタテマエを恣意的に使い分ける日本人に対して、程度の差はあれ、朝鮮人は不信感を持つことになるのは当然であった。

独立運動を続ける抗日武装勢力や大韓民国臨時政府のような明確な意思を持つ組織だけではなく、個々の朝鮮人の心に中にも、この不信感は民族的反感や敵愾心と一体となって潜むことになる。そうしたものが、いつ顕在化するのか判らない不安や恐怖心を日本の為政者は持っていたのではないだろうか。

例えば、総督の南次郎が「内鮮一体」の具体的な姿を自ら定義して、日本人と朝鮮人は「相互に手を握るとか、融合するとかいふやうなそんな生温いものぢゃない。手を握る者は離せば又別になる。水と油も無理に掻き混ぜれば融合した形になるがそれではいけない。形も心も血も肉も悉くが一体とならなければならん」（一九三八年道知事会議における訓示[11]）と叫んでいるのは、南自身が、朝鮮人の皇民化の内実と、日本側が求める皇民化のそれとの間に大きな乖離があることを自覚し、焦慮していた証であったとされているが、同時に、それは軍隊という国家の暴力装置の内部に朝鮮人を加えた場合の不安と恐怖の裏返しといえるものであった。

当初、総督府は朝鮮に徴兵制を施行するのは時期尚早で、相当先の話と考えていた。しかし、皇民化政策を推進するためには、青年を軍隊方式で鍛えるのが手っ取り早い方法であるからと、一九三八年に陸軍志願兵制度をつくった。この制度は、志願者が集まらなかったら中止するという「臆病なまでの慎重さ」で実施されたが、「飢え死にするよりも志願兵のほうがまし」と農村に住む朝鮮人青年が大勢応募してきた。中には「朝鮮の独立の為奮って陸軍志願兵になり、武力を体得して、将来の革命蜂起の際には献身すべきなり、という明確な目的をもって応募してきた者もあり」、「そのため総督府では、地方で選考した者を、さらに中央でもう一度選考するという二重の選考過程を経て、志願兵を選んで[12]」いたという。

志願兵となった朝鮮人青年は訓練所に入れられた。そこでは戦闘技術の習得よりも、日本式の生活習慣と規律が教え込まれ、出所後に、出身地に戻り、そこでの「皇民化」の先兵になるよう期待された。

ミッドウエー海戦（一九四二年）で敗れた日本軍は以後、敗退を続けることになる。戦局の悪化は必然的に兵力不足を招いた。朝鮮における皇民化の実情を知る総督府が時期尚早とするのを無視するかのように、軍中央は朝鮮での徴兵制の実施を二年後の一九四四年と決定した。

民族意識を失わず、敵愾心を持つ朝鮮人に武器を持たせ、国軍兵士にしたらどうなるのか。「後ろから撃たれるのではないか」「反乱を起こされるのではないか」という、日本人の側の不安と恐怖が最後まで払拭されなかったことは、朝鮮人だけの部隊は編成されず、朝鮮人兵士は常に少数派になるように分散配置されたことに表れている。

この時点では、日本人の側の不安と恐怖を解消し、同時に、どうやって利害関係のない朝鮮人を戦争に引っ張り出し、命を落とすかもしれないことを納得させるのか、時の為政者は、この二つの問題の解決を迫られていた。

「戦争に勝ったら独立を認めるから、ともに戦おう」と約束するわけにもいかず（朝鮮は日本の一部としているのだから）、日本は、朝鮮人を戦場に動員するための合理的な説明ができなかった。だから、日本人が信じていた天皇制イデオロギーを朝鮮人も信じるようにさせれば、納得して戦場に行くだろうと考え、総督府は天皇制イデオロギーを浸透させるために、あらゆる強要を行った。

それは、先に述べた「皇国臣民の誓詞」の斉唱や神社参拝など制度的なものだけでなく、日常生活においても、朝鮮人は日本式生活を模倣することが要求され、日本的な規律に基づいて行動することが求められた。毎朝、定時に起床して宮城（皇居）遥拝するなどの日本的な規律の中心にいたのは天皇であり、生活空間においても朝鮮人に天皇を意識させようとした。

それだけでなく、一〇戸を標準とする「愛国班」を組織させ、すべての朝鮮人をこれに組み入れ、配給品（米、塩、燃料等）は愛国班をとおして配給することで、班を離れて生活できないようにした。こうした相互扶助と相互監視のシステムは新しいものではなく、内地で実施されていた末端統制（隣組）をそのまま朝鮮に持ち込んだものであった。「内鮮一体」とは日本化のことなのだから、内地と同じことをやればよいことになるが、朝鮮人の多くは従うことをしなかったので、軍と警察の力でこれを押しつけることになった。

4・「内鮮一体」の矛盾

このような政策のスローガンになったのが「内鮮一体」で、「日本と朝鮮は一体である」とする論は、日本人にとっては同化の論理にすぎなかったが、一部の朝鮮人は、「一体になるのだから差別はなくなる」と差別からの脱出の論理とした。

日本は、植民地支配の開始時には、一部の特権階級を対日協力者（親日派）として利用していたが、日中戦争開始以降、広範な朝鮮大衆を日本の戦争に動員する必要が生じたため、思想統制を強め、有名な朝鮮人作家や文化人に対して皇民化政策に協力するよう迫った。日本に協力することでしか作品発表の場を確保できなくなった朝鮮人作家は、筆を折るか、日本に協力しながら発表を続けるか、厳しい選択を迫られた。

「親日派の標本」と称されたヒョンヨンソプ（玄永燮）は、当時としてはベストセラーとなった『朝鮮人の進むべき道』（一九三八年）を書き、朝鮮人は完全に日本民族となる運命にあるとした。彼は、朝鮮人が朝鮮語や朝鮮の風習に固執する限り民族差別はなくならない、朝鮮人は完全に日本民族になって、内鮮の区別がなくなれば差別もなくなると考えた。彼は、新しい世代の朝鮮人には自分たちの不幸を繰り返させたくないと考えたからこそ、朝鮮語全廃などの先鋭的な論理を展開したといわれている。(13) しかし、こうした彼の主観的な願望とは裏腹に、彼の論理は日本のために、天皇のために死ぬことを朝鮮人に説く役割を果たすことになる。

「内鮮一体」を文字通り解釈すれば、日本人と朝鮮人が一体となるのだから、国民としての権利と義務が両者において完全に同じになることを意味した。同じになれば差別はなくなり、義務として徴兵されるが、政治に参加する権利等も保障されるはずであった。しかし実際には、朝鮮人は前を行く日本人の後を追う存在とされ、権利はなく、義務だけがあり、差別はより深まるという矛盾したものであった。

そこには、「内地と朝鮮は遠く神話の時代より深き関係があり、人種的にも文化的にも同一同根の物を有」し、それ故に朝鮮人は「完全な日本人」たり得ることが可能であると、一方的に完全なる「皇民化」を強要しつつ、しかし、朝鮮人はあくまでも異民族であるという「厳然たる事実」に立脚して、政策を立案したように、(14) 巧みに使い分ける支配者の姿勢があった。

戦局の悪化は支配者の姿勢を揺るがせ、「内鮮一体」の矛盾を顕在化させた。植民地の朝鮮人の間では、朝鮮人も徴兵され、血を流す以上、その代償として参政権の付与、渡航の自由、義務教育の実現を求める声が大きくなり、日本は、朝鮮人を繋ぎ止めておくために「処遇改善」に踏み切らざるを得なくなった。

一九四四年一二月に発表された「朝鮮台湾同胞処遇改善案」では、(一)昭和二一(一九四六)年一〇月から憲法と選挙法などを朝鮮と台湾に施行する。(二)朝鮮人より、貴族院議員一六名、衆議院議員七〇名を選任する(台湾は五名と一七名)。(三)朝鮮人ならびに台湾人による官吏の飛躍的増員登用と優遇を図るというもので、詩人のオリムジュン(呉林俊)は「B29が乱れ飛び、日本首都が爆撃される段に、皮肉なものが発表されたのである[15]」と、二年先の空手形を嘲笑した。

5・植民地近代化論

「内鮮一体」は同化の論理であっただけでなく、このとき日本は「近代」として立ち現れたので、朝鮮を「近代化」するためには「内鮮一体」が必要であるという論理も流布された。

この場合の近代化とは、主として工業化として語られ、民主化を意味するものではない。このことは韓国においては重要な意味を持つ。ヒョンムアン(玄武岩)は、「韓国は、帝国主義による歪んだ(押し付けられた)近代化と、自らの力による民主化を遂げてきた。それは、近代化よりも民主化の達成が社会的な自負として定着していることを意味する。それゆえ、日本の帝国主義によって持ち込まれた近代化の過程は、植民地支配に対する記憶とともに、克服すべき対象となる。近代化を自ら進めてきた日本からすれば、朝鮮における近代化は施しの産物であり、それが『植民地近代化論』の思想的根拠となる。逆に韓国からすれば、植民地統治と一体化した近代化はとうてい受け入れ難いもので、そうした歴史の解釈に対して『民族経済論』や『内在的発展論』などを通じて対抗してきた(16)」と説明する。

日本は朝鮮に鉄道を敷き、ダムをつくり、工場を稼動させた。これによって朝鮮は近代化し、戦後も、それらは遺産として活用され、韓国は経済復興したとする「植民地近代化論」は、日本では、主に歴史修正主義の立場から唱えられ、「日本は悪いことを（少しだけ）したかもしれないが、（たくさん）良いこともした」というように、植民地支配を正当化する論理に使われている。

この近代化論は「進歩」を前提としており、前提そのものが妥当かどうかの問題があり、「遅れている」、「進んでいる」という判断が何を基準になされるかが問われる。また、「同化」を正当化する思想の根底には「進歩」を是とする考えがあることも忘れてはならない。

日本が植民地のインフラを整備したのは事実である。問題は何のために、何を目的にインフラを整備したかである。ダムは日本資本の工場への電力供給を目的につくられ、鉄道は米や原材料を日本に運ぶためのもので、なおかつ、海上封鎖された場合に、大陸と日本をつなぐバイパスにするという軍事目的で建設されたように、インフラの整備は、あくまでも日本の利益のためであった。

日本が「植民地経営と軍事目的のためにインフラを整備したことは認める。しかし、日本が撤退した後、韓国は日本の残したインフラを使って発展したのだから、韓国は日本に感謝すべき」だとする言説が日本の保守層の一部に残っている。この主張をする人たちは、日本は物的な遺産として植民地に多大なものを残してきたかのように錯覚しているが、「朝鮮の国内総生産で見ると、一九一一年は七七七ドル、ピークに達した三七年は一四八二ドル、日中戦争以後は減少傾向を見せ、四五年には一一年より低い六一六ドルに急落、解放後の朝鮮は世界最貧の農業国になった。植民地期の工業化は一時的なものでしかなく朝鮮人自身にとっては無意味だったわけだが、それればかりだけでなく、解放後の朝鮮の工業化過程に与えた影響という点でも実は限られた効果しかもたなかった(17)」というのが実情であった。

ようするに、日本の戦時経済に組み込まれた朝鮮では、軍需工業が保護され、急速に発達したが、社会的な連関を欠いたものであったために、日本の敗戦とともに瞬く間に衰退したということになる。

もう一つの近代化論として「人の近代化」論がある。日本が近代的な法制度、教育制度、市場経済を持ち込んだ結果、朝鮮人は近代化を成し遂げたのだという主張が植民地近代化論の中にある。

法制度の改変は、日本式の家《イエ》制度を持ち込み、天皇制イデオロギーを広めるためであった。教育も、初期には教育すること自体を総督府は抑圧したが、朝鮮人を軍隊に入れても日本語が理解できなければ困るからと初等教育は普及させたが、母語を禁止した。一方で高等教育は抑圧し続け、最後まで朝鮮人が運営する大学は認めなかった。市場経済も純粋なものではなく、地下資源開発と軍需産業の拡充といった軍事目的に偏り、統制されたものであった。

それでも軍需工場が増えるに伴い、朝鮮人の労働者も増加し、「定時に出勤する」「決められた時間働く」などの労働規律が生まれ、これによって「朝鮮人ははじめて近代化された」と近代化論は主張する。これは「労働者の形成」を指すのだろうが、こうしたことは資本主義経済がある程度発展すれば生じる現象で、植民地化とは無関係である。

植民地近代化論ではまったく説明がつかないのが強制連行された朝鮮人の場合であろう。強制連行によって日本の炭鉱などで働かされていた朝鮮人は、危険で過酷な肉体労働を強いられ、タコ部屋に入れられ、暴力で支配管理されるという前近代的な労務関係に置かれ、この人たちは、いかなる近代化とも無縁の存在であった。強制連行は日本の植民地支配の重要なファクターであり、植民地支配によって朝鮮人が近代化したとするのなら、強制連行された人々がどのような近代性を獲得したのかを説明しなければならない。

さらに、朝鮮女性は、日本が皇民化を担う女性を養成するために採用したイデオロギーである「良妻賢母主義」を押し付けられたが、戦後もなお「南北双方に樹立された国家が女性政策として（良妻賢母主義を）継承し、再編している」[18]ので、旧来の男性優位のジェンダー規範は否定されずに残り、女性を縛りつけているとソンヨノク（宋連玉）は主張する。「人の近代化」をいうのであれば、人口の半分を占める朝鮮の女性が、「総体として」どのように近代化したのかも説明しなければならないが、それが行われているのを見たことがない。

6・労働力の動員

植民地期、朝鮮人が日本に渡らざるを得なくなった理由は二つあった。一つは、日本が植民地支配の一環として行った土地調査事業などで、土地を取り上げられた農民が生きるために仕事を求めて難民になる場合で、朝鮮半島の南部に住む人は日本に、北部に住む人は「満州」に向かうケースが多かった。

もう一つは、日本政府の労働力移入政策によって日本に連行された人たちである。一九三七年に日中戦争が始まり、広大な中国を相手にするには、膨大な軍隊と軍需品が必要となり、日本は軍需景気にわいた。生産の拡大により労働力不足が起こり、さらに男性労働者が兵士として動員されたため労働力不足が深刻化した。特に石炭鉱業における労働力不足が深刻になり、こうした労働力を補うために、朝鮮人の動員が閣議決定された（一九三九年）。政府は「朝鮮人労務者内地移住に関する件」を定め、総督府は「朝鮮人労務者募集並渡航取締要綱」を制定した。ここに国家が介在し、一元化された朝鮮人の強制的「移入」が始まった[19]。

この閣議決定によって八万五〇〇〇人の朝鮮人の「移入」が決められ、最初は、日本企業が朝鮮で集団的募集をする自由を政府が認め、地域を割り当て、その地域の日本人警官などが協力する「募集」として行われた。

「募集」は一九四二年の閣議決定で停止され、新たに「官斡旋」が行われることになった。これは、総督府の外郭団体などが動員計画に基づいて、労働者の募集と日本までの連行を行い、日本企業に引き渡すというもので、朝鮮人をさまざまな口実で警察に連行し、そこで「応募」を強制し、その場から日本に連行するなどが行われた。その結果、「一九四一年まで六〇％台であった達成率は、四二年度には九二％に高まり、四三年度には一〇二％となって超過達成[20]」となった。この頃から、日本側は朝鮮人労働者を臨時的労働力の対象として見ることをやめ、量的にも質的にも基幹労働力と見るようになった。

「官斡旋」でも企業等の要請に応じられなくなると、一九四四年九月に「徴用令」を適用し、朝鮮人を徴用することが閣議決定された。この徴用から逃れるために中国への逃亡や集団的な抵抗もあったが、日本は必要な労働力をいつでも動員できるようになった。こうした政府の動員計画に基づく労働力動員の全過程が「強制連行」と定義されており、これによって七二万四七八七人の朝鮮人が日本に強制連行された。

一九四二年頃から、生活必需品の不足と、闇経済の横行から日本人労働者の不満が高まったため、政府は労働統制に努めた。統制強化で労働争議などを封じ込められた労働者は、強い閉塞感から自然発生的な怠業（遅刻、早退、欠勤）を全国的に発生させた。

日本人労働者の争議が減少する中で、強制連行された朝鮮人労働者は、危険な労働現場への強制配置による高い死傷率や差別賃金への怒りから、争議を増大させた。一九四〇年の朝鮮人労働者のストライキ、サボタージュ、抗争は一九七件、参加人員一万五三〇〇人。一九四三年、二七四件、一万五一六四人。一九四四年、三〇三件、一万五七三〇人と増え、特に、「集団暴行・直接行動」の増加(一九四三年、一四七件。一九四四年、二五五件)は政府、経営者に衝撃を与えた[21]。

さらに、最後の抵抗として「逃亡」があった。捕まったら残酷なリンチが待っていた逃亡だが、「強制連行が開始された三九年から三ヶ年間に炭鉱では三五・六%が逃亡したとの数字がある(朝鮮人強制連行調査団)。また別の調査では、三九年から四五年三月まで連行朝鮮人のうち二二万余名が逃亡したといわれている。これらの逃亡者の続出は、日本帝国主義の生産力増強政策に大きな齟齬をきたせたのだった[22]」。

7・軍事動員

日本がアメリカと開戦した翌年(一九四二年)、朝鮮総督府の時期尚早という声を抑えて、陸軍省は朝鮮への徴兵制の施行を閣議決定した。陸軍省の内部にも、朝鮮人に銃を持たせることへの危惧や、日本語が話せない兵士への疑問は存在したが、「民族の払うべき犠牲を考慮するときは、外地民族を兵力として活用するは、今や議論の時機にあらず、焦眉の急務[23]」として実施されることになった。これは、日本人だけを死なせるのではなく、朝鮮人にも死んでもらおうという意味であり、「大和民族だけが戦死し続ければ、朝鮮人が残ることになる」という恐怖心があったといわれている。

朝鮮軍と総督府は二年かけて徴兵（戸籍の整理と徴兵検査）を実施したが、「正規兵として徴兵できたのは朝鮮人対象年齢の五分の一ほどであり、日本人青年の徴兵率の場合と比較すると著しく低い水準であった」し、「所在不明者や徴兵検査漏れなどが日本人の場合と相違して多かった。朝鮮人側からの積極的な届出などは少なく、警察・行政などの強制的な指導で実現したと考えられる[24]」という。

徴兵が行われたのは一九四四年と、翌四五年の二回だった。それでも、陸軍二〇万七七〇三人、海軍二万二二九九人、軍属及び軍要員三八万四五一四人、合計六一万四五一六人が動員された[25]。それは朝鮮人を常にマイノリティの状態に置き、朝鮮人同士の接触をできないようにするためであった。

通常の部隊編成として、例えば第九師団の場合でいえば、師団司令部があったのは石川県金沢市で、部隊構成員は、この石川県と隣の富山県、福井県の出身者で、郷土の誇りを背負う部隊とされた。日本軍に入隊した朝鮮人は分散して各地の部隊に配置された。ここに朝鮮人の一部が分散して配置されることになる。

このような郷土部隊の集合体が日本陸軍なのだが、沖縄県だけには郷土部隊はつくられず、沖縄出身者は宮崎県や熊本県の部隊に入隊させられた。それは大正・昭和期を通じて、沖縄県民の忠誠心のなさ、すなわち天皇制イデオロギーの浸透度が低かったからであった[26]。

こうして日本の戦争に動員された六一万四五一六人の朝鮮人のうち、どれくらいの人が戦死したのかは、いまだにはっきりしない。その理由として、樋口雄一は『戦時下朝鮮の民衆と徴兵』において、日本政府による詳細な調査が行われていないこと。厚生省にデータが存在するが、犠牲者の総数などまとまった数値の根拠は公表されていないこと（ごく一部の数字が韓国政府に提供されている）。日本政府だけでなく民間でも研究が行われていないこと。敗戦時に朝鮮軍関係資料はすべて廃棄され、日本国内においても、例えば市町村の兵事書類は廃棄されているからだと説明する。

具体的な数字としては、一九六二年に日韓条約のために準備されたと思われる厚生省援護局の朝鮮人戦死者数は、陸軍五八七〇人、海軍三〇八人、陸軍軍属二九九一人、海軍軍属一万三〇三一人、合計二万二一八二人となっており、靖国神社に合祀されているとされる朝鮮人戦死者二万一〇〇〇人に近い数字になっている。しかし、靖国神社の場合、硫黄島で死んだ軍属は全員が祭神とされるが、軍直轄の工場で死んだ人や、敗戦前後にソ連軍との戦闘で死んだ人、沖縄戦での軍属の犠牲者が含まれていないことを考えると、厚生省の数字は「一つの低い水準の目安」でしかないと樋口雄一はいう。[27]

多くの戦死者を出している軍属とは、軍人ではなく、軍に属する文官（通訳や捕虜の監視など）を指していたが、総力戦の時代になると土木工事（基地建設）や軍の工場に動員された人を軍属というようになった。日本海軍は、陸軍の工兵隊のような組織をもたなかったので、飛行場建設のために設営隊を設けたが、その主力となったのが朝鮮人と台湾人の軍属であった。特に土木工事に経験のある在日朝鮮人が徴用の対象とされた。飛行場の建設は日本軍が支配した地域、島などで行われたため、軍属は北方から南方までのあらゆる地域に配属された。そのために、輸送中に輸送船が撃沈されて死んだり、工事中の事故で死んだり、設営中に戦場となり戦闘員として戦わされるなどにより、多くの朝鮮人軍属が戦死している。玉砕した島々にも多くの朝鮮人軍属がいたとされている。

二〇〇五年に韓国政府は日韓会談関連外交文書五件を情報公開したが、この中の『第六次韓日会談請求権関係資料一九六三』（フレーム七五、九五）によると、日本側が主張する朝鮮人軍人・軍属の死亡者は二万二一八二人で、前述の厚生省援護局が準備した数字と同じになっている。これに対して韓国側の数字は、六万五〇〇〇人で、その差は四万二八一八人となっている。軍人・軍属の死亡者、負傷者、生存者を含めた総動員数では、日本側、二四万二三四一人に対して、韓国側、三六万五〇〇〇人で、差は一二万二六五九人となっている。韓国側はこの数字を基に、生存者一人当たり二〇〇ドル、死亡者一人当たり一六五〇ドル、合計三億六四〇〇万ドルを請求している。(28)

『在日韓国・朝鮮人の補償・人権法』では、志願兵（一九三八〜四三年）は二万六六四人。徴兵として、陸軍一八万六九八〇人、海軍二万二二九〇人。軍属の合計一四万五〇一〇人。軍人・軍属の合計三七万四九四四人で、この中には、軍「慰安婦」として動員された数万人は入っていないとし、復員したのが二二万四六〇〇人であるのだから、死亡、行方不明者は約一五万人になるとの数字を示している。(29)

忘れてはならないのが日本の敗戦後、連合国によって戦犯として裁かれた朝鮮人のことで、有罪を宣告された朝鮮人軍属は一四八人、うち二三人が死刑を執行されている。多くが捕虜収容所の監視員であり、捕虜の監視、虐待を「命じた者」が裁かれずに、「命じられた者」が裁かれるという不条理が起きている。

8・名前の問題

いまのところ、日本海軍には朝鮮人の飛行機操縦者はいなかったとされているが、真実は不明である。いない理由としては、海軍が朝鮮人志願兵制度を取り入れたのが陸軍より五年遅れており、さらに本格的な兵員補充は一九四四年五月からであり、操縦者を養成するには時間がなかったからだとされている。しかし、特攻戦死者の多くが一年余の速成教育を受けたアマチュアで、特に海軍はアマチュアの比率が高いことから、これはプロを養成するのは間に合わなかったといっているにすぎず、朝鮮人操縦者がいなかった理由にはならない。

陸軍の朝鮮人戦死者数は、厚生省資料によると五八七〇人になっているが、この中でいったい何人が飛行機による特攻作戦で戦死したのか、その数は確定していない。これは朝鮮人だけの問題ではなく、日本人の特攻戦死者数も未確定であることは前に述べた。その理由として、公的な資料がなく、特攻戦死と認定する基準が曖昧であったこと、これに加えて朝鮮人の場合は、名前の問題が特定をさらに難しくしていることも既に述べた。

朝鮮人が本来の名前で戦死したのなら、戦死者リストの名前から日本人なのか朝鮮人なのかを判断することができるが、創氏改名により日本名を名乗らされていたので、名前からは判断できず、出身地と戸籍を調べることになる。

前にもふれたが、日本は「内鮮一体」としながら、戸籍の一本化は行わなかった。戸籍は、「個々の住民の身分関係を把握するにとどまらず、植民地支配秩序の中で支配者／被支配者の関係を維持・固定化することにも戸籍は使われた。日本『内地』戸籍に登録される者が『内地人』（＝日本人）であり、朝鮮戸籍に登録される者が『朝鮮人』であるとされ、相互の戸籍移動は原則として禁止されていた。戸籍が厳密に分けられることによって、支配者としての『内地人』、被支配者としての朝鮮人という上下関係が法的に保証された。植民地朝鮮では、日本人と朝鮮人とでは異なる法律が適用される場合もあり、官吏・教員などの給与、教育、就職その他さまざまな社会関係において、差別的な支配構造が厳然として存在していたが、その基礎にあったのが戸籍の違い[30]」であった。

戸籍が判明せず、住所や連絡先が朝鮮になっている戦死者の場合、判断が難しくなる。本籍が不明で、住所が朝鮮になっていても、朝鮮在住の日本人である場合がある。逆に、朝鮮人であっても日本に親族がいる場合は、その親族の住所を連絡先として書いている場合もある。在日朝鮮人の場合は現住所と本籍が併記されている場合は判別できるが、現住所だけだと日本人になってしまう。

例えば、飯尾憲士（『開聞岳』）と高木俊朗（『陸軍特別攻撃隊』）がともに、フィリピンで死んだ特攻隊員の「近藤白英」を朝鮮人としているが、朝鮮人特攻隊員を歴史研究の対象としているベヨンミ（裵姈美）・野木香里は「特攻隊員とされた朝鮮人」で、「一九四五年二月二八日に第四航空参謀長が出した『航軍恩第二八一号戦時死亡者生死不明者の件通牒』では本籍が東京になっている」として、朝鮮人ではない可能性があるので遺族を捜して確認する必要があるとしている。[31]

このように朝鮮人であることを特定するためには困難な作業を伴うために、遺族を捜し出して証言を得ることが最も確実な方法になる。しかし、その遺族は、特攻戦死者の遺族だと判ると「親日派」とされることから、多くの遺族は息を潜めており、これまた簡単なことではない。

9・朝鮮人特攻戦死者

通説では、朝鮮人特攻戦死者は一一人だとされている。これは知覧の特攻戦死者名簿が出所となっている。鹿児島県の知覧特攻平和会館が発行する『魂魄の記録』（二〇〇四年版）[32]には、「陸軍沖縄戦特別攻撃隊　都道府県別隊員名簿」として一〇二六人の名前が収録されている。都道府県別に特攻戦死者が分類された最後に「朝鮮」という項目がある。別枠になってはおらず、朝鮮が今でも日本の一地方であるかのような扱いをしている。別枠にして、「旧植民地（朝鮮）」と表記すべきであろう。

この「朝鮮」の欄に一一人の名前が次のように記載されている。

朴東薫少尉（大河正明）。崔貞根少佐（高山昇）。金尚弼大尉（結城尚弼）。河東繁少尉。李允範少尉（平木義範）。木村正碩少尉。卓庚鉉大尉（光山文博）。李賢載少尉（広岡賢載）。金光永少尉（金田光永）。石橋志郎大尉。韓鼎実少尉（清原鼎実）。

この一一人をどのような理由で朝鮮人であると判断したのか、その根拠は示されていない。この記録の注意書きには、「出身都道府県は、その当時の連絡先ですので、本籍地とは異なっていることもあります」とあることから、各種の名簿の連絡先などから集めたものと推測できる。

もし朝鮮戸籍を調べたのなら、全員の本名が判明するはずである。一一人中八人の本名しか記載されていないということは、戸籍は調べられていないことになる。戸籍が調べられていないのなら、この一一人が本当に朝鮮人であるかどうかを疑ってみる必要がある。

朝鮮人であるのかどうかを判断するためには戸籍の確認が必要だが、それは私人にできることではない。そうであるのなら、最低限のこととして本名（民族名）を明らかにしなければならない。そこで、第一章でふれた、チョンギヨン（鄭琪永）に一一人の本名を問い合わせてみた。

彼によると、本名が不明な三人のうち、「河東繁」はハドンハン（河東繁）、「木村正碩」はパクジヨンソク（朴正碩）であると判明したが、「石橋志郎」だけはどうしても判らないという。石橋志郎は学徒兵（特操）となっており、多くの学徒兵の場合、出身学校がはっきりしているのだが、彼の場合はそれも不明で、年齢も二七歳と高い。彼は朝鮮人ではない可能性も考えられるが、日本人であるとの証拠もない。彼は九州の基地からではなく、台湾の宜蘭基地から出撃しているので、詳しい戦死の状況も判っていない。

台湾の部隊に所属していたことが影響しているのか、日本人にされた朝鮮人特攻戦死者もいる。台湾から出撃した尹在文（東局一文）で、彼は、知覧の名簿では、「石川県」の欄に記載され、石川県出身の日本人「東局一文」になっている。彼は在日朝鮮人であり、遺族が日本に住んでいることが明らかになっており（第五章参照）、このような形で日本人にされている朝鮮人が他にもいると思われるが、正確な人数は把握できていない。

知覧の名簿に記載されている朝鮮人は沖縄戦の特攻戦死者だけなので、これに先立つ、フィリピン戦でも朝鮮人特攻戦死者がいた。

朝鮮人特攻戦死者第一号といわれる尹在雄（松井秀雄）や、通信兵として特攻戦死したとされる林長守（本名不明）、そして野山在旭（本名不明）の三人がフィリピンでの特攻戦死者とされている。沖縄戦で戦死した思われる岩本光守（本名不明）、台湾から飛び立った尹在文（東局一文）、静岡県でB29に体当りした盧龍愚（河田清治）も特攻戦死者とされており、これに知覧の名簿の一一人を加えると、全部で一七人の朝鮮人特攻戦死者がいたことになる。

無論、これは確定した数ではない。本名不明の三人（林、野山、岩本）、は、朝鮮の新聞（毎日新報）で大々的に取り上げられ、賞賛されていることから、朝鮮人に間違いないと思われるが[33]、少なくとも本名を明らかにする必要があるだろう。

また、前述した金尚弼（結城尚弼）は特攻戦死ではない可能性が高く、最後に登場する崔貞根（高山昇）についても再考する必要がある。盧龍愚（河田清治）も特攻戦死とされているが、脱出しようとした可能性もあり、判断は難しい。

河田宏『内なる祖国へ――ある朝鮮人学徒兵の死』によると、盧龍愚（河田清治）は、成績優秀であったために、親戚が協力して進学させてくれることになり、弁護士になるために京城法律専門学校に入った。当時、この学校の校長であった増田道義は皇民化教育を徹底させ、「うちの学生は皇民として至誠尽忠の精神が徹底している」と豪語していた。彼は、この校長に目をかけられ、「河田清治は私の愛弟子であった。三年間私から日本精神とともに剣道の突きの精神をたたきこまれた」という。三年間で司法試験に合格しなければならない朝鮮人学生にとって武道などいい迷惑であっただろうが、この校長に呼ばれ、特操に応募するよう勧められ、「お願いします」と答えている。

本土防衛の部隊に配属された盧龍愚（河田清治）は、特攻要員ではなかった。彼は長距離戦闘機（屠龍）に、射撃手兼通信手の土山茂夫を乗せ、一九四五年五月二九日、警戒任務につくために愛知県の清洲飛行場を飛び立った。飛行中に「B29の大編隊が駿河湾に接近」との連絡を受けて攻撃に向かう。B29と交戦中にエンジンを撃ちぬかれ、彼の飛行機は大きく傾きながらB29の編隊長機にぶつかっていった。二機とも墜落したが、ぶつかった瞬間に機外に放り出されて落下傘降下したとも考えられ、あるいは、彼はぶつかる前に脱出したかもしれないのだが、彼の落下傘は半分しか開かず、墜落死してしまった。

同乗の土山茂夫の遺体は機体のそばで見つかり、B29の搭乗員の二人はパラシュートで脱出し、着地したところを地元民に捕らえられた。焼けたB29の機体からは五人の焼死体が見つかった。二人は特攻戦死したとして、二階級特進した。

彼は明確な意思を持って体当りしたのか、偶然にぶつかったのかは不明で、死ぬつもりではなく、生きるためにパラシュートで脱出を試みた可能性があるのに、彼は、多くの地元民が見上げる中で体当りしたとされている。(34)


特攻戦死者の範疇には入らないが、特攻に関連した事件として忘れてはならないのが、処刑された朝鮮人特攻兵のことだろう。一九四五年五月、福岡県の大刀洗北飛行場で、「ヒットラーの贈り物」といわれた新型爆弾を搭載した特攻機「さくら弾機(35)」が放火され炎上するという事件が起きている。この特攻機の搭乗員、すなわち特攻隊員であった「山本辰雄」が朝鮮人であるという理由で逮捕された。彼は放火犯として軍法会議にかけられ、犯行を否認した。「あの軍法会議で、前言を翻して否定することは大変な勇気がいるよ。よほどの覚悟を決めないと、それだけのことをいえるもんじゃない。このまま死刑にされてたまるかと、自分は無実だと最後の抵抗を試みたんだろうな。憲兵が犯人捜しを急いだあまり、山本伍長が朝鮮人だという理由だけで、犯人にしてしまった(36)」とされるように、特攻隊員であった彼は自分が乗る飛行機に放火したとして、八月八日の軍法会議で死刑の判決を受け、翌日に処刑された。

処刑を急いだのは、彼に責任を負わせ、上層部の責任を回避するためだろうが、日本軍における、朝鮮人に対する差別と偏見の凄まじさが簡単に一人の朝鮮人の命を奪ってしまったことになる。あと一週間で戦争は終わったのに、彼は犯行を否認したまま処刑された。

「特攻戦死」という概念が曖昧なままで、なおかつ戸籍の確認がないままに、何某は朝鮮人特攻戦死者である断定することはできないが、本書では、一応、朝鮮人特攻戦死者といわれている人物を、いつ、どこで死んだのか判明している範囲で、最後に記載する。

註

（1）西成田豊『在日朝鮮人の「世界」と「帝国」国家』一九九七年・東京大学出版会・四二頁の数字。敗戦時の人口については諸説あるが、二〇〇万人前後と見るのが一般的である。

（2）同前・二五六頁

（3）日中韓三国共通歴史教材委員会『未来を開く歴史』二〇〇五年・高文研・七七頁

（4）渡邊一民『〈他者〉としての朝鮮――文学的考察』二〇〇三年・岩波書店・六頁

（5）大正デモクラシーは、一九一〇～二〇年代における民主的改革を要求する運動。第一次世界大戦の反省から生まれたデモクラシーやロシア革命の影響もあり、日本においても普通選挙を求める大衆運動やシベリア出兵反対運動が起き、自由な政治的雰囲気を生み出した。さらに、足尾銅山の大争議、川崎・三菱造船所の争議や、小作争議なども多発し、全国水平社が結成され、女性解放運動も活発化した。こうした運動の到達点として普通選挙法（納税額による制限を撤廃し、男性のみに選挙権付与）が成立したが、同時に治安維持法も成立した。社会主義者を取締まるためのこの法は、やがて自由主義者や宗教者に広げられ、一般大衆まで弾圧する法として機能した。

（6）「満州事変」は日本軍の謀略によって起こされたが、中国人が鉄路を爆破したとして、日本では中国への制裁を叫ぶ声が一気に高まった。「民衆の戦争支持は日清戦争以来形成されてきた中国に対する侮蔑の感情と結びついており、その中国が連盟の支持をえて日本に挑戦したとして、中国への蔑視はさらに憎悪の感情へと増幅された（略）。さらに民衆の戦争支持は日本人の満州への特別の感情によって強固に裏付けられていた。満州事変が開始されたときは日露戦争からまだ二六年しかたっておらず、その体験はなお鮮やかであった。そして満蒙権益は日露戦争（および日清戦争）の莫大な犠牲を払って獲得したものであるという観念が定着しており、このことからさらに満州という地域そのものが日本にとっての『聖地』であり『生命線』であるという観念が形成されていた。このような観念のもとでは、日本が中国を侵略したという認識はまったく成立しえず、反対に、一慰問文の記述を借りれば『支那の悪い兵隊は日本人を満州から追い出そうとして、ひどい目に合わせるとは何と言ふ乱暴な人達でせう。（略）』という転倒した認識と願望が抱かれた」（江口圭一『十五年戦争小史』一九九六年・青木書店・六一、六二頁）

（7）江口圭一『十五年戦争小史』一九九六年・青木書店・九一頁

（8）一九三七年、皇道主義者の塩原学学務局長が作ったといわれる「皇国臣民の誓詞」は、大人用と子ども用があり、子ども用は「一、私共は大日本帝国の臣民であります。二、私共は心を合せて、天皇陛下に忠義を尽します。三、私共は忍苦鍛錬して立派な強い国民となります」であり、学校の朝礼で毎朝斉唱した。一九三八年には「第三次朝鮮教育令」により日本式の学校制度になり、朝鮮語を随意科目とするなど小学校教育の目的が「忠良なる皇国臣民を育成する」ことであることが明確にされ、皇民化教育が徹底された。
(9) 橋谷弘「近代日本は植民地で何をし、何を残したのか」『争点日本の歴史・六』一九九一年・新人物往来社・二六六頁
(10) 同前・二六六頁
(11) 宮田節子「『内鮮一体』の構造——日中戦争下朝鮮支配政策についての一考察」『展望日本歴史・二〇・帝国主義と植民地』二〇〇一年・東京堂出版・一〇九頁
(12) 宮田節子・金英達・梁泰昊『創氏改名』一九九二年・明石書店・二九頁
(13) 宮田前掲「『内鮮一体』の構造」一一三、一一四頁
(14) 同前・一一七頁
(15) 呉林俊『朝鮮人の光と影』一九七二年・合同出版・一四八頁
(16) 玄武岩「韓国の視点から・過去清算のナショナリズム——民主化後の韓国のイデオロギー対立」『日中韓ナショナリズムの同時代史』同時代史学会編・二〇〇六年・日本経済評論社・二五頁
(17) 宋連玉「植民地女性と脱帝国のフェミニズム」『歴史と責任——「慰安婦」問題と一九九〇年代』金富子、中野敏男編・二〇〇八年・青弓社・三六三頁
(18) 同前・三五四頁
(19) 西成田前掲『在日朝鮮人の「世界」と「帝国」国家』二四二頁
(20) 遠藤公嗣「強制連行」『ニッポン・コリア読本』林建彦、安倍洋編・一九九一年・教育開発研究所・二三九頁

（21）粟屋憲太郎「国民動員と抵抗」『岩波講座日本歴史・二一　近代八』一九七七年・岩波書店・一八八頁
（22）同前
（23）松尾章一『近代天皇制国家と民衆・アジア・下』一九九八年・法政大学出版局・二一九頁
（24）山田昭次・古庄正・樋口雄一『朝鮮人戦時労働動員』二〇〇五年・岩波書店・二三七頁
（25）日中韓三国共通歴史教材委員会前掲『未来を開く歴史』一四三頁
（26）安仁屋政昭「沖縄は近現代日本でどのように存在したのか」『争点日本の歴史・六』一九九一年・新人物往来社・二五四頁
（27）樋口雄一『戦時下朝鮮の民衆と徴兵』二〇〇一年・総和社・一〇九、一一〇頁
（28）古澤文寿「公開された日韓会談関連外交文書」『アリラン通信』三五号・二〇〇五年六月・文化センター・アリラン
（29）民族差別と闘う連絡協議会『在日韓国・朝鮮人の補償・人権法』一九八九年・新幹社・二五、二六頁
（30）水野直樹「植民地支配と『人の支配』・近代朝鮮の政治と社会」『人文科学研究のフロンティア』（京都大学人文科学研究所要覧二〇〇一年）・二〇〇二年発行・六八頁
（31）裵姈美・野木香里「特攻隊員とされた朝鮮人」『季刊戦争責任研究』五六・二〇〇七年夏季号・日本の戦争責任資料センター・六七頁
（32）知覧特攻慰霊顕彰会発行編集『魂魄の記録――旧陸軍特別攻撃隊知覧基地』二〇〇四年・制作・著作・知覧特攻平和会館

（33）裵姈美・酒井裕美・野木香里「朝鮮人特攻隊員に関する一考察」『視覚表象と集合的記憶』森村敏己編・二〇〇六年・旬報社・二六五頁
（34）河田宏『内なる祖国へ——ある朝鮮人学徒兵の死』二〇〇五年・原書房・後半の要約。
（35）一九四二年、ドイツのヒットラーから新型爆弾の簡単な設計図が日本に贈られた。三日月形の爆弾の中央で点火すると力が一方向に集中し、艦船の甲板より艦底まで穴をあけるというもので、これを小型化して飛行機に搭載して、飛行機もろとも体当りすれば必ず一隻を沈めることができる起死回生の武器とされた。しかし、爆弾の重量が重すぎて、飛行機が大事故を起こしたり、行方不明になったりして戦果は挙げられなかった。一九四五年五月二二日、特攻に出撃するために大刀洗飛行場に待機していた「さくら弾機」が放火される事件が起き、この飛行機の搭乗員の山本辰雄が朝鮮人だから反抗して放火したとされ、逮捕、処刑された（林えいだい『重爆特攻さくら弾機』二〇〇五年・東方出版）。
（36）林前掲『重爆特攻さくら弾機』二五九頁

第五章・日本人になろうとした少年——朴東薫（大河正明）と尹在文（東局一文）

「一機一艦」という特攻のスローガンがあった。これは飛行機一機の体当りで艦船を一隻沈めることができるというもので、体当りの有効性を誇示するものであった。実際には、飛行機に二五〇キロの爆弾をつるして体当りしたとしても、厚い鉄の甲板が施された軍艦を沈没させることは不可能であった(1)。

軍上層部は、そのことを承知の上で、特攻兵に体当りを納得させるために「一機で一艦を葬る」という幻想を与えた。特攻兵の中には、戦局が悪化する中で、一人が犠牲になることで敵の船を一隻沈めることができるのなら、一〇〇人が犠牲になれば一〇〇隻を沈めることになる。そうなれば戦況を劇的に変えることになると、「一機一艦」を信じる者も多かった。

人は、意味なくして自分から死ねるものではないといわれるように、特攻兵の誰もが自分が行おうとすることの有意義性を求め、それを信じようとしたであろう。しかし、全員が信じたわけではなく、信じられない者は目の前にある「死」の意味を考え、苦悩することになる。

有意義性を信じる者と信じない者の比率は、「時期的には、特攻開始の初期ほど高く、後ほど低くなる。また、実戦経験や技術的錬度の高い者や高学歴者ほど批判的であり、年齢も学歴も低い者ほど積極的であった。死への熱意の度合いは、生への執着の度合いよりも、その死の有効性の度合いに相対として対応したのである」(2)という。

本章では、後者の範疇に入るとされている少飛出身の二人を取り上げる。彼らは少年であったが、操縦技術が優秀であったために特攻要員にされ、戦死した。死後、一人は朝鮮人として新たな役目を担わされ、一人は日本人の中に入れられてしまうことになる。

1・少年兵

特攻戦死者の中で最年少は一六歳で、一八歳以下が二〇七人(海軍一七八人、陸軍二九人)いたとされている。(3)

一八歳未満が少年兵(子ども兵)となり、現代においては、その存在が国際的な人権問題となっている。少年兵は集めやすく、戦闘員に仕立てるのも容易であることから、低コストで戦力を創出する方法として、いまなお多くの紛争地域や戦場で用いられている。子どもが兵士になる理由は、飢えからの脱出や、殺された家族の復讐などで、中でも多いのが子どもを誘拐してきて兵士に仕立てる例だという。

しかし、「子どもたち、とくに思春期前の子どもたちは、いわゆる『未発達な死の概念』をもつ傾向にある。まだ独自の倫理観が発達していない（死という概念は意味を持たない）ことが多いため、子どもは概して自分の行為のもたらしかねない結果すべてを現実的に検討できない[4]」から、子どもを兵士にすることは戦争犯罪だと認識されつつある。

戦前の日本では、このようなことが問題視されることはなく、子どもを軍人として教育する公的な機関、陸軍の場合はエリートを養成する陸軍幼年学校があり、陸軍戦車学校では少年戦車兵が養成され、操縦者や通信手を養成する陸軍少年飛行兵学校（少飛）があった。

少飛の採用年限は一四歳以上一七歳未満で、基礎教育一年、地上準備教育一年、基本操縦一年、戦技教育など六ヶ月、合計三年六ヶ月の教育で操縦者が育成された。

従来、東京だけだった少飛は、一九四二年に滋賀県に、一九四三年に大分県に新設され、年間八〇〇〇人の子どもが教育されることになり、さらに同年、東条英機の航空大拡充によって、教育課程を半分に短縮する制度（乙種）がつくられた。この速成制度は一九四三年四月入校の一四期乙種からで、特攻戦死した最後のクラスは一五期乙種（一九四三年一〇月入校）であった。

小学校（国民学校）を卒業して、すぐに少飛に入校すると一四歳で軍人になるわけだが、この年代の子どもたちは、皇国史観による教育と戦争という時代の影響を全身に受けて、「立派な軍人になって、手柄をたて、立派に戦死する」ことと、「大空への憧れ」をかなえることを直線的に結びつけていたという。

2・大空への憧れ

「航空決戦の呼び声が急激に喧伝されはじめた昭和十八（一九四三）年頃から、特攻の時代を迎えるまでの間に、青少年たちの〈空への志向〉は頂点に達していた[5]」とされるように、子どもたちの空への憧れが強まったのと、東条英機による航空大拡充とが時を同じくしていることから、この「航空熱」は政府と軍部によって意図的につくり出されたものと判断できる。

大艦巨砲主義から抜け出せず、空戦の時代の到来を認識するのが遅かったために、飛行機の開発、生産が後手に回り、搭乗員養成に長期的な計画性を欠き、さらに、防弾装備もない飛行機に搭乗させ、操縦者を使い捨てにしたことから、質、量ともに操縦者が不足する事態を招くことになった。そこで、慌てて大量に養成することにし、特操と少飛乙種の制度をつくり、万単位の学生と少年を集めた。これは長期的展望と戦略を有しなかった戦争指導者が右往左往した結果、思いついた場当たり的な処置であった。

「空の父空の兄」「若鷲の歌」「決戦の空」「君こそ荒鷲だ」などの「時局歌」と呼ばれる歌がラジオから流され、最先端技術としての戦闘機（零戦や隼）が人気の的になり、少年たちは「俺たちこそ

〈次の荒鷲だ〉と自負していた。日の丸のハチ巻きを、白いマフラーを、半長靴を、そして腰の下げ緒の日本刀にあこがれていた[6]」。

こうした「航空熱」の醸成は内地だけでなく朝鮮においても行われた。一九四一年に軍官民一体の朝鮮国防航空団が結成され、一九四二年に日本と同時に中等学校への滑空科科目設置、国民学校での模型飛行機制作「教程化」、そして「一九四三年には国防航空団の事業として滑空指導者養成・滑空訓練所開設というように、『航空熱』をあおっていた。この時代を生きた朝鮮人少年たちは、学校で模型飛行機を作ったり、滑空訓練を受けるとともに、航空記念日に合わせた少年飛行兵たちの郷土訪問（出身地域と学校を飛行、巡講すること）を見て、あるいは少年飛行兵学校に合格した少年たちを送る壮行会に動員されて、〝刺激〟を受けていた[7]」という。

「航空熱」だけでなく、次のような動機で少飛を受験した朝鮮人少年もいた。

（一）当時の中学校は月謝（五円）が必要で、他に食費や本代が必要となり、工員の父親の月給（四〇円）では無理をさせることになる。少飛に入れば、三食、衣服、小遣いがもらえるという経済的な理由。

（二）どうせ徴兵されるのだから、早く軍隊に入って出世したほうが得という計算。

（三）軍隊は階級（星の数）がすべてで、上に行けば差別されることはないと考えたという差別回避のため。

（四）大空を飛ぶパイロットになりたかったという単純な憧れ。

以上は、特攻兵であった在日朝鮮人二世が、桐原久の『特攻に散った朝鮮人』の中で語っているもので、中でも（四）が一番大きな理由だとしている[8]。

これは日本在住の朝鮮人の例だが、朝鮮総督府の政策によって高等教育が抑圧されていた朝鮮でも、上級教育を受ける機会そのものが狭められていた上に、能力がありながら家が貧しい少年にとって、学費が不要で、上級の教育を受けられる学校として、少飛は有力な選択肢となっていた。また、日本軍の勝利のみが一方的に伝えられたことにより、日本の植民地統治が終わりそうにないと受取った朝鮮の少年にとっても、有利と思える選択肢の一つになっていた。

このような「航空熱」の醸成と、以前より強力に進められていた皇民化教育があいまって、朝鮮において少飛への入校者が増え始めるのが一九四二年ごろからであった。

沖縄戦における最初の朝鮮人特攻戦死者とされる朴東薫（大河正明）は、弟に印鑑を持ち出させて少飛を受験した。その弟、パクサンフン（朴尚薫）は、「兄は父に黙って志願したのです。軍隊に憧れてではなく、飛行機に憧れていたからということに尽きます。子供の頃から、夢中で模型飛行機をつくっては遊んでいました。戦時下では民間航空はほとんど機能していませんでしたから、飛行機乗りになるには、軍隊にいくしかなかったのです[9]」と語る。

3・「内鮮一体」を信じた少年――朴東薫（大河正明）

パクトンフン（朴東薫）は、朝鮮咸鏡南道咸川郡興南邑に生まれた。生年は諸説ある。弟、パクサンフン（朴尚薫）と日本で面談した飯尾憲士は、一九二六年生まれで、一八歳で戦死したとしている。この弟とソウルで会った桐原久は、彼は一七歳で戦死したという。これだと一九二七年生まれになる。知覧特攻平和会館の『魂魄の記録』も一七歳で戦死したとしている。日本軍の第八飛行師団司令部が作成した「部隊留守名簿」（兵士が戦死したときに、遺族へ通知するための名簿）では、生年月日が「昭和三年四月二一日」になっており、これだと一九二八年生まれで、一六歳で戦死したことになる。

飯尾憲士が弟から聞いた話によると、兄は興南工業三年生の時に父親に黙って少飛を受験し、合格通知が届いたことで父親の知るところとなり、「なぜ軍隊を志願した」と問いつめる父親に対して、最後まで一言も発しなかったという。この話からすると、パクトンフン（朴東薫）は国民学校を一四歳で卒業すると、工業学校に進学し、工業学校の三年生、一七歳のときに、年齢制限ぎりぎりで少飛を受験したことになる。

当時は、普通科の中学校（五年制）に対して、実業科の工業学校と商業学校があり（ともに五年制）、戦時下、生産現場で即戦力となる工業学校の人気が高かったという。

さらに飯尾憲士は『開聞岳』に、彼と少飛の同期生であった衛藤周蔵からの手紙を載せている。それによると、二人は一九四三年一〇月に福岡県の大刀洗陸軍飛行学校に、速成教育を受ける乙種の一五期として入校。この学校の同期入校は二〇〇〇人いた。二〇〇人を一個中隊とし、一〇個中隊が編成され、二人は第一〇中隊に所属し、朴東薫（大河正明）はトップクラスの成績であったという。ここで座学とグライダー教育を六ヶ月間受けた。

一九四四年三月、二人は京城教育隊に配属され、赤トンボといわれた複葉機による基礎操縦を開始する。「ある日曜外出時、大河君をたずねてきたご夫婦がいました。彼のご両親で、お二人とも、あちらの国の服装でありました。そのとき、はじめて彼が韓国出身者だと知ったのであります。言葉もまったくおかしくありませんでしたし、かえって私のほうが、大分弁で、ぱあっとしない有様でした。両親がたずねてくる彼を羨ましく思い、大分に帰りたいなあ、とふっと思いました。厳しい訓練の毎日でしたし、それに又、一六歳の子供であったせいかもしれません[10]」と語る。この「一六歳の子供であった」の主語は衛藤周蔵であり、朴東薫（大河正明）も同じ一六歳であったことにはならない。

子どもであったといえば、桐原久も「大河少尉は、凛々しい青年というより、まだその一歩手前の、少年の顔である。（略）年少にして命を落とす薄命の童子たちのような、あどけなさ、可憐さが、大河少尉の顔と全身にただよっているのである[11]」と書いている。筆者も写真を見たことがあるが、写真から一六歳か一八歳かは判断できなかった。

日本軍作成の「部隊留守名簿」に従うならば、彼は小学校（国民学校）卒業と同時に、一四歳で少飛に入校し、一六歳で戦死したことになり、弟が飯尾憲士に話したこととは齟齬が生じる。兄とは四歳違いだという弟は、「兄貴は、興南工業にはいりました。第一期生です。ぼくも、その学校に入りました。一クラス四〇名は、朝鮮人と日本人が半分ずつで、ケンカも多かった[12]」と語るように、弟も兄と同じ学校に入っていることから、兄の学年と年齢を間違えるはずがないと思われる。よって、パクトンフン（朴東薫）は、弟のいうとおり、一九二六年生まれで、一八歳で戦死したと見てよいだろう。

一九四四年八月、衛藤周蔵と朴東薫（大河正明）の二人は第二七教育隊（「満州」興城）の戦闘機部隊に配属された。一二月、第二六教育隊（「満州」ハルピン）に転属。戦闘機による訓練を開始した。

一九四五年一月、訓練中に、教育隊長から集合を命じられ、一人一人に紙が配られた。特攻隊を「熱望する」「志望する」「志望しない」の三項目のいずれかにマルをつけよと命令された。「志望しない、にマルをつけた者はいなかったと思います。大河君をはじめ、私を含めて一〇名程度が選抜されましたが、日を経たず、大河君ほか二名が第一陣として隊から発っていきました。それが彼の顔の見納めでありました[13]」と衛藤周蔵は語っている。

朴東薫（大河正明）は少飛に入校してから、わずか一年五ヶ月の訓練で、特攻の命令を受けたことになる。おそらく同期の中で操縦技術に優れ、台湾まで飛ぶことができる能力に達した者が真っ先に選ばれたと推測できる。

一九四五年二月一二日、「満州」の新京で特攻隊である「誠第四一飛行隊」が編成された。朴東薫（大河正明）はここで、一五人の隊員とともに、関東軍司令官（山田乙三）、関東軍参謀、第二航空軍司令官とともに記念撮影をしている(14)。

「誠」とは台湾の特攻隊につけられた名称（冠）で、彼は台湾の第八飛行師団の指揮下に入るために台湾に向かうことになった。

一九四五年三月二五日、アメリカ軍が沖縄本島南の慶良間列島に上陸。同日、台湾に移動するために九州に集結中の第八飛行師団所属の特攻隊は、台湾には行かずに、沖縄か徳之島に進み、沖縄の地上軍である第三二軍の指揮下に入るように命令を受けた。これは、先述した金尚弼（結城尚弼）と同じで、台湾までの制空権をアメリカ軍が掌握したため、台湾まで飛ぶことが不可能になったためだろう。

三月二八日、誠四一飛行隊の一二機は鹿児島県の知覧基地を出発、沖縄に向かう。二機故障、一機不時着で、九機が沖縄の中飛行場に到着。

三月二九日早朝、同隊は、嘉手納湾沖のアメリカ軍に向けて離陸する寸前に、アメリカ艦船からの砲撃により、隊長の寺山欽造らの五機が破壊され、隊長は重傷を負う。残った四機が出撃し、この中に朴東薫（大河正明）がいた。

4・「内鮮一体は嘘だ」

弟、パクサンフン（朴尚薫）は、兄の死ぬ前の姿を知りたくて、整備兵だった人を捜し出し、生き残った隊員にも会い、兄は「わざと飛行機を故障させたり」「自殺したり」せずに、本当に体当りをしたことを確かめた。そして弟は次のような結論に達した。

兄貴は、お父さんやお母さんや、勿論小学生のぼくにも、話しませんでしたが、志願する前、仲の良かった同級生の一人だけに、話しているのですよ。それを、兄貴が出征していったあと、きいて、兄貴のはげしい気持ちが、こわくさえなったのですよ。

その人は、言いました。『大河君は、言ったよ。内鮮一体、というけど、ウソだ。日本は、ウソつきだ。俺は、朝鮮人の、肝っ玉を見せてやる、とね』

ぼくは、びっくりしました。無口な兄貴は、だから、卑怯な振舞いはせんで、朝鮮の同胞のため、ぼくたち家族の誇りのために、つっこんだのですよ。

（飯尾憲士『開聞岳』一九八五年・集英社・二四六、二四七頁）

朝鮮人遺族は日本の戦争に動員された肉親の死を、それも特攻での戦死をどのように受け入れたのか。「朝鮮のため」「家族のため」に死んだと思うしかないのだろうが、「朝鮮のため」になったとはいえず、結局、「卑怯な振る舞いはなかった」という〝潔さ〟だけしか行為の評価として残らなかった。そんなことは十分に判っていても、あえて「朝鮮のため」にといわざるをえないところに、残された遺族の苦渋と深い悲哀があった。

問題なのは、この「内鮮一体、というけど、ウソだ」という言葉が、いつの時点で発せられたのかである。この文章の「志願する前」とは、少飛を受験したときとも考えられるが、続く「朝鮮人の、肝っ玉をみせてやる」という言葉からすると、特攻出撃の直前のものと考えるのが合理的だろう。

パクトンフン（朴東薫）は朝鮮にいた頃は「内鮮一体」を信じており、ゆえに、親に内緒で少飛に入校したのだが、軍隊に入ってから、それが甘言にすぎなかったことを知り、特攻出撃直前に「内鮮一体は嘘だ」と叫ばざるを得なかったということになる。

皇民化教育と「航空熱」の影響を強く受けて育った朝鮮人少年にとって、日本軍に入ることは、「内鮮一体」を具現化することであった。「内鮮一体」を突き詰めていけば差別はなくなり、そのとき日本人になれると信じていた少年は、大空への憧れをかなえ、日本人になるために、すすんで軍隊を希望し、入隊した。そこで、より厳しい差別に直面し、「内鮮一体」とは朝鮮人を兵士として動員するための口実であることを少年は知った。しかし、その時はもう遅く、軍隊という組織的拘束力の中で身動きが取れないまま、技能優秀であったために特攻を命令されて、少年は騙されたという気持ちのまま、「朝鮮人の勇気をみせてやる」と開き直るしかなかったのではないだろうか。

ここでも植民地支配された人間が、自らを支配する国のために死を強いられ、納得できないまま死ななければならないという残酷さが浮かび上がってくる。

「内鮮一体」が嘘で、日本は嘘つきなら、そんな日本のために死ぬ必要はなかったし、死んではならなかった。彼も、そのことは判っていたのだろう。判っていながら逃れることができないのが軍隊という組織であった。しかも戦争の真っ只中であった。彼は、嘘つきの日本のために特攻に出るのは本意ではなく、死にたくもなかったであろう。それでも彼は、朝鮮人のプライドをかけて飛び立った。しかし、それは日本を利することにしかならなかった。

日本を利するとは、軍事的なことではなく、彼の死そのものに利用価値があり、朝鮮総督府はそれを徹底的に活用したという意味である。

5・利用された「死」

朝鮮人最初の特攻戦死者といわれる尹在雄（松井秀雄）がフィリピンで戦死したのは一九四四年一一月で、朝鮮総督府の御用新聞であった『毎日新報』は「朝鮮人特攻第一号」を大々的に報道した。次いで、林長守（本名不明）、岩本光守（本名不明）の突入が報道され、彼らの生い立ちや戦果を大きく伝えた。朝鮮人特攻戦死者は「半島の神鷲」と呼ばれ、遺族も讃えられ、生家は「誉の家」と称された。さらに、彼らの死には、二階級ではなく、四階級特進という恩典が与えられたことも新聞は伝えた。[15] これにより少飛出身の朝鮮人特攻戦死者八人全員が四階級特進し、伍長から少尉になっている。

沖縄戦における最初の朝鮮人特攻戦死者、朴東薫（大河正明）の死も、総督府によって徹底的に利用された。彼の戦死の通知が父親のもとに届くと、朝鮮総督（第九代・阿部信行）が家まで弔問に来るという知らせがあり、村中が大騒ぎになったという。

父親、大河幸一郎（本名不明）の家は小路の奥にあり、車が入れないことから、両脇の家を何軒か破壊、撤去して、総督の車が入れるようにするという話になった。父親は、「そんなことをすれば、もし戦争に負けたら、自分たち一家は、ここには住めなくなる」と反対した。父親はすぐに警察に連行されたが、もう二度と「日本が負ける」などといわないから、家の撤去はやめるよう頼み、釈放された。戦死した特攻兵の父だったから釈放されたのであり、もしそうでなかったら父親は警察から生きては帰れなかった。

実際に弔問に来たのは総督ではなく総督夫人だった。その後、日本人の愛国婦人会が乗り込んできて、日本式の葬式の段取りを決めていった。朝鮮では死者の霊を弔うために大声で泣きつづける風習があったが、名誉の戦死だからと泣くことは禁じられた。「大きな葬式でした――村はじまって以来というほどの。これも、なくなった兄のため、朴家のためというのではなく、日本の戦争のためとおよび婦人会の威勢を発揮する道具に使われたのです。葬式が終わったあと、父は全身の気力がなくなったのでしょう、ずっとふさぎこんでいる日々でした[16]」と、弟、パクサンフン（朴尚薫）は語る。

その後、弟はラジオの全国放送で「特攻隊員の弟として決意をのべる」よう命じられた。「敵米英を殲滅するまで戦い抜きます」という原稿を日本語で読み上げた後、朝鮮語でも読むように命じられた。「かねがね、韓国語を使ってはいけない、日本語を常用せよと言っていきながら、自分たちの都合で、韓国人に聞かせようとしたときは、こういう勝手さでしょう。そのとき以来、日本に対する不信感が拭いきれなくなりました[17]」と、彼は小学生であった頃を回想する。

総督府が、朝鮮人特攻戦死者を賞賛し、遺族も讃え、特攻の成果を大々的に朝鮮民衆に向けて報道したことに対して、ペヨンミ（裵姈美）・酒井裕美・野木香里による優れた論文、「朝鮮人特攻隊員に関する一考察」は、このような朝鮮総督府の努力は、朝鮮女性（母、妻、祖母）が、「日本の戦争のために」息子や夫や孫を送り出そうとしなかったので、銃後の対策が必要であったからだと指摘する。それだけでなく背景には二つの政治的な意図があったという。まず、朝鮮人特攻隊員の戦死を朝鮮民衆の戦争協力への「士気」を高めるためのプロパガンダに利用するためで、一九四四年九月から朝鮮人に対する徴兵が始まっていた、その状況を後押しする役割があった。さらには、朝鮮人特攻戦死を「内鮮一体の精華」とすることで、朝鮮人の「皇民化の度合」が高まったことを示すためで、それは朝鮮内だけでなく、日本政府に対しても皇民化政策の「成功度」を示すバロメーターとして使われたという[18]。

これに付け加えるなら、朝鮮でも本土決戦としての「一億特攻」が考えられ、「朝鮮人も死ぬ必要がある」ことを示すために、朝鮮人特攻戦死者が利用されたと考えることができる。

当時、軍が想定していた「本土」とは、日本列島の他に南樺太、台湾、朝鮮を含んでおり、陸軍は一九四五年一月に、「本土決戦完遂基本要綱」に基づき本土防衛部隊を再編した。朝鮮では朝鮮軍を廃止して、第一七方面軍と朝鮮軍管司令部を編成し、「作戦準備の重点を南朝鮮に転換し、朝鮮を確保する」[19]とした。

フィリピン戦が終了した後、陸軍は、アメリカ軍が次に狙うのは台湾であるとし、台湾の次は、沖縄か朝鮮の済州島のどちらかだと考えた。済州島を制圧すれば大陸と日本との交通は完全に止まり、なおかつ済州島には日本軍のレーダー基地があり、アメリカ軍が中国の飛行場（柳州、衡陽）から、日本を空襲するのに、これが支障になっているというのが「朝鮮上陸」の根拠であった[20]。

アメリカ軍が済州島から朝鮮半島へ上陸すると想定した場合、いくら総督府が皇民化政策を強力に推し進めていたとしても、数的少数者としての日本人の危機感や恐怖心は相当のものであったと思われる。日本の敗北状況を糊塗し、朝鮮人を日本の戦争につなぎとめておくために、朝鮮人特攻を大々的に讃え、アメリカ軍が上陸した場合には、朝鮮人も、彼ら特攻兵のように肉弾となって、日本人とともに戦うよう求めるために、朝鮮人特攻戦死者を最大限利用したのではないだろうか。

一九四五年六月一四日、「満州」の新京ラジオ放送局から、朴東薫（大河正明）本人の肉声による遺言が朝鮮全土に向けて放送された。「名誉ある特攻隊員に選ばれてなんともいえない気持ちである」

「一機一艦にぶつけて、粉々にしてみせます」という内容だが、出撃前に、おそらく関東軍司令官らと記念撮影をしたとき（一九四五年二月）に録音されたものと思われる。

問題は放送された時期である。彼は三月二九日に戦死しているが、放送されたのは六月一四日であり、陸軍の特攻作戦は六月三日で既に終了していた（海軍は六月二二日で終了）。このことから、この放送は、沖縄戦での敗北状況を隠し、次の「本土決戦」を十分に意識したもので、朝鮮人にも「一億特攻」を求めるためであったといえるのではないだろうか（前にも述べたが、当時の日本人の数は七千三百万人であったことから、朝鮮人と台湾人を含めて一億人であり、「一億特攻」であった）。

アメリカの海軍は、日本上陸の前に中国東岸、朝鮮、台湾に上陸することを想定した時期もあったことから、日本陸軍が「アメリカ軍が朝鮮に上陸し、大陸との分断を狙う」と考えたことは全くの的外れではなかった。しかし、アメリカ軍はマリアナ諸島を制圧することにより、日本に対する戦略爆撃の拠点は中国からマリアナ諸島に移り、朝鮮半島上陸の必要性は消滅した。

本書の冒頭（「はじめに」）で述べたように、韓国では、「日帝強占下親日反民族行為真相糾明法」が成立し、法により、「日本軍の少尉以上の将校で、侵略戦争に積極的に協力した者」が親日行為者であるとした。

パクトンフン（朴東薫）ら少飛出身者は、生前は「伍長」（兵）であったが、特攻戦死することで四階級特進し、全員が「少尉」（将校）になっている。これは特攻の成果を宣伝する政策的な栄誉であり、朝鮮大衆に対して、彼らの後に続いて戦うよう促すものであったが、これによって彼らは「親日行為者」に該当する人物となった。

こうした事態に対して、パクトンフン（朴東薫）の遺族が、彼は、生前は「兵」であって、「将」ではなかったので、この規定にはあてはまらないと異議申し立てを行った。二〇一〇年二月、政府委員会は、「生前は将校ではなかったので、この規程に該当しない」、だから、彼は「親日派」ではなく「戦争被害者」であると認定した。至極当然の判断であった。

しかし、これだと、生前から少尉であった特操出身者（学徒兵）は、「親日派」になってしまう。卓庚鉉（光山文博）、金尚弼（結城尚弼）、盧龍愚（河田清治）、石橋志郎（本名不明）は、高専校を卒業後、一年の訓練の後に少尉に昇進した。彼らは生前から少尉であったのだが、あくまでも速成教育のアマチュアであり、生涯、軍人を職業とする者ではなかった。彼らは戦時動員された学徒兵であり、プロではなかった点を考慮し、「戦争に動員された被害者」と認めるべきではないだろうか。[21]

6・日本人になろうとした少年――尹在文（東局一文）

鹿児島県の南部に位置する知覧町に陸軍が飛行場の建設を始めたのが一九四〇年で、地元住民らが工事に動員されたが、圧倒的に多かったのは朝鮮人労働者であった。

翌四一年に工事は完了し、知覧基地は知覧教育隊として、少飛や特操を教育する場所となった。知覧教育隊が最初に訓練を始めたのが少飛一〇期で、このときは生徒四人に対して助教一人がついていた。しかし、最後の一五期になると生徒八人に一人の助教となり、教育の質は落ちたと『魂魄の記録』は記している。

知覧特攻平和会館が発行した『魂魄の記録』（二〇〇六年版）は、沖縄戦における特攻戦死者を網羅するために、鹿児島県の知覧基地だけでなく、同じ鹿児島県の万世基地や徳之島、それに台湾の基地から出撃し、特攻戦死した者を集計し、都道府県別に分け、名前や戦死月日などを列記している。

その中の、石川県の欄には一七人記載されており、一一人目が「東局一文」になっている。

戦死月日、五月一二日　隊名、誠第一二〇飛行隊　氏名、東局一文　年齢、一八歳

出身、少飛一五期　出撃地、八魂　機種、四式戦　機数、二　出身地、石川県

この名簿では石川県出身の日本人にされている尹在文（東局一文）は、少飛一五期乙種として、一九四四年三月三一日から七月二〇日まで、知覧基地で教育を受けている。

『魂魄の記録』は、「知覧飛行場関係者名簿（判明者のみ）」として、少飛一五期の名簿も載せている（一七三人中一三九人）。この一三九人中、戦死と記入されているのは五人で、うち三人は特攻隊に所属していたと明記されている。その三人とは、麻生末弘（大分県）、東局一文（石川県）、木村正碩（韓国）で、名簿上の特攻戦死者は日本人二人、朝鮮人一人となっている。

この他、一五期の一三九人の中で出身地が「韓国」となっているのが七人いる。「井上万守、国沢

周作、慶金秀雄、高峰成吉（金奉沂）、竹下（具仙真）、鶴見、山本康平（李剛和）」で、戦死と記入されていないので彼らは生き延びたことになる。これに戦死した朴正碩（木村正碩）と尹在文（東局一文）を加えて九人とし、一七三人中九人が朝鮮人で、この比率を少飛一五期の総数八〇〇〇人に当てはめると、少飛一五期には四〇〇人近い朝鮮人少年がいた計算になる。もちろんこれは単純計算によるもので一つの可能性にすぎないのだが、かなりの人数がいたと想像できる。

知覧特攻平和会館では日本人として扱われている尹在文（東局一文）だが、彼が朝鮮人であることを初めて明らかにしたのは、石川県加賀市在住の地域史研究家、加端忠和であった。

加端忠和によると、加賀市に住む在日コリアン一世から「特攻で死んだ山田」という人物がいたことは聞いていたが、その他のことは全く判らず謎の存在であった。「加賀市戦没者名簿」の「東局一文、陸軍少尉、沖縄周辺、昭和二〇年五月一二日」を手がかりに、小学校の同窓会名簿を調べてみると、この人物とおぼしき人が見つかり、同級生を捜し出した。その話から、この人物は在日朝鮮人で、本名が「尹在文」であることが判った。この話を先の在日コリアン一世にすると、「尹在文」の親族なら京都府に住んでいることを教えられた。早速、京都府に住む親族（妹）に連絡して、「東局一文」が「尹在文」であることを確認した。「東局一文」と「尹在文」が繋がらなかった原因は、父親は、日本名を「山田一郎」としていたのに、本人（尹在文）は「東局一文」としていたからであった。

こうしたことは珍しいことではなく、在日朝鮮人の中には本来の名前（本名）と、通称として日本名（通名）、それらとは別の法律上の名前を持つ人が少なからずいた。ユンチェムン（尹在文）の父親の場合は、本名は「尹鎮璟」（ユンジンギョン）であり、「山田一郎」という通名で商売をし、これが地域で生活するうえでの名前になっていたが、役所に届けた名前は「東局《とうぎょく》」であったと推測する。この場合、子どもである「尹在文」は、幼少期には「山田」で生活し、小学校に入学すると、届け出た「東局」で呼ばれることになる。

では、なぜ通名である「山田」を届けなかったのか。それには一九四〇年から実施された「創氏改名」が絡んでいる。在日朝鮮人の場合、創氏を届け出るときに、これを推進する当局（警察、自治体だけでなく協和会も含める）と摩擦を起こすと商売や生活に支障が出るなど、弱い立場であったことから、当局からいわれるままに創氏を届けることが多々あった。当局が命じる名前が、いままで使っていた名前（通名）と違っても、文句をいわずに従ったために、在日朝鮮人の一部は本名、通名、法律上の名前、この三つを持つことになった。

これらの他に、朝鮮に親などがいる場合、親が総督府へ届け出た創氏と同じものを、例えば一族の会議で「金」を「金本」とすることを決めた場合に、その決定に従って、「金本」と日本の役所に届け出たために、いままで使用していた通名と違うものになる人もいた。

日本で氏（家の称号）が法制化されたのは、一八九八年（明治三一年）の明治民法制定によるもので、それ以前は夫婦別姓が一般的であった。明治民法は、家の長としての戸主に大きな権限を与えたうえで、国家が家を通じて個人を把握するという仕組みをつくり上げた。そこでは家が直接天皇と結びついているという観念が形成され、家は天皇を頂点とする国家体制を支える役割を果たした。このように説く水野直樹は、『創氏改名』において、明治中期に日本でつくり出された「イエ」制度を植民地に持ち込もうとしたのが「創氏改名」であるとする。

これは朝鮮人の父系血統にもとづく宗族集団の力を弱め、「祖先中心主義」から「皇室中心主義」に転換させて、天皇への忠誠心を植えつける狙いがあった。しかし、朝鮮には「イエ」の伝統がなかったために、これを朝鮮人に強圧的に押し付けることによってしか普及、定着を図ることができなかった[22]。

朝鮮における創氏改名は、創氏しなければ、就職の不採用や解雇、渡航許可を出さないなどの利害に絡む脅しもあったが、全体としては「民族のアイデンティティを奪い、民族性を抹殺するもの」として現出した。しかし、日本在住の朝鮮人にとって名前の問題は、直接生活に影響する切実な問題であった。だから在日朝鮮人は、創氏改名の以前から通名として日本人風の名前を名乗っている者が多かった。

水野直樹は、在日朝鮮人が日本人風の名前を名乗らざるを得なかった背景として次の三点をあげる。

（一）政治的な理由から朝鮮人であることを隠そうとする場合（社会運動家などが弾圧を避けるために日本名を使った）。

（二）日本社会から差別を受けるのを避けるため（日常生活で露骨な差別を受けるために朝鮮人とわかる名前を名乗ることを躊躇した）。

（三）雇い主の都合により適当な名前が付けられた（日本の工場、会社、飯場などで雇われた朝鮮人が、日本人経営者や監督から呼びやすい名前を適当につけられた。同僚や日本人の客が覚えやすいという理由からで、仕事場では、その名前を名乗らざるを得なかった）[23]。

総督府によって「内鮮一体の完成」と意義付けされた創氏改名は、朝鮮人に多大な苦痛を与えたのだが、この制度は日本側にとっても、大きな矛盾を発生させた。「肌の色、顔つきで区別できず、ことばや服装が同じようになった場合、日本人と朝鮮人を区別する手がかりがなくなってしまう――総督府が恐れたのはこれであった。法律的には本籍地の違いが区別の根拠であったが、日常生活で区別するには、名前に差異を設けることが手っ取り早いやり方である、と総督府は考えたのである」[24]。本名を捨て、日本式の名前に変えるように強要しながら、日本人と区別できなくなったら困るからと、総督府は「内地人に紛らわしい名前」を付けることを厳しく制限した。

このような「差異化」のベクトルが作用したのは在日朝鮮人も同じで、「内地人の姓をそっくり借用したり、あるいは彼らが従来勝手に使っている太郎、次郎などの呼びやすい名が〝雨後の筍を〟地で行くようなおそれ」があるために、「名付け親の役を買って出た」として、朝鮮人に「内地人の姓をそっくり借用」させないために行政機関が氏名相談に乗り出したという[25]。

ここに、「内鮮一体」としながら、日本人と朝鮮人との間の差別を維持しようと執拗な努力をする日本人官僚の姿を見ることができる。ユンジンギョン（尹鎮璟）の場合も、「山田一郎」では簡単すぎるからと、役所で変更を求められた可能性が高い。

石川県の場合、理由は不明だが、憲兵から「〇〇という名前にするよう」にといわれ、逆らうと後が怖いので、それに従ったと語る在日コリアン一世が何人かいる。

7・妹の証言

二〇〇九年四月、加端忠和より、ユンチェムン（尹在文）の三人の妹が墓参のために石川県加賀市の菩提寺にやって来るという連絡が入った。早速、加賀市に出向き、ユンジョンジャ（尹政子）と二人の妹に会うことができた。

ユンチェムン（尹在文）の妹、ユンジョンジャ（尹政子）によると、彼は五人兄妹の長兄で、上の三人は朝鮮の慶尚南道の生まれで、下の二人は日本の京都府で生まれたという。次兄は既に亡くなっており、残ったのは三姉妹で、長女のユンジョンジャ（尹政子）は長兄のことはよく覚えているが、日本で生まれた二人にはあまり記憶がないという。

ユンジンギョン（尹鎮璟）一家は、京都府で生活した後、富山県に移った。一九三八年から石川県の大聖寺町（現、加賀市）で居住し、ユンチェムン（尹在文）は錦城小学校に通い、ハーモニカが好きで、いつもそれを吹いていていた。

戦前、戦中、大聖寺町に住む在日朝鮮人の男性の多くは、湖（柴山潟）の埋め立てや河川改修（大聖寺川、動橋川）に従事していた。女性は北陸特有の湿度の高い気候を利用する繊維工場が多くあったので、そこで織工をしていた。また、戦争に動員されて働き手がいなくなってしまった田畑を借り受けて、土方仕事の傍らで田畑を耕作する姿も見受けられたという。

ユンチェムン（尹在文）の父、ユンジンギョン（尹鎮璟）はスクラップ（鉄屑）業を営んでおり、母、チョンサンエー（鄭尚愛）は利発な人で、この母のおかげで商売は成功し、かなり裕福であった。学校の給食のとき、ユンジョンジャ（尹政子）は担任の先生から弁当のことで叱られたことがあるという。「この非常時に、白米の弁当を持ってきてはいけない」と。当時は食糧難で、米は貴重品であり、一般家庭では分量を増やすために米に芋などを混ぜて炊いており、白米だけの弁当は金持ちしか持参できなかった。在日朝鮮人＝悲惨な生活、というステレオタイプでは捉えられない、多様なありようを示す話である。

裕福であったから行けたのだろう、ユンチェムン（尹在文）は小学校（国民学校）を卒業すると東京の岩倉鉄道学校[26]に進学した。

鉄道が好きだったから鉄道学校に入ったのだが、その後の進路として、彼は「満州」に渡り、「満蒙開拓義勇軍[27]」に入ると言い出した。「翔べ青少年」「満蒙に征き大地主に」という国の宣伝にのろうとしたわけだが、両親は大反対した。この「満蒙開拓義勇軍」の多くは、農山村の貧しい家の次男、三男が志願したとされることから、裕福な家庭の、それも長男が行く必要はないということなのだろう。結局、両親と本人とが半分ずつ妥協する形で、「満州」に行って、「満鉄」（南満州鉄道株式会社）

に入ることになった。

ところが、「満鉄」への道は、戦局の悪化によって閉ざされてしまったと妹はいう。彼が少飛に入校したのが一九四三年一〇月。この年の一〇月五日、関釜連絡船の崑崙丸がアメリカの潜水艦の攻撃を受けて沈没（五八三人が行方不明）。以降、夜間航行は行われなくなったが、昼の連絡船は動いており、朝鮮半島を経由して「満州」に行けたはずで、「満鉄」入社を断念せざるを得なかった理由がよく判らない。関釜連絡船は日中しか運航できないために減便となり、軍人しか乗船できなくなった可能性が考えられるが、妹は「渡航できなかったから」としか聞いていないという。

もしかしたら、その「満鉄」では、一九四三年七月に「満鉄調査部第二次検挙」が行われており、一九四二年九月の第一次検挙でも共産主義者の容疑をかけられた三一人が逮捕されていたことから（合計四四人逮捕）、それが影響していたとも考えられるが、この事件を本人や両親が知っていたどうかは不明である。

「満鉄」入社を諦めたユンチェムン（尹在文）は、石川県に戻り、両親に内緒で少飛の試験を受けた。大聖寺町から三人が受験し、二人が合格したという。なぜ、少飛を受験したのかについては、妹は詳しいことは知らないとしながら、「日本が戦争に勝てば、日本人になれると考えていたからではないだろうか」という。そのようなことを母親がいっていたようだ。

どこの少飛に入校したのかは不明だが、朴東薫（大河正明）と同じ一五期なのだから、一九四三年一〇月に少飛に入校し、六ヶ月間の座学とグライダー訓練を受けた後、一九四四年三月三一日に鹿児島県の知覧教育隊の配属になり、七月二〇日までこの地にいたことになる。

知覧基地には、一度だけ両親が幼い二人の妹を連れて面会に行っている。長女のユンジョンジャ（尹政子）だけは、留守番をさせられたのか、行きたくないといって行かなかったのか自身でもはっきりしないが、知覧には行っておらず、そのことが彼女の最大の心残りだという。

その後、台湾の北港（台湾中部の西側にある基地）の第八教育隊に配属になる。その台湾から手紙が届き、「台湾ではバナナが食べられる」と書いてあった。当時は貴重品だったバナナが食べられことを彼女はうらやましく思ったという。

しばらくして、「いまから行きます」と乱れた文字が書かれた大学ノート、石鹸二個、写真二枚（目出し帽と軍刀を持ったもの）、襟章と肩章を送ってきたが、それが遺品だと気付かず、両親は「家族思いのやさしい子だ」といっていた。

彼が戦死したことは、家族の誰も知らなかった。知ったのは戦後になってからであった。用事で故郷（朝鮮慶尚南道）に行った父親が、そこに送られていた戦死公報を見て戦死したことを知り、母親は泣き、悲しみ、怒り、半狂乱になり、戦死したことを認めず、葬式も出さなかった。

父親は一九四九年に亡くなり、裕福だった生活は苦しくなった。その後、大聖寺川の氾濫によって、家は被害を受け、多くのものが流され、ユンチェムン（尹在文）のものは写真一枚しか残らなかった。

母親は生活苦から、年金がもらえないかと役所に行ったが「外国人だから」といわれて帰ってきた。その母親も一九五八年に病死した。次兄のユンキョンムン（尹啓文）は二〇〇三年に死んだので、残ったのは妹三人となった。

最後に、「東局《とうぎょく》」という姓は珍しいので、何か特別な意味があるのかと質問したら、彼女は何も聞いていないと答えた。そこで、戸籍があったら確認してみたいので送ってもらえないかとお願いしたところ、後日、郵送されてきた。

それによると、ユンチェムン（尹在文）は一九二七年三月一〇日、朝鮮慶尚南道固城郡に生まれ（所番地は省略）、父親が同年三月一七日に出生届を出していた。彼もまた、朝鮮に生まれ、物心がつく前に、両親とともに日本に渡った一・五世であった。

8・少年は日本人になれたのか

ユンチェムン（尹在文）の妹は、不確実だが、「兄は日本が勝てば、日本人になれると思っていたのではないか」という。在日朝鮮人の子どもの場合、日々の生活の中で、被抑圧民族としての差別のほかに、マイノリティとしての差別が加わり、子どもながらに、「日本人になれば差別から逃れられる」と考えたとしても何ら不思議ではないだろう。

「朝鮮人は差別され、侮辱されながら、しかし、日本人にならねばならぬ義務だけは、厳として課せられていた」と書く、オリムジュン（呉林俊）は、『記録なき囚人』において、朝鮮人少年の心理の変遷を的確に描き出している。

それによると、朝鮮に志願兵制度ができたと聞き、「朝鮮人でも、あわよくばあの金筋のはいった襟章をつけ、軍刀を帯腰し、その上に日本人から尊敬の瞳をそそがれる！ そうなればもう、あいつらにいじめられることもない。（略）まったくの空想は、まだ十代にはいりはじめた少年には、しばしの満眸の春光にも似たものであった」。その後、フィリピンで日本艦隊が破れ、帝国の最期が近づきつつあるのに、徴兵検査に合格すると、軍隊に入って、差別していた日本人を見返してやろうと考えた。日本の軍隊とは「平等の社会にして一点の差別もないはずだ。差別するがごときは、まことの内地人ではない。現下の状況に弓を引くものである」。現下の状況とは、「内鮮一体」であり、「皇軍に差別なし」であった。「満州」の部隊に配属になると、実際の軍隊は思い描いていたものとは大きく違い、「人がいやがる軍隊に志願して迷い込んだ愚かさぶりが悔やまれ」た。「だまされた、俺はおだてられた囚人だったのだ」と悔恨の涙を流すことになる。暴力に次ぐ暴力。「この朝鮮野郎」「キサマは半島だろう」と繰り返される差別。「こうして半分は日本人にしたてあげられたはずの少年を逆流のような反対の方向へ胚胎する憎悪をいやがうえにもかきたててくるようになった[28]」。

「内鮮一体はウソだ」と叫んだパクトンフン（朴東薫）も、「憎悪をいやがうえにもかきたててくるようになった」といえるが、ユンチェムン（尹在文）も同じようにいえるかどうかは、手掛かりとなる大学ノート（台湾から遺品と一緒に送られてきたノート）が洪水によって流されてしまっているので、いまとなっては判断できない。

ユンチェムン（尹在文）が、もし生きていたとしたら、日本人になることができたのであろうか。それを知ることができる体験談がある。

（財）石川県教育文化財団が上梓した『自分史・戦争と私』は、石川県在住の戦争経験者の体験談をまとめたもので、記載されている一七二人の中で、唯一人、朝鮮人として本名で登場しているのがペタンウォン（裵日元）である。彼は戦争を生き延びた在日朝鮮人として、戦後、次のように生きた。

彼は五歳のときに朝鮮から日本に移住し、一九四二年に徴兵され、すぐにトラック諸島に送られた。最下層の二等兵であった。この島で四年間戦い、敗戦を迎えた。敗戦の少し前、アメリカ軍の爆撃が続き、陣地の構築ができなくなると、軍属として働かされていた多くの朝鮮人が「喰いつぶしや」と日本人将兵にののしられた。敗戦を知ると朝鮮人軍属たちは「虐待した者を出せ、暴行した者を引き出せ、と暴れ狂い、暴れに暴れた」。

この暴動は上陸してきたアメリカ軍によって鎮圧されたが、朝鮮人軍属は特別待遇を受け、真っ先に本国に帰還した。「同じ同胞でありながら私は兵隊であったために仲間に入れてもらえなかった」。その後、捕虜生活を送り、一九四六年一一月、日本への引き揚げ船が来た。アメリカ軍の捕虜として働かされていた期間の賃金が支給された。「日本兵は外地にいると一年を四年と計算されたが、朝鮮籍の私は四倍にしてもらえなかった。日本のために、日本兵として命を捨てる覚悟をしていたのに」。

日本に着くと、復員局の役人から、家族は朝鮮に引き揚げているからもういない、このまま朝鮮に帰るように何度も勧められた。迷いに迷って、石川県に行ってみて家族がいなかったら朝鮮に帰ろうと思った。辰口町（現、能美市）に帰ると、家族全員が元気で暮らしていた。「トラック諸島から生きて帰って、五〇年、恩給も手当てもなく苦労してきた」[29]。

戦時中、朝鮮人軍属がいかに虐げられていたか、一九四六年時点の日本の政策が、在日朝鮮人を追い出そうと（本国に帰そうと）するものであったことがよく判る証言であろう。

敗戦時、日本には約二〇〇〇万人の朝鮮人がいたといわれている。朝鮮の人口の一割に届こうとするこの数は、植民地支配によるもので、支配がなかったら存在しない数であった。朝鮮が解放されると、これらの人々は帰国したが、財産の持ち出しに厳しい制限がかけられていたために、朝鮮に生活基盤のない人は帰ることができず、約六五万人が日本にとどまり、在日朝鮮人となった。

ＧＨＱは在日朝鮮人、在日台湾人を「解放民族」としながらも、一方で「敵国人」としても扱おうとし、日本政府も、「戸籍法の適用を受けない者は、当分の間、参政権を停止する」として、徴兵という血の代償として朝鮮人が得た国政参政権は一度も行使されないまま権利を停止した（いまだに停止されたままになっている）。

日本国憲法が施行される前日の一九四七年五月二日、天皇の最後の「勅令」として「外国人登録令」が施行された。これにより、旧植民地出身者は「当分の間、外国人とみなす」とされ、強制退去の対象とされた。

日本人になるよう強要され、天皇のために死ぬよう求められた旧植民地出身者は、天皇の名において簡単に切り捨てられた。ユンチェムン（尹在文）が生きていたとしても、日本人にはなれなかったのである。

日本人になるように強要しておいて、戦争に負けた途端、日本人にはしないというのは前言を翻したことになる。これは信義の問題だから、日本人の側からのきちんとした謝罪が必要となる。ただし、旧植民地出身者にすれば、日本人になる必要などなかったし、なりたくもなかっただろう。問題は、旧植民地出身者は植民地支配の被害者であるのに、被害者としての立場が認められず、加害者である日本人が居直ることによって、人権や民族性を回復する機会を奪われ、日本社会において、再び差別の対象になったことにある。

ヨーロッパ諸国は植民地を放棄する際には、旧植民地の人々の国籍の選択権を認め、さらに二重国籍を認めた。日本は有無をいわさぬ形で国籍を剥奪し、切り捨てた。これは、日本が戦争責任と植民地支配責任から逃げたことを意味し、当事者の意思を無視した一方的な国籍剥奪は、日本国内においては、旧植民地出身者に対する植民地支配を継続するとの宣言でもあった。このときより、日本在住の旧植民地出身者は日本国籍がないことを理由に、戦後補償や社会保障から排除されることになった。

旧植民地出身者とその子孫らによる粘り強い闘いにより、近年、社会保障が受けられるようになるなど、差別はなくなりつつあるが、居住する根拠が「永住権」ではなく「永住資格」であるために、国籍による差別（戦後補償は受けられず、公務員になれず、参政権がない）は、いまだに継続している。

註

（1）体当りによって沈んだ空母と名のつくものは、護衛空母のセント・ロー一隻であった。これは正式空母ではなく、商船を改造した小型の空母で、甲板も貧弱だった。こんな船でも、体当り機が直接沈めたわけではなく、特攻機の火が自艦の弾薬に引火し、燃料にも引火したために沈没した。フィリピン戦で、最初に特攻作戦が実施されたときの目標が「レイテ湾に連合艦隊が突入するまでの一週間ほど、アメリカの空母の甲板を使えなくする」ためと大西司令官が説明したといわれており、「空母の甲板を使えなくする」のが、軍上層部が認識していた実質的効果ということになる。

（2）小沢郁郎『つらい真実――虚構の特攻隊神話』一九八三年・同成社・一一〇、一一一頁

（3）山口宗之『陸軍と海軍』二〇〇〇年・清文堂出版・二一〇、二一一頁

（4）P・W・シンガー、小林由香利訳『子ども兵の戦争』二〇〇六年・日本放送出版協会・一一八頁。同書によると、少年兵が問題にされるのは、本来なら周囲の大人から愛され、守られるはずの子どもが、現在（二〇〇六年）、世界には三〇万も兵士になっており、さらに過去一〇年間で二〇〇万人を超える子どもが戦闘で命を落としている現実があるからだという。少年兵を募ることや実際に使うことは、どちらも人権に関する国際基準に反するとされ、戦争や武力紛争に少年兵が使われていることに対し、社会的関心を引き起こすために毎年二月一二日に「レッド・ハンド・デー」が開かれている。

（5）新井謹之助「特攻歌流るる果てに――銃後の現場――あの日々の精神世界」『別冊1億人の昭和史・日本の戦史別巻四・特別攻撃隊』一九七九年・毎日新聞社・一九九頁

（6）同前・一九九頁

(7) 裵姈美、野木香里「特攻隊員とされた朝鮮人」『季刊戦争責任研究』五六・二〇〇七年夏季号・日本の戦争責任資料センター・六八頁
(8) 桐原久『特攻に散った朝鮮人』一九八八年・講談社・一六四頁
(9) 同前・一六四頁
(10) 飯尾憲士『開聞岳』一九八五年・集英社・二一二頁
(11) 桐原前掲『特攻に散った朝鮮人』八七頁
(12) 飯尾前掲『開聞岳』二四〇頁
(13) 同前・二一三頁
(14) 渡辺徹編集『陸軍特別攻撃隊』『モデルアート』七月号臨時増刊四五一・一九九五年・モデルアート社・一五七頁
(15) 裵・野木前掲「朝鮮人特攻隊員に関する一考察」二六九頁
(16) 桐原前掲『特攻に散った朝鮮人』一六九〜一七一頁
(17) 同前・一六八、一六九頁
(18) 裵・野木前掲「朝鮮人特攻隊意に関する一考察」二七〇頁
(19) 土門周平他『本土決戦』二〇〇一年・光人社・一七、一八頁
(20) 古野直也『朝鮮軍司令部』一九九〇年・国書刊行会・二五七頁
(21) 朝鮮人全体の階級構成を見てみると、「厚生省資料によると、陸軍中将二名、少将一名、大佐二名、佐官級二五名となっており、これに尉官、見習士官二〇〇名を加えると総員二三〇名の人々が在籍して

いた。見習士官の場合は、学徒兵出身という場合もあり、一律にはいえないが、このうち幾人かは陸軍士官学校の出身であったと思われる。しかし、兵士は一八万六九八〇名であると前記厚生省の統計にあるので、これに比較すると、将校になった人はきわめて少なかったといえるであろう」（樋口雄一『皇軍兵士にされた朝鮮人』一九九二年・社会評論社・八五頁

（22）水野直樹『創氏改名』二〇〇八年・岩波書店・五二頁

（23）同前・一九三、一九四頁

（24）同前・二九頁

（25）同前・一九六頁

（26）一八八七年に私立鉄道学校として東京で発足。一九〇三年に岩倉具視の遺徳をしのんで岩倉鉄道学校と改称した。

（27）一九三二年、傀儡国家「満州国」をつくった日本は、ソ連への防備と農村の小作農対策から、「満州」に行けば土地がもらえて地主になれると宣伝し、寄生地主制（主として不在地主）が抱える矛盾を外へ転化しようとした。一九三八年より、一〇代の男子約八万人を送り込んだ。これが中国農民の土地を奪うことになったために衝突が起きた。また多くが栄養失調や肺病で死亡した。敗戦後も見捨てられように残され、一部はシベリアに抑留されるなどした。開拓民も含めた満州移民は約三二万人といわれ、うち八万人が死亡したとされている。

（28）呉林俊『記録なき囚人——皇軍に志願した朝鮮人の戦い』一九九五年・社会思想社・五五～二一八頁からの抜粋

(29)（財）石川県教育文化財団発行『自分史・戦争と私』一九九五年・二二七、二二八頁

第六章・特攻と死者の序列化

特攻による死は、「特別攻撃隊」という名称のせいか、あるいは爆弾とともに体当りをした激烈性や、絶望的な状況の中での悲劇性が強調されるためか、一般的な戦死とは違う「特別な死」であるとのイメージを持たれる場合が多い。それゆえに、各地に特攻隊の顕彰施設がつくられ、知覧の町が「特攻のテーマパーク」となり、観光バスが連なるのだと思われる。

このような特別視によって、特攻戦死者は一般の戦死者から分けられ、「英霊中の英霊」として別格の扱いを受け、慰霊（死者の霊を慰める）よりも、顕彰（死者を讃え、後世に伝える）に力点が移ることになる。ここでは、特攻が特別視される理由と背景について考えてみたい。

1・特攻の特別視

「特別攻撃隊」の名称が広く一般に認知されたのは、一九四一年の真珠湾攻撃のときであった。日本軍はハワイの真珠湾に停泊していたアメリカの艦船を一方的に攻撃した。静止した目標に対する攻撃だったので、アメリカ側には多大な損害が出たが、日本軍の損害は飛行機二九機と特殊潜航艇（小型の潜水艇）五隻にすぎなかった。この特殊潜航艇の乗員を「特別攻撃隊」と呼んだ大本営は、九人の乗員の死を賞賛し、「軍神」と崇めた（二人乗りの五隻だったが、一人は捕虜になったため歴史から消され「九軍神」と発表された）。このときは乗員の回収のための潜水艦が待機していたので、この攻撃は「必死」（必ず死ぬこと）を前提とした作戦ではなかった。

一九四四年、南太平洋で敗退を続けた日本軍は、フィリピンで飛行機に爆弾を吊るした体当り攻撃を開始した。これは乗員の回収を一切考えない「必死」の作戦であった。三年前とは質的に異なるこの体当り作戦を開始するにあたり、軍中央は公表第一号を「神風《しんぷう》特別攻撃隊[1]」と名付けたことから、以降の体当り部隊は、三年前と同じように「特別攻撃隊」、略して「特攻隊」と呼ばれた。

次の年の沖縄戦では、体当りが主要な作戦となり、大規模な部隊が編成され、全国から隊員が集められた。この時点で特攻は「特別」なものではなく「通常」の作戦として行われたのだが、特攻兵に「必死」の任務を納得させるために、また国民を本土決戦に立ち上がらせるために、軍はあくまでも「特別」なものであるとした。軍は特攻の戦果を誇大に発表し、有効な作戦であると宣伝に努め、三年前と同様に、特攻戦死者には死後に二階級（以上）特進させるという「特別な見返り」も与えた。

戦争に敗れた日本はアメリカに占領されたが、一九五一年にサンフランシスコ条約が調印され、独立が認められた。すると、直ぐに特攻戦死者を讃え始めたのが、他ならぬ体当り攻撃をさせた旧軍部のトップや指揮官たちであった。彼らは、「何が行われ、どれだけの将兵が死んだのか」など、特攻の実態解明を故意に怠り、自分たちの戦争指導の失敗から、非人道的な作戦を強要し、多くの若者を死なせたという事実を隠蔽して、特攻戦死者の慰霊をはじめた。同時に「今日の日本の繁栄は、特攻隊員の死があったからもたらされたもので、彼らに感謝しなければならない」とした。

特攻戦死者に感謝することは、特攻を命じた者にも感謝することにつながり、指揮官の責任を追及する遺族の声は片隅に追いやられた。さらに、感謝を要求する人々は、遺族の喪失感につけこみ、戦死は「国のための尊い犠牲」であり、中でも特攻隊員の死は崇高なもので、特別の意義があるからと、別格に扱いはじめた。

例えば、特攻戦死者のすべてを網羅したとされる（財）偕行社内特攻隊慰霊顕彰会の『特別攻撃隊』（一九九〇年刊）は、その序文で、特攻戦死者と靖国神社に合祀されている「二百余万の諸英霊」は、同じ「護国の神」であるが、「特別攻撃隊の隊員たる者は、志願によったとしても、それが初めから死を前提とし、命令によって実行されたものであり、これこそは東西の戦史に例を全く見ないもので、靖国諸英霊の中でも際だった存在であることが『特別攻撃隊』を編纂した所以であります」と書いている。志願についての部分は意味不明な文面になっているが、注目すべき点は、戦死者は同じ

「神」であるとしながらも、「中でも際だった存在」として特攻戦死者を特別扱いし、結果として、戦死者の中に差別の関係を持ち込んでいることにある。

「際だった存在」とする特攻の特別視は、戦争の肯定・賛美と不可分的に結びついていたが、さらに注目しなければならないのは、戦争を批判する側にも特攻を特別なものと考え、特攻だけは評価しなければならないという言説が存在することである。

2・死者の序列化

一九四五年の末にフィリピン（レイテ島）の捕虜収容所から戻った作家の大岡昇平は、捕虜体験を『俘虜記』として発表した。彼はここで、軍隊がどんなに醜くて、どんなにひどく兵士を死に駆り立てたかを描いた。その後の『レイテ戦記』でも戦争批判は繰り広げられた。

報道班員として鹿児島県の鹿屋基地にいた作家の川端康成が、特攻隊員と寝食をともにしながら、戦後、特攻のこと、鹿屋基地のことについて多くを語らなかったのに比べると、(2) 大岡昇平が自らの体験に基づき、戦場で起きた事実を文学的に記録した営為は高く評価されており、それに異論はない。ただし、特攻作戦についての記述には納得できないものがある。

彼は『レイテ戦記』において、口では必勝を叫びながら、軍高官の誰一人として勝利を信じておら

ず、それなのに、戦略の仮面をかぶったメンツだけで、若者に無益な死を強いたところに特攻の最も醜悪な点があるとしつつ、

しかしこれらの障害にも拘らず、出撃数フィリピンで四〇〇以上、沖縄一九〇〇以上の中で、命中フィリピンで一一一、沖縄で一三三、ほかにほぼ同数の至近突入があったことは、われわれの誇りでなければならない。想像を絶する精神的苦痛と動揺を乗り越えて目標に達した人間が、われわれの中にいたのである。これは当時の指導者の愚劣と腐敗とはなんの関係もないことである。今日では全く消滅してしまった強い意志が、あの荒廃の中から生まれる余地があったことが、われわれの希望でなければならない。

（大岡昇平『レイテ戦記』一九七二年・第八版・中央公論社・一五八、一五九頁）

と書いている。まず、体当りの成功率（命中率）が問題にされているので、どうしてもこれに触れざるを得ない。しかし当該数値は、検討の対象にしても意味のないことは第二章で述べたので繰り返さないが、あえていえば、大岡昇平が書いている数字をもとに命中率を計算すると約一〇%となる。目標に達した一〇%を「われわれの誇りでなければならない」とするのなら、残りの九〇%はどうなるのだろう。論理展開からは、「誇りにならない」からと切り捨てることにならざるを得ないが、一〇%を評価し、九〇%を顧みないのは、九〇%もの失敗者を出す特攻作戦自体の問題性を隠蔽することになる。

大岡昇平もまた、「劣勢の場合は、敵軍との単純な消耗戦を避け、自軍の兵数を保持する作戦をとるべきである」(3)とする軍事法則を無視しつづけた軍上層部と同じ過ちを犯しているのだが、問題は、ここでも特攻作戦が戦争というメカニズムから切り離されて、個人的な営為に還元されて捉えられていることにある。

大岡昇平は特攻隊員の強い精神性（想像を絶する精神的苦痛と動揺を乗り越えて目標に達した強い意思）を評価し、特別な意義を与えているが、個々人の意思の強さや純粋さを強調することは、特攻を「させた者」の責任に蓋をすることになる。しかし、大岡昇平は、「指導者の愚劣と腐敗」は判りきったことだとし、それを超える崇高な精神性が特攻隊員の犠牲とその成果の中にあり、強い意思を持った特攻隊員の精神性は別格だといっている。

彼と同じように、特攻戦死者が持っていた精神性は別格だとして特別視する人は多い。特攻による死は偶然ではなく、定められた死であり、それを自覚し、死を納得するに至る「想像を絶する精神的な苦痛と動揺を乗り越えた強い意思」は他には見られないものだと、死を恐れず立ち向かう個々人の精神的な強靭性が高く評価されて、誰のため、何のためであれ、私心を捨て、その身も捨てた姿はこの上もなく美しいものであり、他には見られない特別な行為だという結論に至る。

仮にそうだとしても、これは特攻兵にしかいえないことなのだろうか。一九四五年八月、参戦したソ連軍の侵攻を止めるために、「満州」の関東軍は「箱爆雷」と呼ばれる爆弾を抱えて、ソ連軍の戦車に飛び込む作戦を実施した。命じられた兵士は、道路沿いに深さ一メートルほどのタコツボといわれる穴を掘り、その中に身を沈め、ヒモを握りしめながら戦車が来るのを待った。戦車が来たら、穴を飛び出し、戦車の下に飛び込む。爆発まで一秒しかないから、飛び込むと同時にヒモを引かなければならなかった。「八月一一日には、大興安嶺要塞のふもとにいた分隊一〇人が爆雷攻撃に出て、九人が戦死。この前後から、東へ向かうソ連軍に対して、街道沿いで絶望的な攻撃が繰り返された」[4]という。ヒモを引けば一秒で爆発して死ぬのである。暗いタコツボの中で、たった一人で戦車が来るのを待つ兵士の心理状況は、「定められた死」を前にした特攻兵のものと違うのだろうか。

南の島で、「明朝、総攻撃を行う、全員玉砕せよ」と命じられた兵士が過ごす最後の夜の心境はどうだろうか。「定められた死」は何も特攻兵だけのものではないはずである。

偕行社版の『特別攻撃隊』のように、全体の戦死者に配慮を見せつつも、「しかし、特攻隊は特別」とする論法は、特攻を特別視することで戦死者の中に序列を持ち込んでおり、大岡昇平のような評価の仕方は、特攻に特別な意義を与える一方で、戦場にたどり着く前に輸送船とともに海底に沈んだ将兵や、ジャングルで餓死した将兵の死は「われわれの希望」にはならないといっているのと同じになる。

特攻を特別視することは、特攻戦死者を他に比べて一段高い位置へ持ち上げ、その死に特別な意義を与えることになる。それは当然の結果として、同じ戦争で死んだ他の死者を一段低く下げて見ることになる。

3・死は等しく「鴻毛」であった

開国から一五年目（一八八二年）にして、明治政府は統一軍としての体裁を整えつつ、軍隊の中に自由民権運動が入り込むのを防止するために「軍人勅諭」を公布した。これは天皇が軍人に与えた心得書というべきもので、軍隊を律する〝最高の規範〟とされた。

「軍人勅諭」（以下、「勅諭」という）は、日本軍は天皇の軍隊であり、天皇が指揮すると宣言することから始まり、「只々一途に己が本分の忠節を守り義は山岳より重く死は鴻毛よりも軽しと覚悟せよ」と言明した。「義」とは天皇制の護持で、それは何よりも重く、兵士の「死」は何よりも軽いものとされた。死が軽いということは、生も軽いということで、天皇の軍隊においては、兵士の生命は「鴻毛」にたとえられ、物質の中で最も軽い、無いに等しいものとされた。

「死は戦いを勝利に導く一つのステップとして考えられた。『死ぬつもりで戦え』『死にもの狂いで戦え』『死を賭けて戦え』といったように死は決意や覚悟の象徴的表現として使われた。戦争は恐ろしい、異常であり、未知、不測である。そこでスプリング・ボードが必要とされ、スプリング・ボードとして死が使用された[5]」というように、この時点での「死」の乱発はまだ「覚悟の象徴的表現」であった。

天皇の軍隊は二度の内戦の他は、繰り返し他国に侵入し、領土の拡大を目指す侵略戦争を行った。

一九四一年、拡大し長期化する中国戦線において、日本軍兵士の士気は低下し、規律は乱れ、略奪や強姦、戦場からの離脱が続発するなど軍紀の退廃が顕著になったため、当時、陸軍大臣であった東条英機は「戦陣訓」を出さざるを得なくなった。

「戦陣訓」は「勅諭」の戦場版というべき性格を持つもので、当初の案では、逃亡、強姦、放火、略奪等々の不法を是正するための禁止事項を簡明に記述するものであった。しかし、これが戦場で敵に渡ったら不都合を生じると、抽象的な内容に変えられた。その結果、「死生を貫くものは崇高なる献身奉公の精神なり」「生きて虜囚の辱めを受けず、死して罪禍の汚名を残す勿れ」と命じることになった。この「戦陣訓」は、当初の目的である「戦場道徳として機能したことは一度もなかった。むしろ実際的な意味としては、これによって日本軍独特の死生観が最終的に確立(6)」することになった。

「勅諭」によって「鴻毛」とされた兵士の命は、「戦陣訓」で捕虜になることを禁じられたことによって、兵士は最後まで戦って死ぬか、自殺するしかなくなった。つまり、「死ぬつもりで戦え」という覚悟の象徴的表現であったものが、いつしか死の現実的表現に変化し、日本軍兵士のすべてが、この人間否定の死生観に縛られ、極限の戦いを強いられることになった。

日本軍将兵は、誰もが「生きるな（捕虜になるな）、死ね（死ぬまで戦え）」と命じられ、誰もが死ぬことを前提とし、等しく「鴻毛」として扱われた。その「鴻毛」は死んでこそ名誉とされ、名誉の証として「英霊」という称号が与えられ、靖国神社という場が与えられた。

だからといって全員が戦死したわけではなく、いろいろな条件によって明暗が分かれた。特攻兵の中にもエンジントラブルなどで帰還した者もかなりいた。

一方では多くの将兵が死んだ。精神主義をふりかざすだけの指揮官が命じる無理な作戦によって命を落とした兵士。地形や疲労を無視した強行軍によって死んだ兵士。武器もないまま玉砕を強いられた兵士のように戦場での多様な死があった。それだけでなく、護衛のない輸送船の船底に押し込められたまま海底に沈んだ兵士（約三六万人といわれている）がいた。藤原彰が『餓死した英霊』[7]で示すように、一九四一～四五年における日本軍の死者二三〇万の過半数が戦闘行為による死者ではなく、食糧補給を考えない軍事計画による餓死者であり、「靖国の英霊」の実態は、華々しい戦闘の中での「名誉の戦死」ではなく、飢餓地獄の中での野垂れ死にだったのであり、それが一局面だけでなく戦場の全体にわたって発生したものであった。その意味では、「多くの将兵が死んだ」というより、「多くの将兵が殺された」と表現すべきであった。

先の戦争で殺された将兵は、所属、場所、時期、軍事状況や国際関係によって死の様相は多様で、どれ一つとっても同じものがないことはいうまでもなかった。だが、日本軍兵士としての死は、「勅諭」と「戦陣訓」に基づく公的死生観に縛られた同一のものであった。「生還を期さない戦い」は特攻兵だけのものではなく、将兵全員が等しく保有させられていた思念的な〝前提〟であり、その結果の「死」には上下優劣はなく、特別なものもなく、どれもが「鴻毛」として等しく同じであった。

4・安上がりな作戦

日本に軍事的な勝利の可能性がなくなった段階において、新たな戦術として用いられたのが玉砕と特攻作戦であった。この二つは、ともに「勅諭」と「戦陣訓」が示す必然的な帰結といえるもので、将兵を使い捨てにすることを意味した。

将兵を使い捨てにすることに対して、国民がこぞって反対すれば実施できなかったわけだが、事実として支障なく実行された。その背景には、国民が軍事に関する正確な全体的情報から疎外され、世界情勢から隔離され、なおかつ、厳しい言論統制によって「物言わぬ」国民になっていたからであった。さらに重要なことは、その国民の命が極めて安かったことも要因として考えられることである。

当初は農村の窮乏を利用し、農家の次男、三男の口減らしの先としての軍隊があり、余剰労働力だから高い賃金を払う必要もなく兵士を確保できた。戦争の長期化により兵士が不足してくると法により大量に召集を行った。徴兵を命じる葉書が「一銭五厘」であったことから、「兵隊は一銭五厘でいくらでも補充ができる」とされた。さらに不足すると植民地にまで手を伸ばした。

その兵士が戦死した場合、遺族に扶助料等が支払われたが、それだけでは不足の場合がほとんどで、遺族は「国から金が貰えるので働かないで暮らしていける」という周囲の羨望と嫉妬の中で、働かなければ生活できなかったという。

さらに、戦死は「災い」ではなく「名誉」とされたことから、国は遺族の逸失利益や慰謝料まで補償する必要はなかった。その代わりに、「英霊として靖国神社に祀られることは最高の栄誉」とすることで遺族を納得させ、兵士の命の値段の安さが問題化するのを防いだ。

もし、兵士の命の値段が相応のものであったとしたら、兵士の扱いや作戦内容も違ったものになっていたのではないかと考えるのは、甘いだろうか。


玉砕戦法は、アメリカ軍に出血を強いて、和平を有利にするためにとの名目はあったが、食料や弾薬、援軍を輸送するには費用がかかることから（物品の費用だけでなく、輸送船に護衛艦をつけるとしたら、さらに経費がかさみ、それでも安全に運べる保証はなく、犠牲も出た）、安く上げるために、守備する部隊全体を見捨てたもので、それは実質的な棄兵であった。これをごまかすために「全滅」とはいわずに、「玉砕」と言い換えた。全滅なら指揮官の責任が問われたが、玉砕は偉業となった。

特攻作戦も、アメリカの新鋭戦闘機の出現によって、日本軍最高の戦闘機（零戦）が太刀打ちできなくなり、使い物にならなくなったために爆弾をつるして体当りをさせたという側面もあった(8)。やがて特攻を続けることが自己目的化してくると、本土決戦のために使える飛行機は温存され、特攻には老朽機が持ち出された。それに乗る操縦者の多くは速成教育しか受けていないアマチュアであった。フィリピン戦の後半と沖縄戦全期を通じての特攻作戦は、不用となりかかった飛行機に、訓練に時間と金をかけない未熟な操縦者を主力として乗せたという意味で、経済的に安上がりな方法であった。

つまり、玉砕と特攻は圧倒的な力を有する相手に対する「貧者の選択」といえるものであった。

「貧者」とは、富める者の対義語であり、「貧者の選択」とは、圧倒的な経済力と軍事力を有する相手に対して、武器も資金もない組織、もしくは個人が戦いを挑む場合の方法をいう。現代におけるイスラム社会の自爆攻撃もこれに該当するであろう。現代の自爆攻撃は、国家間の戦争において行われた特攻とは異なるが、肉体を武器にし、命を犠牲にするという発想は同じである。

イスラム社会では、神から授かった命を自ら絶つ自爆は、本来はタブーであり、正当化されるためには要件が二つ必要とされた。まず、単なる自殺ではないという宗教指導者の「宗教見解」が存在すること、次いで敵と戦うための最後の手段として用いることで、結果、自爆することが最高の殉教になるという(9)。

自爆攻撃自体は古くから世界的に存在し、様々な弾圧を行う者への攻撃として行われた。それらの多くは、個人が追い詰められた末の最後の選択として行われたとされている。これに対して近年のものは、パターン化した戦術として行われる傾向があり、戦術である以上、組織を背景にし、「させる者」と「する者」がいることになる。

5・物語のはじまり

戦場で死のうが、海に沈もうが、特攻で体当りしようが、ジャングルで餓死しようが、すべての戦死者は、国家によって与えられた同じ公的死生観に縛られ、軍隊という制度的強制力に縛られた中で死に至った（殺された）同じ犠牲者であった。だから、戦争で死んだ将兵の、死の意義は、皆、同じであった。

にもかかわらず、特攻戦死者が、「中でも際立った存在」であり、「英霊中の英霊」として特別視され、いまもなお別格の扱いを受けているのは、そこに、過去と現在を通底する政治的な意図があるからだと考えることができる。

玉砕と特攻の形態は違っていたが、両者とも大本営によって、その成果が大々的に報道されたのは共通していた。大本営が戦局の悪化を隠していたのは周知のことで、敗北を認めず、退却は「転進」と言い換えていた。[10] だが、全滅は「玉砕」として事実を発表した。正直に発表した理由は、負けたことを国民に知らせるためではなく、最後まで日本人らしく戦ったということを賞賛し、国民もこれを見習って戦うようにというメッセージであった。

フィリピンで特攻作戦が開始されると、新聞は大々的にこれを伝えた。「科学と物量とを唯一の恃みとする敵に対して、科学を超越した必死必中のわが戦法はわが尊厳なる国体に出づる崇高なる戦ひの妙義であらう」（朝日新聞・一九四四年一〇月二九日付）。「日本固有の精神を具現化した特攻」「圧倒的な物量を有する米を打ち破る希望を大いに高めた作戦」（毎日新聞・一九四四年一一月一二日付）と、物量では劣っても、日本人の精神力を発揮すれば必ず勝てると新聞は書いた。

やがて精神力だけではどうにもならないことがはっきりしてくると、「特攻隊員たちが最後の煙草を喫う姿、仲間どうしで歌を歌う姿、出撃前に憩う姿。そして飛び立つ特攻機を見送る整備員や指揮官、将校、同僚の特攻隊員たちの姿が必ずといっていいほど写真となって掲載されている。新聞もまた戦争そのものの現実というより、まるで一篇の悲劇の舞台でもあるかのような構成で紙面づくりを進め」、当時の国民はこの記事を読むことによって、「〈戦争が軍事でも政治でもなく、美学にも似たカタルシス〉と受け止めていった」[11]。このころから特攻は、戦争のメカニズムから切り離され、「祖国を守ろうとする若き英雄」を讃える「物語」として語られるようになった。

特攻の物語を展開したのは新聞や雑誌だけでなく、政府もまた特攻を特別に讃えた。一九四五年五月から七月まで「特攻隊顕彰ならびに遺族援護強化運動」を全国的に展開させ、特攻戦死者の出身地の市町村に「特攻隊精神顕彰会」を設立させようとした。これは第二章で述べたように、最終的な国民総動員としての「国民義勇隊」を国民に受け入れさせ、「本土決戦」に向けて、国民を「一億特攻」「一億玉砕」に導くためのもので、為政者は明確な政治的意図を持って特攻隊を賞賛した。特攻は軍事作戦上は「特別なもの」ではなかったのに、政治的に「特別なもの」にされたのであった。

「私心を捨てることで、生死を超越した」などと、数多くの美辞麗句で彩られた特攻の物語は、天皇に対する忠誠、国家に対する奉仕、家族に対する愛情を示す手本として語られ、それは「日本精神」の具現とされ、すべての国民は特攻隊員と同じように、純真な心で、喜んで天皇と国家に殉ずるよう求められた。

空爆や物資の欠乏に耐えていた国民の中には、不自由な生活への不満と絶望的な戦局から目をそらしてくれる特攻隊の華々しい物語を、鬱屈からの自浄作用として歓迎した者もいたという。

6・物語の終焉と復活

一九四五年八月一四日、天皇の裁定（聖断）でポツダム宣言の無条件受諾が決められ、翌日、玉音放送で降伏が国民に知らされた。これを聞いて宇垣纏（海軍第五航空艦隊司令官）は、爆撃機九機（一八人）とともに沖縄に向けて飛び立ち、帰還しなかった。これには、特攻兵を送り出した責任を取って自殺したという評価と、戦争は終わっているのに部下を道連れにする必要はなく、身勝手な殺人行為との評価がある。

「特攻の創始者」の役目を引き受けた大西瀧治郎（一九四五年五月に海軍軍令部次長として内地に戻っていた）は、和平に反対し、国民二千万人を特攻に出して徹底抗戦するよう主張した。二千万人とは植民地を含めた青年男子の総数であった。しかし、海軍大臣の米内光政に説得され、その主張を断念、八月一六日に自殺した。

この大西瀧治郎の死についても、戦争継続のクーデター計画が失敗に終わったために覚悟して死んだという説と、非道な特攻作戦で多くの若者を死に追いやった責任をとったという説がある。

福間良明は『殉国と反逆』において、大西瀧治郎の自殺は、兵士には死を求めながら、戦争遂行に自らの死を賭さない天皇や政府・軍上層部への不信とともに「天皇に裏切られた特攻隊員たちの死をどう考えたらよいのかという恨み」と、「無条件降伏するのであれば特攻隊員を死なせる前にすればよかったはずだ」という批判を含んでいたと解釈できるという。もちろん、これは大西瀧治郎自身の言葉ではなく、彼の自殺から読み取れることであり、天皇への忠誠を土台にしながら、天皇に裏切られることによって「忠誠から反逆へ転移」があったのではないかとする説明である。さらに、天皇が「聖断」によって降伏を決めたことは、天皇のために死んだ兵士たちの「忠誠」を無にするものであり、無にしてしまった天皇は、死んだ兵士に対して責任を取るべきだという要求は、天皇信仰の延長線上に位置するものではあるが、天皇批判に行き着くものと指摘している[12]。

戦争の終結によって、出撃を待っていた特攻兵や訓練生に対する大衆の見方は一変した。これまで「英雄」と特別視していた反動から、基地周辺の住民は彼らに対して罵声を浴びせ、石まで投げつけたという話を、森岡清美は『若き特攻隊員と太平洋戦争』において紹介しながら、類似した出来事が各地で見られたとする。

特攻基地がアメリカ軍機の爆撃目標となり、付近の住民が巻き添えになることが多かったにせよ、「この事件は異常である。敗戦の責任、戦争の責任を問うのはよいが、問責の相手をまったく取り違えているからである。しかし、これをもって民衆の愚かさを示す実例と一概に断じてはならないだろう。正確な全般的情報から疎外されたまま年月をへると、こういう事態も起こりうるのである[13]」とする。ここにおいて「特攻の物語」は一応の終焉を迎えた。

一九四八年一二月、岸信介（東条内閣の大臣で副首相格。開戦の詔書の署名者。後の首相）、安倍源基（思想弾圧をした警察官僚）、児玉誉士夫、笹川良一（右翼指導者）ら一九人をマッカーサーは釈放した。このとき釈放された人々によって以後の政治の反動化とアメリカへの従属体制が強化され、一九五〇年に始まった朝鮮戦争を契機に戦後日本の民主化にブレーキがかけられ、いわゆる「逆コース」が始まった。戦争責任者が社会のリーダーとして復活し、A級戦犯として無期懲役に服していた者たちが釈放されることによって、戦争責任の追及には蓋がかぶせられ、国民もよりよい生活を追及することに目を向け、それを忘却した。

一九六四年、自由民主党は靖国神社の国営化をめざす委員会を設置し、一九六九年から国営化法案を五度、国会に提出した。結果的に、この法案は成立することはなかったが、この頃より、戦死者を国家が顕彰しようという動きが強まった。だが、特攻の再評価はこれよりも早く、一九五二年、東京都文京区の護国寺に「特攻平和観音」が建立されたことにはじまる。

及川古志郎（軍令部総長、海軍大臣）、高橋三吉（連合艦隊司令長官）、河辺正三（陸軍大将、第一航空軍司令官として本土決戦の特攻作戦の最高指揮官）、寺岡謹平（海軍中将、海軍第三航空艦隊司令官、海軍特攻作戦の指揮官）、菅原道大（陸軍中将、第六航空軍司令官として沖縄特攻作戦を指揮）らが発起人となった観音像建立だが、この中で高橋三吉だけは特攻作戦に直接の関わりがなかった。しかし、その他の者は特攻作戦の指揮者であり、責任を取らなければならない人物であった。「君たちだけを死なせない。後に続くから」と特攻兵を送り出した軍指導者たちが、後に続くことなく、特攻の賛美を再開することによって、「させた」側の責任は封印され、特攻の栄光の物語が復活した。

特攻は強制されたものではなく、「自ら志願」して行われたもので、「尊い行為」だったとする物語は、天皇から、国家から、そして国民からも、特攻戦死は「無駄死」という烙印を押されたことで、打ちひしがれていた特攻戦死者遺族に救いの手をさしのべ、同時に、指導者も救われるという構図をつくり出した。

一九五六年、この観音像は東京都世田谷区の観音寺に移され、「特攻平和観音奉賛会」がつくられた。その目的は「特攻隊の崇高な精神を世に広め、後世に伝えて、祖国安泰、民族繁栄の基底となすこと[14]」であった。この「奉賛会」は「特攻隊慰霊顕彰会」になり、靖国神社で慰霊祭を行うようになった。

一九九二年に「顕彰会」は「特攻隊戦没者慰霊平和祈念協会」となり、厚生省から財団設立認可が下りた。一九九七年、この財団が主催する「第十八回特攻隊合同慰霊祭」において、会長の瀬島龍三[15]は、祭文を読み上げ、「特攻は世界に例を見ないもので、わが日本民族の誇りであります」と述べたという。生出寿《おいでひさし》は『一筆啓上瀬島中佐殿』の中で、「体当り特攻作戦を承認し、推進して、六千九百五十二人もの若者を殺した最高作戦指導部に席を置き、それも戦い敗れて生き残った者が口にすべき言葉かと、私はがっかりした」[16]と書いている。

瀬島龍三が朝鮮人特攻戦死者の存在を知っていたのかどうかは判らないが、他者である朝鮮人が、特攻戦死したという事実は、「日本独自性の神話」が成り立たないことを示している。しかし、特攻の物語に日本人の勇気を見出し、それと日本民族の優秀性とを結び付けようとする人々は、いまなお日本人の「独自性」を主張している。

7・再生産される物語

朝鮮半島を除いた冷戦構造の崩壊と世界的な民主化によって、一九九〇年代になると、グローバルな規模で植民地主義や戦時暴力に対する責任の問題が浮上した。特に日本は、朝鮮人、中国人の強制連行・強制労働問題や占領地での虐殺、日本軍「慰安婦」（軍隊性奴隷）などで告発を受けることになり、さらには在日コリアンに対する戦後責任問題が改めて問われることになった。

こうした内外から加害責任の追及に対する反動として生まれたのが歴史修正主義で、加害を問題にすることは「自虐」だと非難し、被害者意識を強調することでナショナリズムを煽った。歴史修正主義は、「公」に献身する精神を強調し、小さな「私」を捨て、大きな「公」に生きることにこそ価値があるとした。だから、公に殉じた特攻の物語は高く評価され、現代の若者に対して、かつて特攻で死んだ若者のように、自らすすんで国を思う気持ちを持つよう求めた。

二〇〇一年、首相となった小泉純一郎は、アメリカとともに戦争することによって、国家としての自信を回復させようと、イラクへ自衛隊を派遣した。戦争に参加すれば戦死者が出る可能性が生まれる。アメリカ軍とともに軍事行動をして死者を出した場合、その死はどのように意味づけされるのか。イラクで死んでも、日本の自衛のために死んだとすることができないことは明らかで、それは、どう考えてもアメリカの世界戦略の一部として使われて死んだことになってしまう。それを隠すために必要になったのが靖国神社で、自衛隊員がどのような形で死んだにしろ、靖国神社に合祀すれば、これまで死んだ兵士と同様、日本のために命を捧げた「英霊」にすることができた(17)。

ようするに、国が顕彰することなしには、国のために戦い、国のために死ぬ兵士は生まれず、海外派兵を遂行することはできないとの認識から、戦死者慰霊の問題は、今後の国家の安全保障の重要な課題の一つになったといえよう。

二〇〇一年八月一三日、小泉純一郎は、首相として靖国神社に公式参拝した。これは大問題となり、内外の批判にさらされ、いくつもの違憲訴訟が起こされた。彼は反対を押し切り、公式参拝を媒介に国家と死者の結合を意図したと思われるが、短期間で交代する首相の参拝のみでは舞台装置は不足していた。国家と靖国神社が結合したとの社会的認知を得るためには天皇の靖国参拝が不可欠で、天皇の慰霊によってこそ「結合」は認知を得る可能性が生まれることになる。

さらに重要なことは戦死を許容する社会をつくることで、それがなければ戦争を継続できない。こうした社会をつくろうとする制度的な改変が一九九九年に一気になされ[18]、「戦争をする国家」の基盤整備が行われた。歴史修正主義がこれに伴走し、思想的な補完を目指した。

こうした流れの中で、小泉純一郎による特攻の賛美が開始された。二〇〇一年二月、鹿児島県の知覧特攻平和会館を訪れた彼のことを、新聞は次のように伝える。

英霊のコーナーで足が止まった。手すりにもたれ頭を垂れた。五分ほど動こうとしなかった。涙がこぼれ落ちた。彼は知覧だけでなく、近くの加世田市万世にも足を延ばしていた。父、純也氏の出身地だった。父の胸像と対面した。万世にも特攻基地があった。この年の五月、彼は八月一五日の靖国神社参拝を表明し、自民党総裁選に出馬し、勝利した。首相となった彼は、五月の参議院予算委員会で、「(靖国参拝が) なぜ批判されるのか、理解に苦しむ。戦場に行った方々に素直な感謝と敬意を表したいとの気持ちで首相として参拝する。いやなことがあると特攻隊の気持ちになれと (自分に) 言い聞かせる」と語った (以上、二〇〇一年八月一〇日付・朝日新聞の記事の要約)。

続いて、二〇〇四年、知覧特攻平和会館の敷地内に、知覧特攻基地戦没者慰霊祭五十回祭を記念して「至純・内閣総理大臣小泉純一郎書」という揮毫碑が建立された。小泉純一郎は、特攻隊員の「国のために殉じた純真な気持ち」に対して、「純粋」に「感動」しただけだという。しかし、国家指導者が、特攻の軍事的な意味を抜きにして「純真」のみを強調するのは、この国の国民、特に若者に対して、「何も考えずに、純粋に、国に殉じる気持ちを持つように」といっているのと同じになる。彼は、特攻を特別視することで戦死者を選別し、序列を与え、彼にとっての最高の価値であるであろう「殉国」を引き出そうとしている。

純真であることが強調されることによって、迷いながら死地に赴く特攻兵の姿や、彼らの悲しみや怒りが消されてしまうように、純粋性の強調は「美学」として語られ、歴史的事実や物事の背景にあるものを「理屈」として排除してしまう。

美学は、戦争を語りながら、戦争の理不尽さ、救いようのなさ、痛み、恐怖などを「日常」として切捨て、極限状態において瞬間的に見える美しさのみに目を向ける。この極限状態の後が「死」で終われば「散華」になり、死なななかったら「挫折」として、以後の人生を無意味なものにしてしまう。美学は「死」で終わらなければ完結せず、美しい「死」にこそ価値があった。「日本の倫理の基調には美」があるから、「死にのぞんだ特攻隊員の眼のすんだ美しさ、その頬に散りかかる桜の花びら、あるいは、私を殺して公に殉ずるという行為そのもの美しさ」を支える「殉教の美学」によって、「散華」は再評価され、一般の死である「難死」とは区別されたと、小田実は『「難死」の思想』において分析している。

小田実がいう「難死」とは、「私にとって、死とは決して、特攻隊員の死のように、たとえば『散華』という名で呼ばれているような美しいものでも立派なものでもなかった。また、彼らの死のように『公状況』にとって有意義な死でもなかった。私が見たのは無意味な死だった。その『公状況』のために何の役にも立っていない、ただもう死にたくない死にたくないと逃げ回っているうちに黒焦げになってしまった、いわば、その虫ケラどもの死であった。この虫ケラどもは武器を持っていなかった。ということは、特攻隊員のように、戦場の勇士のように自らの死を『公状況』のために有意義なものとする手だてをもっていなかった(19)」とするように、先の戦争においては、「英霊」とされる将兵の死とは別に、さらに多くの非戦闘員の死があり、それを美学が覆い隠していることになる。

隠されたのは「日本人の死」だけでなく、二〇〇〇万人といわれる「アジア人の死」もまた、英霊顕彰のような形で記憶されることも、省みられることもない。

「国のせいで命を絶たれた」のに「国のために命を捧げた」ことにされた特攻戦死は、「特別な死」とされることで理想化され、現実の姿を覆い隠し、多くの幻想を生み出した。

激烈性からいうと、特攻よりも、生身に爆弾を抱えて戦車に体当りした兵士の方だろうし、悲惨さからいえば、自軍に見捨てられて餓死した兵士の方だろうが、このように考えることこそ戦死者の間に序列を持ち込み、差別を形成することになる。

日本軍兵士の死は、どれもが「公の大義名分（天皇のために、大東亜共栄圏の建設）」のもと、公的死生観に縛られた結果であり、死そのものは「国家の戦争の犠牲」であり、すべて等価であった。また、侵略に加担し、加担させられたという意味でも等価であった。

ところが、戦時中、軍と政府は、特攻兵に死を納得させるために、また、国民に本土決戦を決意させるために、特攻は「特別なもの」と喧伝した。敗戦によって、「公の大義名分」は無意味になり、それに殉じた死も等しく無意味になった。ところが、特攻を「させた者」が特攻賛美をはじめ、それがある程度成功すると、今度は、歴史修正主義が「殉国」の具体例として特攻を持ち出し、学ぶべき「自己犠牲」の物語として語りはじめた。そして、両者は声をそろえて、過去における国の過ちを美化することが、国を愛することだと主張した。

特攻の物語から、こうした美学や政治的な意図をそぎ落としたら何が残るのだろうか。「なぜ、これほどまでに人の命が軽んじられたのか」という単純な疑問と、「誰が命じ、結果はどうなったのか」という封印されてきた因果関係ぐらいではないだろうか。もちろん、これは、同等であるすべての戦死者についてもいえることで、特攻戦死を一つの例にして、この二つのことについて考えるならば、すべての戦死者に共通する「死の背景」を明らかにすることになるはずである。

註

（1）日本軍が「神風《しんぷう》特攻隊」と呼んだのに、「かみかぜ」となったのは、アメリカ軍が日本軍の暗号電文を解読した際に、「神風」の漢字を訓読みしたためで、世界的に特攻隊は「KAMIKAZE」と呼ばれるようになった。

（2）「鹿屋特攻基地には、著名な作家、故川端康成氏も、報道班員として従軍していた」「私も、彼とは何度となく、士官食堂で、食事をとりながら語り合った」「彼は、司令をはじめ、上層部の人たちと笑いながら語り合っている時の会話の内容と、われわれに語る内容とが、正反対であることを、誰も知っていた。彼は上手に、上下に対応したわけだろうが、彼が偉大な作家であっただけに、その狡猾な言動を、今でも快く私は感じていない。特攻隊の暴挙を、上層部には是認し、勝利を期待し、われわれ予備士官には、その非人道的暴挙を非難し、同情するがごとく彼は振舞っていた」「戦後、彼が、われわれ生き残りの要請にもかかわらず、鹿屋特攻基地に関して、何一つ筆にしなかったことは、誠に残念なことであった」（杉山幸照「悪夢の墓標、私は訴える死者の代弁者として」『別冊1億人の昭和史・日本の戦史別巻四・特別攻撃隊』一九七九年・毎日新聞社・一九一頁）。

なお、朝日新聞が連載した「新聞と戦争・表現者たち六」（二〇〇七年一〇月二三日付）によると、「海軍は大物作家を報道班員に選んだ。川端康成は山岡荘八と鹿児島県鹿屋基地に着いた。山岡が積極的に隊員の間を歩き回って語り合っているのとは対照的に川端は周りを見つめ、深く沈潜していた。川端は、敗戦の翌年、短編『生命の樹』を雑誌に発表した。基地近くの水交社（海軍将校らの親睦団体）に働く女性と特攻隊員の淡い交流を描いた作品であった。山岡は数年後に大ベストセラー『徳川家康』を書き始める」（要約）とある。

（3）「兵数の兵能に対する二乗の法則」（兵数の比を補うためには兵能をその比まで増やすだけでは済まず、兵能をその比の二乗まで増やす必要がある。すなわち、一対十の兵数の比を補うためには兵能を十倍にするだけでは済まず、百倍にしなければならない）から、①兵数は人間の感覚を超えて重要であり、兵能でそれを補うことは困難である。②だから攻撃する場合は、自分の兵数を集中し敵の兵数を分散させるべきである。③また劣勢の場合は、敵軍との単純な消耗戦を避け、自軍の兵数を保持する戦術をとるべきである。（半沢英一『雲の先の修羅』二〇〇九年・東信堂・一六四頁）

同じことを森本忠夫は「ランチェスターの戦力二乗の法則」として説明している。日米開戦時の海軍戦力（艦艇数とトン数）は、日本一に対して、アメリカは一・四四倍で、この法則によると戦力は二・〇七倍に開いていた。一九四四年にマリアナ沖海戦で破れたときは、日本一に対して、アメリカ三・五三倍で、法則ではそれは一二・四九倍に開いた。フィリピン戦では日本一に対して、アメリカ四・〇一倍。法則では一六・〇六倍と、戦略としての戦争が成り立たなくなっているのに、戦術的次元でしかものを考えることができなかった日本の戦争指導部にとって、打つべき手は、特攻作戦しかなくなっていた。（森本忠夫『特攻』一九九二年・文藝春秋社・四五〜五二頁）

（4）二〇〇八年六月二九日付・朝日新聞の「旧満州要塞地帯を歩く」の、ハイラル要塞の死守を命じられた佐内正二の証言。「箱爆雷」とは、一辺約三〇cmの木箱に七〇本のダイナマイトを詰め、信管に付いたヒモを引くと一秒後に爆発する構造であった。

（5）丸山静雄『典範令と日本の戦争』二〇〇二年・新日本出版社・六六頁。勅諭以外にも、軍隊教育令で「一令の下欣然として死地に就かし」、軍隊内務書で「弾丸雨注の間尚互く身命を君国に致し一意上官の指揮に従う」など、兵士に「死ね」「死ね」と教えていると丸山静雄は書いている。

（6）吉田裕、森茂樹『戦争の日本史・二三・アジア太平洋戦争』二〇〇七年・吉川弘文館・二四九頁

（7）藤原彰『餓死した英霊たち』二〇〇一年・青木書店・三、四頁

（8）山田朗『【もの】から見る日本史・戦争Ⅱ』二〇〇六年・青木書店・九一頁・工業生産力等を含めた広い意味での航空技術の限界から、零式艦上戦闘機（零戦）に代わる後続機を開発することができず、また、戦略空軍を構築することもなかった。こうした状況のなか、時代遅れとなった零式艦上戦闘機は、

主力戦闘機として終戦まで戦いつづけることを余儀なくされ、最後には、爆弾を装備し特攻作戦の主力として使用された。

（9）二〇〇四年三月二三日付・朝日新聞・「イラクと世界、開戦から一年・自爆テロ世界に拡散」より。

（10）「大本営発表」は開戦から終結まで八四六回あったが、（1）最初の六ヶ月は戦果・被害共極めて正確であった。（2）次の九ヶ月間は戦果が誇張され、（3）ガダルカナル撤退後の九ヶ月間は発表が減少し、（4）次の八ヶ月間は損害の頬かむりが目立ち、架空の勝利が誇示され、（5）マリマナ海戦以後は誇大の戦果と損害のひた隠し、ということになる。（南博社会心理研究所『昭和文化一九二五－一九四五』一九八七年・勁草書房・三八四頁）

（11）森岡清美『若き特攻隊員と太平洋戦争』一九九五年・吉川弘文館・二八四頁。

（12）福間良明『殉国と反逆』二〇〇七年・青弓社・一六七～一七二頁

（13）森岡前掲『若き特攻隊員と太平洋戦争』三〇六頁

（14）生出寿『一筆啓上瀬島中佐殿』一九九八年・徳間書店・四一頁

（15）瀬島龍三は、富山県に生まれ、一九三八年陸軍大学校を首席で卒業、参謀本部作戦課に登用。軍令部作戦課（航空）の源田実と組んでフィリピン作戦を調整、特攻が行われたが大敗。一九四五年、連合艦隊作戦参謀として、沖縄戦と本土決戦準備の調整、指導にあたり、特攻が主力となったが惨敗。一九四五年七月、関東軍の対ソ作戦主任参謀に任命され、関東軍司令部に転任、敗戦で捕虜になり、シベリアに抑留。一九五八年に帰国し、伊藤忠商事の航空機部に入社。一九七八年に同社会長に。鈴木内閣での臨時行政調査会、中曽根内閣での臨時行政改革推進審議会の委員を務めるなど多種の公職と企業の役員に就任。（財）太平洋戦争戦没者慰霊協会会長、（財）特攻隊戦没者慰霊平和祈念協会会長などを歴任（生出前掲『一筆啓上瀬島中佐殿』より抜粋）。二〇〇八年死去。山崎豊子の小説『不毛地帯』の主人公のモデルであるとされる。

(16) 生出前掲『一筆啓上瀬島中佐殿』四一頁。生出は、この祭文を記載した会報『特攻』（一九九七年五月号）では、この一文が削除されており、抹消された真意を問いたいと書いている。

(17) 小森陽一『天皇の玉音放送』二〇〇八年・朝日新聞出版・二八八頁

(18) 一九九九年、第一四五国会で、周辺事態法、国旗国歌法、住基法、盗聴法、地方分権一括法、中央官庁等改革関連法、入管法などの改正を含めて一三八件の法律が成立した。思想統制や治安維持に関わる重要な法律が作られたことから「九九年の大転換」とか「九九年体制」と呼ばれている。国旗国歌法案の提出時には「強制はしない」としていたのに、成立後は学校において強制されたように、将来の運用が危険視されている。

(19) 小田実『人間、ある個人的考察』一九七一年・筑摩書房・一二頁と七〜八頁

第七章・「天皇のために死ぬことは、できぬ」——崔貞根（高山昇）の死の実相

特攻戦死者の多くが速成教育の特操と少飛出身のアマチュアで、彼らはプロの操縦者の代替として使われた。崔貞根（高山昇）は、そのプロの操縦者で、正規の訓練を受け、実戦の経験も有していた。彼は、反復攻撃を任務とする襲撃機に乗り、後部座席に通信手兼射撃手の飯沼良一を乗せて、沖縄のアメリカ艦船を爆撃するために飛び立ち、帰還しなかった。軍は、彼らがアメリカ艦船に体当りをしたものと公式に認定し、全軍に「特攻戦死」の栄誉を「布告」した。したがって、『戦史叢書』は二人とも特攻戦死したと明記し、知覧特攻平和会館も特攻戦死者として扱っている。

戦後、ある追悼文集の中に、崔貞根（高山昇）が「俺は天皇のために死ぬことは、できぬ」と同僚に語ったとの記述を見つけ、彼は本当に特攻戦死したのだろうかと疑問を抱いたのが作家の飯尾憲士であった。

図２　知覧～沖縄間の特攻機のコース

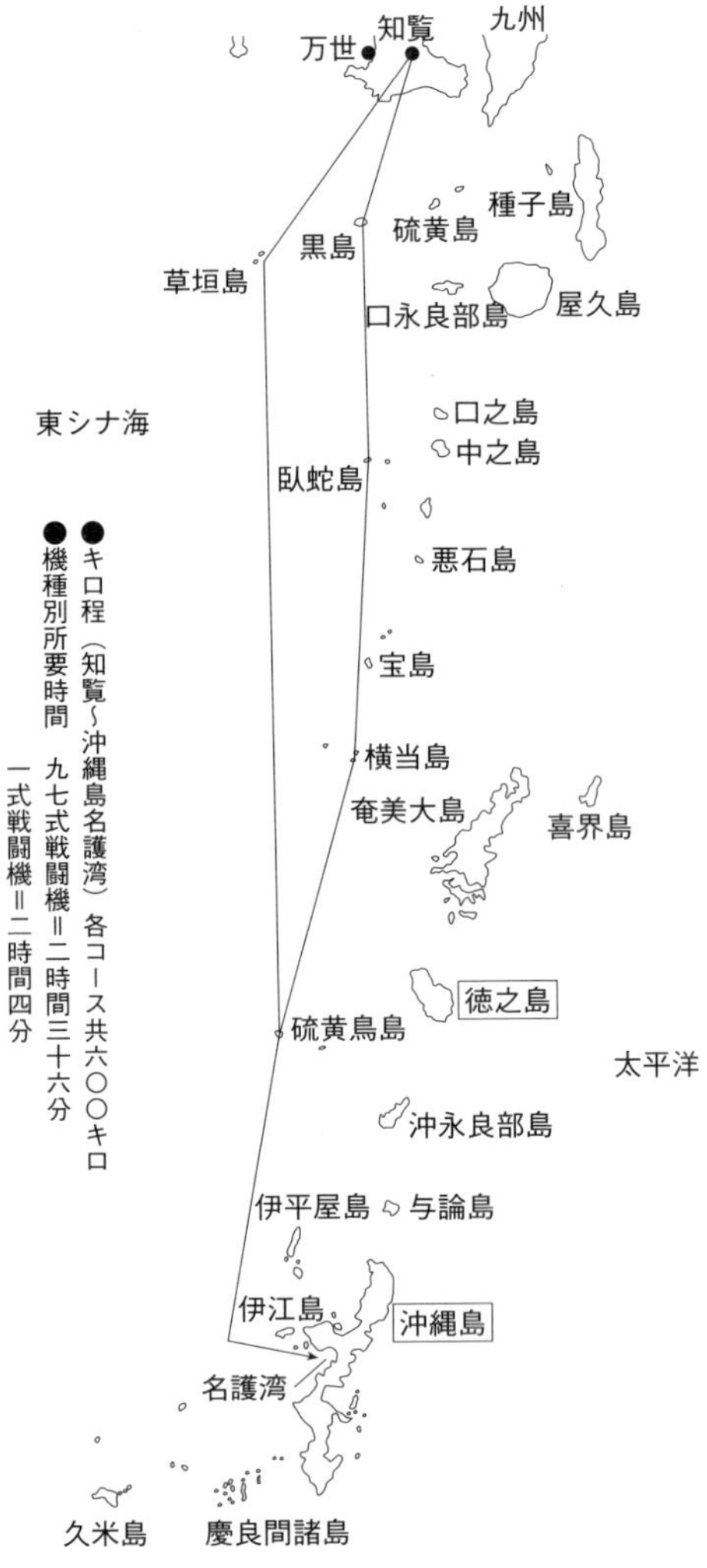

出典）『陸軍特別攻撃隊』モデルアート７月号臨時増刊 No 451・1995年・モデルアート社・108ページより一部加筆

1・『開聞岳』

朝鮮人特攻兵について書かれた文献としては、『遺族』、『ホタル帰る』などを先に挙げたが、それらのテーマは「特攻隊」であり、朝鮮人特攻兵はその一部分を構成しているにすぎない。朝鮮人特攻兵を〝主題〟としたものとしては、一九八五年の飯尾憲士『開聞岳——爆音とアリランの歌が消えてゆく』が最初のものになるだろう。

タイトルとなっている開聞岳《かいもんだけ》は、鹿児島県薩摩半島の南端にある高さ九二四メートルの山で、その姿から〝薩摩富士〟、その位置から〝海門山〟と呼ばれていた。アジア太平洋戦争末期、鹿児島県の知覧、万世の基地を飛び立った特攻機はこの山を目指し、宮崎県の都城、新田原の基地を飛び立った機は、これを右手下方に見ながら南下して沖縄へ向かった。

飯尾憲士は、この山を「生」と「死」の境界と見ていた。特攻兵の多くが勇ましい言葉の遺書を残しているが、その実は、エンジントラブルやオイル漏れが発生することを願い、そうなればもう一度、この山を見ることができ、もう一度、親や想いを寄せる人に会うことができるのにと、風防ガラス越しに開聞岳を見つめていた人も多かっただろうと考えた。どんなに見つめようとも、この山が見えなくなれば、眼下には大海原が広がり、その先には死がほぼ確実に待っていた。

開聞岳を特攻作戦のシンボルとした飯尾であったが、この本の主人公は、アメリカ軍が沖縄本島に上陸した次の日、一九四五年四月二日に沖縄沖で戦死した朝鮮人、本名、チェジョングン（崔貞根）、日本名、高山昇《たかやまのぼる》であり、執筆の目的は、彼が本当に特攻戦死したのかどうかを解明することにあった。

飯尾憲士がチェジョングン（崔貞根）に注目したきっかけは、陸軍士官学校五六期の生存者が、同期の戦死者を追悼するために作成した文集『礎《いしずゑ》』の中に、戦死した崔貞根（高山昇）が生前、「俺は天皇陛下のために死ぬというようなことはできぬ」と語っていたとの記述を見つけ、衝撃を受けたことによる。

天皇のために命を捧げるのが当然とされていた時代に、それも、「天皇の楯」（君の御楯と選ばれて、集り学ぶ身の幸せよ——陸軍士官学校校歌）になるようにと教育されていた、エリートとしての士官学校出身者が、なぜこのような〝恐ろしい〟ことをいったのか。「できぬ」といいながら、どうしてアメリカ艦船に突入したのか。飯尾はこの本において、「天皇のために死ぬことは、できぬ」という言葉を出発点とし、「突入」という結末を到達点として、その間隙の解明を試みた。

2・二人の共通点

チェジョングン（崔貞根）は、一九二一年に朝鮮咸鏡北道慶興郡に生まれ、鏡城高等普通学校（中学）を卒業後、一九三九年に東京市ヶ谷の陸軍士官学校に入校した[1]（五六期）。朝鮮総督府が朝鮮人を徴兵すると発表したのが一九四二年のことだから（実施は一九四四年）、彼の場合は徴兵とは関係なく、職業軍人になるために試験を受け、合格し、士官学校に入校したことになる。

飯尾憲士自身は、敗戦の前年に陸軍士官学校に入校した（六〇期）。この六〇期の三〇〇〇人は予科を一年で繰り上げ卒業すると、一次と二次に分けられて本科である航空士官学校に入校した。通常は二年四ヶ月かけていた専門教育は省略され、一次の者はわずか五ヶ月で「満州」に向かった。一方、飯尾は、「私たち二次の者には、講義は殆んど無かった。終日農耕という指示で、飛行場の一隅を開墾して、甘藷苗を植え、肥桶をかつぐ。ほんのときたま行われる座学も、警報が鳴って中止され、大急ぎで退避するのである」(2)としている。このことから、沖縄で特攻作戦が行われていた時期には、後方での操縦者の養成は不可能になっていたことが窺える。

二人には陸軍士官学校出身という他に、もう一つ共通点があった。飯尾憲士は一九二六年、大分県竹田町(現、竹田市)に生まれた。父、江崎弘、母、飯尾コト。正式な結婚でなかったため戸籍上、彼は「婚外子」であった。父親の民族名は、カンスナム(姜寿男)。一九歳のとき、京城(現、ソウル)の実家から一人で関釜連絡船に乗って大分県の別府市にやってきて、洋服仕立て職人をしていた。父親は朝鮮人であることを子どもたちに隠していた。飯尾が中学四年のとき、海軍兵学校を受験したが「婚外子」を理由に不合格となる。これを契機に父親の秘密を知ることになるのだが、翌年、陸軍士官学校に合格した。父親が朝鮮人であることを知った後に、なぜ日本軍の軍人になろうとしたのかについては、

中学生になった私が、父の素性を知ると同時に、日韓の溝に目をむける鋭敏な頭脳を持っていたら、父の国からすれば義士である人間を死刑にした(桜田門事件のイポンチャン(李奉昌)のこと――引用者)母の国の軍隊のエリート学校に果たして入学したであろうか、とふと考えることがある。しかし、現実の私は、小学校から中学にかけて学業の秀れた模範少年であった。天皇に一命を捧げ、日本帝国を護ることしか念頭になかった。

（飯尾憲士『開聞岳』一九八五年・集英社・三三五頁）

と書いて、その頃は軍国少年であったことを告白している。

士官学校在学中に敗戦を迎えた飯尾は、第五高等学校（現、熊本大学）に入学。一九六〇年に上京し、出版社に勤務。四六歳で出版社を退職し、文筆での独立を決意した。無名時代を経て、一九七八年、『海の向こうの血』ですばる文学賞に入選し、名前が広く知られることになる。一九七九年、父親の位牌を持って韓国の親戚のもとをはじめて訪ね、翌年、『ソウルの位牌』を発表。続いて『自決――森近衛師団長惨殺事件』、『艦と人――海軍造船官八百名の死闘』、『開聞岳――爆音とアリランの歌が消えてゆく』などを発表した。

『ソウルの位牌』は自伝的な私小説であるが、代表作と目される『自決』『艦と人』『開聞岳』は民族的な出自としての「朝鮮」と、「日本の軍隊」というテーマに取り組んだものであり、「戦争責任や植民地責任を問う、重要な問題性を孕んだ作品群である。そこで追究されているのは事実性や真実性であり、ノンフィクション・ノベルといった、いささか奇妙な言葉さえ使われるようなものだった」[3]と文芸評論家の川村湊は評した。

出自と士官学校出身、この二つの強みを生かし、飯尾は「天皇のために死ぬことは、できぬ」と語った崔貞根（高山昇）のことを調べ始めた。「敗戦になって士官学校が消滅したことを喜び」、士官学校という「学校の思い出が疎ましかった」から同期の者とも文通を絶っていた飯尾だったが、「崔貞根は、同族の血を半分持つ私の心の内側に、その心情を究めてみたい気持を惹起」させる存在になっていた。彼は士官学校の関係者から崔貞根（高山昇）に関する情報を得ようと、接触を試みた。

3・日本軍の軍人になった理由とは

飯尾憲士がまず問題にしたのは、朝鮮人であるチェジョングン（崔貞根）が、なぜに植民地支配の要となっている日本軍の軍人になったのか、それも兵士から見ればエリートである将校を養成する陸軍士官学校に入校したのかということであった。

飯尾は『開聞岳』において、四年制の小学校の教育しか受けず、一人で関釜連絡船に乗ってやってきて、子どもにまでも朝鮮人であることを隠し、五四歳で死んだ自分の父親のような人間ならば、祖国独立などという難しいことは、とても考えなかっただろうが、難関といわれる士官学校に合格するほどの頭脳の持ち主ならば、自分の国の屈辱の歴史を知らないはずがない。なのに、なぜ、崔貞根（高山昇）は日本軍の軍人になったのか、との疑問を最初にもってきている。(4)

この問いは、植民地支配された朝鮮の歴史を知っていたら、朝鮮民族の側に身を置くはずであり、民族を抑圧している日本軍とは敵対する側になるはずだとの考えが前提となっている。飯尾は随所に、朝鮮には屈従の歴史だけでなく、独立を求める絶え間のない抵抗の歴史があったことを記し、それらとチェジョングン（崔貞根）の年齢と比較する。

その一つが桜田門事件で、(5)このとき彼は高等普通学校（中学）に入学しており、この天皇暗殺未遂事件の背景には朝鮮独立運動の存在があったことを知っていたはずであるのに、なぜ、独立運動を弾圧する側になろうとしたのか。

飯尾は、その理由を知ろうとしたのだが、この点については、本人が書いたものを捜すか、遺族を捜し出して、志望の動機、入校の背景を直接聞くしかない。飯尾は遺族捜しを行ったが、見つけることができなかった。だから、この問いを謎として残し、第二の疑問である、崔貞根（高山昇）がいった、「天皇のために死ぬことは、できぬ」という言葉の真意を確かめようとした。

4・「天皇のために死ぬことは、できぬ」

崔貞根（高山昇）が陸軍士官学校を卒業したのは一九四三年五月。当時、日本軍は中国重慶の攻略計画を進めていたが、ガダルカナル島の戦局が悪化したためにこの作戦を中止し、中国戦線は膠着状態に陥っていた。この年の二月、そのガダルカナル島から日本軍は撤退し、四月に連合艦隊司令官の山本五十六がソロモン上空で戦死。五月にアッツ島玉砕があり、南太平洋における状況が大きく変わり始めていたが、日本国内には戦局の悪化は伏せられ、逆に、架空の大戦果が報じられ、街には陸軍が制作したポスター「撃ちてし止まん」が貼られていた。

卒業間際のある夜、陸軍士官学校五六期生の岡林竜之は、同期の崔貞根（高山昇）から校内の航空神社に来てほしいと声をかけられた。

消灯後、みな、寝静まってから、ひそかに寝室を抜け出した私は、航空神社の境内で、高山兄と話し合ったのである。

「俺は、天皇陛下のために死ぬというようなことはできぬ」

月明かりに浮かび上がっている、高山兄の苦渋に満ちた顔を凝視しながら、愕然とした私は、言葉を尽くして説得に努めた。

しかし、朝鮮民族の血と歴史を踏まえた高山兄の苦悩に対して、私の言葉は、空しく空転するばかり、とうとう、高山兄を納得させることはできず、凝然として悩み抜く、真乎の人間を前にして私は、私自身の無力さを嘆じたものであった。

いやむしろ、無理矢理に自らに納得させ、それで死ぬつもりでいた私自身の信念を護るのに精一杯だったのである。とてもとても、朝鮮民族の立場に立って、高山兄と、ともに悩み、ともに道を見出そうとする余裕は、恥ずかしながら、私にはなかった。

（岡林竜之「身をもって提起された課題」『礎』・「第五十六期同期生会」発行・一九六九年・四四〇頁）

当時の岡林竜之が「護るべき信念」としていたのは皇国史観で、天皇絶対の思想であった。山口県防府市で敗戦を迎えた岡林は、戦後、数人の復員将校と「皇国再建」を誓い、生き残った同期生を捜して檄文を送るなどしていた。それは、それまでの自分を正当化し、戦死した戦友、部下の行為に意味を与えようとするためであった。その後、多くの読書を重ねることによって眼が開かれ、飯尾から面会を求められたとき、彼は「日中友好元軍人の会」に属し、戦争反対を残りの人生の目標としていた。(6)

岡林竜之と会うことになった飯尾は、この言葉を聞いた本人から、直接、真意を確かめることができると期待したが、岡林も崔貞根（高山昇）が沖縄で戦死したことを人づてに聞いて、「天皇陛下の御為に突っこんだのではない、ということだけは、私には判りました。では、なんのために？と考えつづけました。今でも、判りません。私たちに、問題を提起したのです。そう思います(7)」と、崔貞根（高山昇）の言葉と、行為の結果が生んだ溝を埋めることができず、自分自身と同期生への重い問題提起と受けとめていた。

一九四〇年代には、あらゆる反体制運動を徹底して押さえ込んだ司法当局は、戦争に批判的な言動までもえぐり出し、完璧な総動員体制をつくろうとしていた。そのために、国家に非協力的な態度を見逃さず、戦争に対する不満や懐疑を、まだ芽のうちに摘み取ろうと「最高度の早期検挙」を行っていた。例えば、一九四三年二月、北海道大学の朝鮮人学生が「朝鮮独立に備え、半島人、殊に半島婦人の体位向上を図る要ある」などと友人に話したことが、独立のための「協議」とされ、「悪質」な事犯として治安維持法で裁かれた。(8)さらに刑法には天皇に対する不敬な行為を処罰する不敬罪があった。

だから、「天皇のために死ぬことは、できぬ」という言葉を発するのには人目を避けなければならず、もし、誰かに聞かれたり、岡林竜之が「同期の高山昇が、天皇のために死ぬのは嫌だといった」と学校当局に通報すれば、彼はすぐさま憲兵に逮捕され、危険分子として収監されることになったであろう。朝鮮人であること、軍人の模範となるべき士官学校生という立場から、長期収監（獄死）の可能性は高かったと思われる。

このような事態に追い込まれる可能性がある中で、相手を信用して、「俺は天皇のために死ぬことは、できぬ」といわなければならなかった崔貞根（高山昇）には、どのような苦悩、葛藤があったのだろうか。


崔貞根（高山昇）の言葉を文字通りに解すれば、天皇のために死ぬことを当然とする日本軍の軍人になりたくない、卒業後に任官を拒否したいと告白したことになる。しかし、職業軍人としての陸軍将校になるということは、戦死するか、定年になるか、健康を害するかしないかぎり軍務に服さなければならず、卒業と同時に任官を拒否することは許されなかった。それどころか、戦争は激しさを増しており、戦場では「死生を貫くものは崇高なる献身奉公の精神なり」と教える「戦陣訓」を忠実に守り、天皇のために死ぬことが求められていた。

任官拒否はできないのだから、卒業を目前にし、戦場へ赴かなければならなくなった場面での、崔貞根（高山昇）の言葉は、「死にたくはない」＝「生きたい」といったとも考えることができる。だが、彼は徴兵されたのではなく、職業軍人になるために海を渡ってきた人間であり、職業軍人になる以上は戦死の可能性や戦傷のリスクについて、それなりに覚悟していたと思われることから、「生への執着」を表現したものではないだろう。

崔貞根（高山昇）は被抑圧民族として、天皇－皇族－華族－士族－平民－沖縄人－アイヌ－「新平民（被差別部落民）」、その下に朝鮮人・中国人と位置付けられた天皇制民族秩序の最下層にいた。この差別構造は士官学校の中にも貫徹されていた。同期生の岡林竜之も、先の手記で「朝鮮民族の血と歴史を踏まえた高山兄の苦悩に対して」と書いているように、彼の言葉は、「生」を欲する気持ちよりも、被抑圧民族として、天皇のため、日本のために死ぬ事態が現実味をおびてきたことを考え、苦悩し、「できぬ」という結論に達したと考えるべきだろう。

おそらく岡林竜之は、彼に対する様々な差別を目撃していたが、「同期の桜」として固い絆で結ばれているとされる士官学校の同期会が作成する文集、それも亡き戦友を追悼する文集に、差別の実態をあからさまに書くのはふさわしくないと考え、「朝鮮民族」という言葉を二度使うことで、民族差別の存在を暗示しようとしたのではないかと考える。

「朝鮮民族の血と歴史を踏まえた苦悩」に対して、「朝鮮民族の立場に立って」ともに悩む余裕はなかったと正直に語る岡林竜之は、差別されている朝鮮人が、差別している日本と日本人のために戦わされ、死ななければならない矛盾。被抑圧民族が抑圧民族を倒そうとするのではなく、抑圧民族のために戦わされる残酷さ。それらを背負わされた当事者の苦悩を感じ取っていたわけで、当時としては稀な人間であったと考えることができる。だからこそ、崔貞根（高山昇）は岡林にだけ、苦しい胸のうちを明かしたのだろう。

差別の存在を真摯に受け止める岡林竜之の感性は、当時としては稀なもので、この感性を言語化するのが、作家であり、日本人と朝鮮人のダブルである飯尾憲士の務めであり、仕事であったはずである。しかし、飯尾は『開聞岳』において、岡林の短い手記に二回登場する「朝鮮民族」という言葉の中身に立ち入ろうとはしていない。

飯尾は、自らのアイデンティティについて深く悩んだものと想像する。その彼が、士官学校において、出自を隠さなかったならば自身も民族差別を受けていただろうし、出自を隠していたのなら、自身に対する心の傷となって残っただろう。どちらにしても、触れたくないこと、触れられたくないことであったであろう。

だが、彼は「朝鮮の植民地支配」と「日本の軍隊の闇」をえぐり出そうとする作家であった。その両方の問題で、大きなウエイトを占めていたのが「民族差別」であることを、彼は十分に認識していたはずであるのに、なぜ、差別の問題を回避したのだろうか。

この『開聞岳』が出版された一九八五年頃は、在日コリアンや在日中国人らによる指紋押捺拒否運動[9]が大きな広がりを見せていた時期で、外国人登録証の更新の際の指紋押捺が、「屈辱の印」「差別の象徴」であることを知った日本人もこの運動に参加していた。しかし、指紋押捺拒否者のところには多くの脅迫状が送りつけられ、「指紋を押すのが嫌なら本国に帰るか、日本に帰化しろ」と迫った。「同化」さもなければ「排除」という相も変らぬ論法を持ち出す人々に対して、在日コリアンらは、これまでの「民族」の概念に加えて「人権」の概念を立てて対抗した。

この指紋押捺拒否者の多くは在日コリアンの二世、三世の男女で、本国にアイデンティティを持つ一世の参加は極めて少なかった。これは単なる世代交代を意味するだけなく、民族主義に基づく反差別運動から、国家による管理を否定し、自己決定を求める運動へと、運動が質的に転換したことを意味した。その結果、日本人と外国人はお互いを他者として認め、差異を認め合いながら、ともに地域で生きる〝共生〟が目指されることになった。

崔貞根（高山昇）の時代にはほとんど無かった人権の思想。飯尾は、差別の問題が民族問題としてのみ語られた時代への、人権思想の混入を避けようとしたのかもしれない。あるいは、差別の問題を回避するかのような彼の姿勢の裡には、「日本人に差別の問題を語っても理解されない」という、怒りを超えた諦念があったのかもしれない。

結局、飯尾は、「天皇のために死ぬことは、できぬ」という言葉のもつ意味を明確に分析しないまま、なぜ突入したのか、その理由を知ろうと部隊の生存者を捜す作業へ移った。

5・なぜ突入したのか

「天皇のために死ぬようなことは、できぬ」と語った人間が、なぜ、アメリカ艦船に体当りして戦死したのか。被弾したため、やむなく突入したのか。それとも、あらかじめ突っ込もうと決意して出撃したのか。それなら操縦者だけで出発するはずで、なぜ同乗者を乗せていたのか。次々と疑問が湧き上がる中、飯尾憲士は突入そのものが大本営の作り事ではないかと疑った。

最初に記したように、崔貞根（高山昇）は特攻作戦要員として集められた特攻隊員ではなかった。彼が所属していたのは、陸軍、第六航空軍、第三攻撃集団、飛行第六六戦隊で、知覧ではなく万世（鹿児島県南さつま市）を基地にする通常部隊であった。

彼は、帰ることが許されない特攻隊とは違い、反復攻撃を任務とする襲撃機の操縦者で、「襲撃隊員」と呼ばれていた。彼が乗っていた「九九式襲撃機」（一九三九年採用）は敵地の飛行場にある飛行機や戦車を攻撃するためにつくられた二人乗りの飛行機で、後部座席に通信手兼射撃手を乗せていた。この九九式襲撃機は戦闘機と爆撃機の中間のタイプで、低空を飛んで攻撃するために地上からの被弾を受けやすく、それを防ぐために胴体には装甲鈑（鉄板）が施されていた。(10)

ほとんどの日本軍機は航続距離を伸ばすために防弾装備を省き、軽量化を図っていたが、この飛行機には例外的に防弾装備が施されており、その分スピードは出ず、航続距離も短かった。この飛行機の次の型から車輪を収納する方式が主流となったために、両脚がむき出し（固定脚）の九九式襲撃機は旧式とされていた。

九九式襲撃機を主に保有する六六戦隊は千葉県にいたが、一九四五年三月に鹿児島県の万世基地に移駐してからは、沖縄近海に展開するアメリカ艦船を繰り返し攻撃していた。崔貞根（高山昇）は、同年四月二日、アメリカの艦船を爆撃するために、徳之島を経由して沖縄に向かい、帰還しなかった。

飯尾憲士は、防衛庁戦史室編纂の『戦史叢書』の中に、崔貞根（高山昇）が「巡洋艦もしくは駆逐艦に体当りして撃沈させたのを同日、徳之島から発進した六六戦隊の山崎武雄大尉が確認した」[11]との記述を見つけ、この確認者である山崎武雄を捜した。

山崎武雄は生存していることが判り、飯尾は確認の手紙を送った。山崎からの返信には、「四月一日、万世基地を出発したが、天候が悪く、四機が海へ突っ込んでしまい、八名が死亡した。この八名の中に高山昇がいたと思い続けてきた」とあった。崔貞根（高山昇）はこの八人には含まれておらず、なおかつ戦死したのが翌二日であることから、山崎武雄は確認者にはなりえず、「高山昇が体当りをし、それを山崎武雄が確認した」と書く『戦史叢書』は偽りであることが明らかになった。

日本の戦史や戦記は、現場（戦場）から離れたところにいた人物（参謀など）によって書かれたものが多く、誇張や主観が交じり、生き残った者に都合よく書かれている場合もあるといわれている。

また、軍発行の公文書も戦果を大きく誇張したものが多く、飯尾は、特攻戦死と認めた次の「証明書」も事実関係を正確に記したものではないと考えた。

「証明書」　　飛行六十六戦隊付　陸軍中尉　高山昇（操縦）
陸軍軍曹　飯沼良一（機上無線）

右者昭和二十年四月二日沖縄付近敵艦船攻撃ニ際シ第三番編隊長トシテ〇四三〇徳之島離陸伊平屋島ヲ経テ慶良間列島東南方約三十粁ノ地点ニ到達北上中ノ巡洋艦若クハ大型駆逐艦ニ必死ノ突入ヲ敢行之ヲ撃沈セシム右ハ二番機田野本曹長機ノ同乗者檜山候補生ノ確認セルトコロニシテ其ノ功抜群他ノ模範トスルニ充分ニシテ陸軍感状授与規定第一条第一項ニ該当スルトコロト認ム

尚高山中尉ハ剛毅磊落明朗闊達至誠慷慨ノ士ニシテ身ハ半島ニ生ルルモ至忠常ニ国ヲ憂ヘ率先陣頭ニ立チ上下ノ信望殊ニ厚シ又飯沼軍曹ハ（略）コトヲ付言ス

昭和二十年五月一日　第三攻撃集団長　陸軍大佐　今津正光㊞[12]

この特攻戦死したことを証明する公文書の後半部分の、「半島に生るるも」に注目し、朝鮮出身の将校も勇敢に戦っていることを朝鮮大衆に知らせるために、大本営によって「突入」自体が捏造されたと見ることもできるが、この証明書は軍の内部文書（この証明により二階級特進する）であり、衆目に触れるものではない。

また、一九四五年五月二七日付で、連合艦隊司令長官（豊田副武）の名前で、全軍に対して二人の特攻戦死を賞賛する「布告」が出されているが、飯尾は、この「布告」についても「証明書」と同様に、「時として戦功が過大に作成されることがあった」[13]と無視している。

6・「北上中の敵船団を発見、突入する」

飯尾憲士は、崔貞根（高山昇）のことを調べるうちに、他の朝鮮人特攻戦死者である、卓庚鉉（光山文博）、金尚弼（結城尚弼）、朴東薫（大河正明）を知ることになり、遺族と会うなどして、彼らの心情に近づくことができ、三人のことについても紙幅を割いている。しかし、崔貞根（高山昇）の〝顔〟だけは一向に見えてこず、一緒に戦死した後部座席の飯沼良一の遺族とも連絡が取れず、「太平洋に沈んだ一隻の小艇をさがすようなもの」と半ば諦めていた。そこへ、二人が所属していた六六戦隊の本部付き副官、加藤武雄から、飯尾の出した手紙への返事が届いた。

返書には、遠い昔のことだが、次のことは今でもはっきりと記憶している、「高山機から無線連絡がはいりました。内容は、『北上中の敵船団を発見、突入する』でありました。依って、上司に、その旨報告致しました。戦果の程は確認しておりません」と書かれていた。『戦史叢書』にも「証明書」にもない、はじめて知るこの証言から、飯尾は次のように結論付けた。

高山機が、被弾して墜落したのではなく、北上中の船団に対し、突入の意思をはっきり持って、戦果の如何はともあれ、突っ込んだことは間違いなかった。

無線の電鍵をつまみ、送信したのは、後部座席の射手飯沼軍曹である。

「飯沼軍曹！」と操縦席から高山中尉は、眼下の海上をにらんで声をかけたであろう。

「みろ！敵の船団だ」

「はい」

「本部に、無線だ」

「はい」

「突っ込むけど、いいな」

「はい。突っ込みましょう」

前日の四月一日、高山中尉たちの第三中隊長杉谷大尉以下八名は、万世から出撃したまま帰還しなかった。天候が悪く、雲中にはいって、結局海面に激突したのだが、このとき、後尾からついて行った第一中隊長山崎大尉機他は、危険と判断して引き返し、運良く助かった。

高山中尉や飯沼軍曹の脳裏に、中隊長や部下、同僚たちの死が灼きついていたはずである。

「北上中の敵船団を発見、突入する」

「ホクジョウチュウノ、テキセンダンヲハッケン、トツニュウスル」

復唱しながら、はげしく電鍵をたたいたにちがいない。前日、米軍は沖縄本島に上陸していた。これ以上、上陸させてはならぬ。〈糞！〉と二人は、反復攻撃をくり返す襲撃機の任務を捨ててしまうほど怒り狂ったのだろうか。

天皇のために死ぬというようなことはできない、と士官候補生時代から悩んでいた高山昇は、祖国を独立させてくれるかもしれない米軍に対して、身近な者が殺された動物的怒りを爆発させたのであろうか。自分が崔貞根であることを忘れ、高山昇になってしまったのか。

（飯尾憲士『開聞岳』一九八五年・集英社・二五九、二六〇頁）

二人が所属する六六戦隊の本部にいた加藤武雄が、明確に記憶していた無線連絡を唯一の証拠として、飯尾は、崔貞根（高山昇）は「自らの意思でアメリカ艦船に突入した」と判断した。

その理由として、前日に同じ部隊の八人が、悪天候の中、万世基地を飛び立ったまま徳之島に到着せず、「中隊長や部下、同僚たちの死が灼きついていたはず」で「身近な者が殺された動物的怒りを爆発させたのであろうか」という個人的な感情があったこと。そして、前日に、アメリカ軍が沖縄本島に上陸しており、「これ以上、上陸させてはならぬ」と「怒り狂ったのだろうか」との、緊迫した戦局があったことをあげている。有り体にいえば、崔貞根（高山昇）は、「仲間の死」と「戦局」から冷静な状況判断ができなくなり、怒りにまかせて突入したことになる。

こうした飯尾の結論は、かなりの影響力を持つことになる。例えば、崔貞根（高山昇）が卒業した士官学校の同期会（五六期）の会報「紫鵬会通信」[14]は、公文書である「証明書」や「布告」の存在とともに、飯尾が明らかにした無線連絡の存在を理由に、崔貞根（高山昇）は「突入の意思を持って特攻戦死した」と断定している。

彼は、特攻隊ではないのに果敢に体当りを敢行した人物であり、士官学校時代は「天皇のために死ねない」と考えていたのに、結局は、天皇のために「立派に」死んだ人物として、二重の意味で賞賛されることになった。

7・四月一日、沖縄本島

陸軍は沖縄の防衛のために第三二軍を編成し、精鋭の第九師団をはじめとする大部隊を配置していた。三二軍は飛行場を奪われたら敵に使用されることになるとして、沖縄の全飛行場の破壊を具申したが、軍中央は伊江島飛行場の破壊のみを認め、北（読谷）と中（嘉手納）の両飛行場は九師団に防衛させるからと許可しなかった。

ところが、フィリピンの次にアメリカ軍が向かうのは台湾だと考えた軍中央は、台湾の兵力がフィリピンに回されたために減少しており、その穴を埋めるために九師団を台湾に転用することにした。これによって兵力が大幅に減少した沖縄の三二軍は、二つの飛行場を守るために海岸線で上陸を阻止する作戦を断念し、南部に引いて持久戦を行うことにした。

一九四五年四月一日、台湾を素通りしたアメリカ軍は沖縄本島の嘉手納湾に上陸を開始した。三二軍は当初の方針通り、あまり抵抗せず、北と中の飛行場を占領させ、持久戦の態勢に入った。軍中央はこの展開を不満とし、さらに四月三日、昭和天皇が「現地軍は何故攻撃に出ぬか」としたことで、軍中央は現地に対して二つの飛行場の奪回を命じた。しかし、兵力不足に加え、飛行場を奪われることを前提とした防衛陣地を構築していた三二軍にとって、これは無用の混乱をもたらすものにすぎず、五月まで繰り返された攻撃は大きな犠牲を出すだけに終った。こうした混乱は、沖縄の住民にも多大な犠牲者を出す結果を生み出した。[15]

一方、空のほうは、九州全域の基地に飛行機を分散して隠し、アメリカ軍が沖縄上陸の気配を見せたら、陸軍は鹿児島県の知覧基地、海軍は鹿屋基地に飛行機を集結させて、上陸という最も脆弱な瞬間を襲うことにしていた。

アメリカ軍も、上陸地点を確保しようと海岸線を攻撃しているときに飛行機で上から攻撃されたら身動きが取れなくなることから、上陸に際してはかなりの損害を覚悟していた。それゆえ、上陸に先立つ三月一八日からアメリカの空母機動部隊は、日本軍の航空戦力を削ごうと九州全域の基地を空襲した。

この攻撃に対して、座して飛行機を破壊されるよりも打って出ようと、海軍は当初の方針を変更し、分散して隠していた飛行機を出撃させ、ほぼ全滅状態になってしまった。

上陸前に敵の攻撃力を削ぐという定石どおり、一連の作戦の成果を見届けたアメリカ軍は、四月一日、沖縄本島に上陸した。これに対して陸軍は、沖縄戦は特攻作戦を中核とすると決めていたのに、その特攻隊の編成が遅れ、散発的な攻撃しかできず、海軍には飛行機がなく、陸・海軍が空からの攻撃に出たのは上陸から六日後であった。

8・四月二日、徳之島

アメリカ軍の沖縄本島上陸の日、最前線となった徳之島（鹿児島県奄美群島）の飛行場には、わずかな特攻機と襲撃部隊である六六戦隊がいた。だが、この日の徳之島は悪天候で動くことができなかった。

翌四月二日、天候は回復し、六六戦隊の七機と特攻機二機、援護機三機がアメリカ軍を攻撃するために沖縄に向かった。この七機の中に崔貞根（高山昇）がおり、早朝、徳之島の飛行場を飛び立った彼と同乗の通信手、飯沼良一は戻らなかった。

第六十六戦隊の山崎中隊長、戦闘機隊の編隊長小川大尉の確認した戦況報告によれば、第六十六戦隊の二機は巡洋艦に突入し、第六十六戦隊の三機と、第二十振武隊の二機は、大型輸送船に突入した。体当たり攻撃をした第六十六戦隊の操縦者は、山本中尉、山崎曹長、田野木曹長、勝本曹長、道川軍曹であった。第二十振武隊は、長谷川実大尉、山本英四少尉であった。アメリカ海軍の発表によれば（略）、日本側の報告では、一隻撃沈となっているが、実際は損傷であった。しかし、注目すべきは、第六十六戦隊は、爆撃が任務であって、特攻隊ではないことである。前日、アメリカ軍の上陸を攻撃することができず、特攻隊も出撃できなかったことは、第六十六戦隊の人々を悲憤させた。彼らは勇奮おさえがたく、ついに、みずから進んで体当たり攻撃をしたのである。特攻隊以外の、一般飛行隊にも、このような烈しい気魄があった。（高木俊朗『遺族』一九五七年・出版協同社・四二頁――なお、「飛行六十六戦隊死殁者書類綴」（防衛研究所史料室所蔵）によると、六六戦隊のこの日の戦死者は、操縦者、高山昇、勝本多資、大田信義、路川好。同乗者、飯沼良一、山崎植林、真壁八郎、石原一夫となっている。高木俊朗の文の田野木ではなく田野本は、この日は戦死しておらず、山本中尉とあるのが高山中尉になると思われる。）

この記述の前半部分は伝聞によるものと思われるが、問題は後半の部分である。『知覧』や『陸軍特別攻撃隊』などで軍隊の無情さと、特攻作戦の非情さを描いている高木俊朗にしては珍しく力の入った文章になっている。高木は軍中央の無策に怒りながらも、現場の将兵の心情を伝えようとして、「六十六戦隊の人々を悲憤させ」「彼らの勇奮おさえがたく」と書いた。このような部隊の雰囲気や、最前線基地となった徳之島の状況からすると、崔貞根（高山昇）もまた反復攻撃という本来の任務を忘れて、「これ以上、上陸させてはならぬ」と「怒り狂ったのか」とした飯尾憲士の結論も一定程度の説得性はある。

しかし、部隊の全体的雰囲気がそうであったとしても、部隊で唯一人、他者であり、マイノリティであった崔貞根（高山昇）も同じであったと断定することはできない。六六戦隊の誰もがそういう気持ちだったと、高木は、みんな同じ民族であることを前提にしており、他者がいたとは思いもよらなかったのだろうが、そこには「天皇のために死ぬことは、できぬ」という思いを胸に秘めた朝鮮人がいたのである。

9・唯一の証拠

高木俊朗は、徳之島にいた将兵の中に朝鮮人がいたことを知らなかったが、飯尾憲士は知っていた。その上で、崔貞根（高山昇）と飯沼良一の乗った飛行機（以下、T機という）から「北上中の敵船団を発見、突入する」という無線連絡があったことを唯一の証拠に、二人は自らの意思で体当りをしたとする。

特攻機の多くは、爆弾を積む際に機銃や無線機は外され、丸腰にされ、隊長機のみに無線機が積まれていたことは既に述べた。無線機が不足していたから体当りする飛行機につけておくのは惜しいと判断されたこと、そして特攻機の操縦者の多くは、操縦と送信の両方をこなすだけの技術も余裕もなかったことから、無用なものとして無線機は外されていたのだが、こうした特攻機とは違い、崔貞根（高山昇）が乗る飛行機の後部座席には通信手兼射撃手の飯沼良一が乗っていた。彼は少飛の一〇期で、通信手としての訓練を受けたベテランであった。その彼が本部に打電したものは正確であると判断したのだろう、飯尾はこの無線連絡を切り札にした。

こうした飯尾の判断は早計ではないのだろうか。副官の加藤武雄の証言だが、「小生既に七拾歳の峠に入り、何分にも四十年前の事にて、記憶も定かではありませんが、次の事は今でもはっきりと記憶しております。高山機から無線連絡が入りました。内容は、『北上中の敵船団を発見、突入する』

でありました」[16]というのだが、記憶が定かではないといいながら、なぜT機からの無線の内容だけは鮮明に覚えていたのだろう。「かくかくしかじかの特別なことがあったから、はっきりと覚えていた」との理由の説明があるべきだが、それは何もない。

六六戦隊では、一九四五年二月から八月までの間に六九人の戦死者を出している。八月一五日における生存者が一五一人となっていることから、[17]かなり高い比率で戦死者が出たことになる。そのほとんどが四月に沖縄近辺で戦死しており、短期間で多くの戦死者が出る中、どうしてT機からの無線の内容を明確に記憶していたのか、その説明がない以上、この証言を証拠とすることに納得できない。

飯尾憲士は解明すべき三つの謎を設定した。崔貞根（高山昇）の遺族を捜し出すことができなかったので、第一の謎、「なぜ、士官学校に入校したのか」は解明できなかった。第二の謎、「『天皇のために死ぬことは、できぬ』という言葉の真意」は、その言葉を聞いた本人（岡林竜之）と会うことができたが、真意は明らかにならなかった。第三の謎、「なぜ突入したのか」については、部隊の副官（加藤武雄）の証言から、「自らの意思で体当りした」と結論付けた。

しかしこれでは、「天皇のために死ぬことは、できぬ」（第二の謎）といったのに、「なぜ突入したのか」（第三の謎）は繋がらず、「天皇のために死ねない」という言葉と「体当り」という結果は矛盾したままになる。飯尾の最大の関心事はここにあり、この矛盾を解明しようと考えて作業を開始したはずである。

ところが、T機から突入するとの無線連絡があったという証言に飛びついた結果、かつては「天皇のために死ねない」と考えていた人間が、激烈な戦場で仲間の死に直面し、我を忘れて体当りしたと説明しなければならなくなり、結局は、「本人が以前と変わってしまったための行為」であったという、ある意味で安直な結論に行き着いてしまった。

10・「被弾」と「自殺」

第一の謎が謎のままであっても、第二と第三の謎を無理なく繋げようとするなら、「被弾した」と考えればよいだろう。被弾したために、帰還不能になり、仕方なくアメリカ艦船に体当りしたと考えれば、民族的な立場から天皇のために死ぬことの意味を考え、それは「できない」と語った人間が、「突入する」という無線連絡を残して消息を絶ったとしてもおかしくはない。被弾により帰還不能となったので「体当り」を行うのであれば、本人の意思とは別の要素が介在することになり、やむをえない行為となる。

おそらく飯尾憲士は「被弾」の文字を懸命に捜したであろう。しかし、被弾を示す証拠は見つからなかった。証拠がないから、「おそらく被弾したものと思われる」と推論を立ててみたところで説得性はない。だから「半ば諦めていた」ところに届いた証言（無線連絡）に飛びついたのではないだろうか。

これまでに知りえた資料の中で、唯一「被弾」と書いているのは、昭和二〇（一九四五）年六月七日付の中国新聞で、「火達磨のま、突入」という見出しのもと、「〇月〇日、高山機は僚機とともに、さらに南下を続けるうち本島南端沖を北上中の大輸送船団を発見、よき獲物御参なれとばかり攻撃を開始したが敵の対空砲火は物凄く、機の前後左右に炸裂する。田野本曹長機は超低空から投弾すれば、狙い狂はず敵大型巡洋艦に命中瞬時にして沈没した。見事な撃沈である。また高山機は被弾のため今やこれまでと巨弾を抱いて敵巡洋艦に体当り攻撃を敢行。これを撃沈し去り、南海の華と散った。（前線航空基地山崎特派員発）」[18]と報じている。（〇は伏せ字）

当時の報道班員は軍の命令で動いており、新聞もまた軍の発表をそのまま伝え、事実を伝えなかった。この日、アメリカ艦船の沈没はなかったのに「見事な撃沈」と書いたこの記事は、戦意高揚を図るためのものでしかない。彼が戦死したのは四月二日。この新聞記事が六月七日付。戦死後二ヶ月経って掲載されたこの記事は、当局の発表をそのまま載せたものであろうから、T機が「被弾」した証拠にはならないし、すべきではない。

「被弾」したのではないとなれば、自殺の可能性も考えなければならない。「なぜ、陸軍士官学校に入校したのか」という飯尾の問いの裡には、朝鮮の歴史を知っている朝鮮人なら日本軍のエリートになろうとするはずがない、との考えがあった。であるのに日本軍のエリートになってしまった人間にとって、その身分のまま植民地統治が終焉してしまったらどうなるか。国外で独立運動を闘った者なら祖国の人々は帰国を大歓迎するだろうが、逆に、日本のために戦った者は植民地統治の加担者として非難されるだろう。彼は日本の敗北が近いことを感じ取り、祖国が解放された場合を考えた。そのとき、日本軍のエリートであった彼は祖国と敵対した「売国奴」になってしまう。個人的には「天皇のために、死ねない」と考えていた彼だが、そんな個人の心情とは関係なく、祖国からは確実に疎外されるだろう。そうした状況が近づいていることを彼は察知し、自殺するために突入したのではないか。

このように考えることもできるが、これは現時点での韓国の社会状況と、日本と韓国の関係と評価の実態を見知った上で類推した、後付けの論理であって意味をなさない。

陸軍士官学校五六期には四人の朝鮮出身者がいた。(一)李亨根《イヒョングン》(松山武雄)、後に韓国軍参謀総長。(二)崔昌根《チェチャングン》(高山隆)、後に韓国軍大佐。朝鮮戦争のとき、南進を食い止めるために漢江に二つしかなかった橋を命令により爆破。これによって多数の避難民が水死し、その責任を取らされて処刑。この話は映画化されている。(三)金鐘碩《キムジョンソク》(日原正人)、後に韓国軍中佐。共産主義者の容疑で逮捕され、銃殺。背後に政治的な陰謀があったといわれている。(四)崔貞根《チェジョングン》(高山昇)、戦死。

戦死したのは崔貞根(高山昇)だけで、残る三人は解放後の韓国軍の要職に就いていることからも理解できるように、日本軍将校であった彼らは、「植民地統治に加担した」として、自殺するほど自分を追い詰めてはいなかったようである。また、後部座席に乗せていた部下を道連れに自殺するとは考えられず、自殺説は成り立たないだろう。

自死ではない。「被弾」のため、やむなく体当たりした証拠もない。そうすると、飯尾憲士のように無線連絡を証拠に、崔貞根（高山昇）は「自らの意思で体当りした」とするしかないのだろうか。

11・遺族の証言

二〇〇四年、韓国で「日帝強占下強制動員被害真相糾明法」が成立した。この法律は日本の戦争に動員された韓国人被害者を特定し、名誉を回復させ、補償への道を開こうとするものであった。政府委員会は、この法律に関する外国からの被害申請や調査申請を受け付けると聞き、二〇〇五年に友人たちと、被害真相調査委員会に対して、新しい被害を調査したいので、特攻戦死者の遺族を捜すよう求める調査申請書を提出した。

二〇〇六年八月、渡韓していた友人の鶴園裕が、「時間が許せば、被害真相調査委員会を尋ねて、出した申請書がどうなっているのか調べてみる」と連絡してきた。次いで、「委員会は個人情報保護の立場から、判明している遺族の連絡先を教えることはできないが、本人が了承すれば教えるといっている」、「一人の遺族が了承するといってきた。その遺族と会うにしても、何の資料も持ってこなかったので、資料を送ってほしい」と連絡してきた。その遺族とは、飯尾憲士が捜し求めていた崔貞根（高山昇）の遺族であった。

早速、六六戦隊の資料のコピーを送ると、「チェジョングン（崔貞根）の弟に会った。資料を渡したら感謝された。同席していた彼の息子（長男）が、初めて叔父の写真を見たと感激していた」との連絡が届いた。彼は帰国の時期が迫っていたので、遺族と後日の再会を約束して別れた。

三ヶ月後、鶴園裕とともにソウルに向かった。南大門近くのホテルのラウンジに、背筋をピンと伸ばした血色のよい老人が、付き添う青年（二人の息子）とともに現れた。チェジョングン（崔貞根）の弟、チェチャングン（崔昌根）は植民地教育を受けたため日本語が話せた。植民地時代に強要された言葉を話すのは苦痛であろうが、筆者は韓国語が理解できないからと日本語での会話をお願いした。チェチャングン（崔昌根）は一九二八年に生まれたという。兄、チェジョングン（崔貞根）は一九二一年生まれだから七歳下の弟ということになる。

まず、はじめに、飯尾憲士が書いた『開聞岳』を知っているかと尋ねた。チェチャングン（崔昌根）は知っているどころか、ボロボロになるまで読み込んだ『開聞岳』を持参していた。彼は、飯尾憲士に感謝しているという。なぜなら、この本で、兄が特攻兵ではないことを書いてくれたからだという。「特攻隊員ではなく、通常任務のパイロットであった」ことは、「特攻戦死を不名誉」とする韓国社会の中で生きている彼にとっては大変重要なことであったからである。

それだけでなく、遺族のもとには戦死の通知が届かなかったので、戦後もずっとどこかで生きていると思っていたという。一〇年、二〇年、時間の経過とともに、帰らぬ兄はやはり戦死したのだろうかと思うようになったが、どうしても死を受け入れることができずにいた。一九八五年頃に『開聞岳』が出版されたことを韓国の新聞で知り、それを読むことによって、ようやく兄は戦死したのだと思えるようになったという。一九四五年から一九八五年頃までの約四〇年間、遺族は虚しい悲愁の日々を過ごしたことになる。

弟、チェチャングン（崔昌根）によると、彼の父親はウラジオストクを拠点に三角貿易（ロシア－「満州」－朝鮮）を行い、成功を収め、大きな財を成したが、ロシア革命が起きたために朝鮮に逃れた。故郷の咸鏡北道慶興郡慶興面は、朝鮮北端の豆満江近くの農村で、父親はロシアで蓄えた財で田畑、山林を買い、大地主となり、なおかつキリスト教の教会まで建てた。父親は一九三九年に病死し、長男が跡を継いで教会を維持し、面（村）長も務めた。日本の敗戦によってソ連軍と金日成軍がやってきて、「この家の三男（チェジョングン・崔貞根）は日本軍のエリートだった。この一家は親日派だ」と迫害を受け、やむを得ず一家は南に逃れた。朝鮮民主主義人民共和国が成立する前のことだという。

韓国に来てからのことを多くは語らないチェチャングン（崔昌根）だが、いまなお韓国社会では「親日派《チニルパ》」が最大級の罵りの言葉であることから、「日本のために特攻戦死した者の遺族」＝「親日派」として肩身の狭い思いをしたのであろう。あるいは、長らく警察に勤めていたということから、兄のことはずっと秘密にしていたのかもしれない。そのことを尋ねると、彼は「兄のことは、いう必要がなかったからいわなかっただけ」と、多くを語ろうとしなかった。

12・父親の死

飯尾憲士が捜し求めていた崔貞根（高山昇）の遺族と会うことができたのだから、飯尾が謎とした三点を解明できるかもしれない。まず、第一の謎、「なぜ、チェジョングン（崔貞根）は陸軍士官学校へ入学したのか」を弟に質問した。

弟によると、兄は学力優秀で、高等普通学校（中学）時代は一年から五年生までずっと成績は一番で、将来は法律を勉強し、弁護士になって人々を救う仕事に就くことが夢だった。そのために京城帝国大学予科（現、ソウル大）を受験して合格した。その前に、腕試しにと「満州」の新京（現、長春）にあった建国大学[19]を受験し、合格。また近くの羅南に日本軍の一九師団司令部があり、日本の陸軍士官学校には朝鮮人は年に二〜三人しか合格しないと聞き、日本まで行く必要がなく羅南で受験できたことから、これも試しに受験して合格していた。

兄は最初から京城帝大に行くつもりだったので、ソウルから「京城帝大に入るための入学金を送ってほしい」と連絡してきた。この電報を受け取った父親は、その時、脳溢血を起こして倒れ、そのまま息を引き取ってしまった。「合格を喜んで血圧が上がったのか、高い入学金に驚いたのか、電報を見たとたんに倒れたのです。金持ちのくせにケチだった父だから、後者かもしれません」と、弟はいう。

父親の葬儀が行われているところへ、羅南から憲兵隊がやってきて、陸軍士官学校に受かっているのだから入校するように迫った。断われば「非国民」になるといわれた。人一倍責任感の強かった兄は、父親の死を自分の責任のように感じていた。また、拒否すれば一家は憲兵隊に監視されることになり、家を継ぐ長兄に迷惑をかけることはできないと考えた。それに、士官学校は官費でお金がかからないから自力で生きていける。だから日本に行くことを選んだ。本当は法律を勉強したかったのに軍人になってしまったのだという。

「確か、建国大学も官費で、学費はタダのはずですが、どうして『満州』に行かなかったのですか。距離的にも日本へ行くよりも近いはずですが」との質問に、「建国大学はできたばかりで（一九三八年開校）、どのようなところなのかよく判らず、最初から行く気はなかったようです。それに、私たちは日本の憲兵の恐ろしさはよく知っていました。建国大学へ行くといえば士官学校への入校辞退を許してくれるとも思えませんでしたから」と弟は答えた。

13・天皇は神ではない

第二の謎について。「それでは、お兄さんが、『俺は天皇のために死ぬことは、できぬ』と語った、この言葉の真意を直接聞かれたことはありませんか。聞いたことがなければ、この言葉の意味をどのように考えますか」と質問すると、「私たちの父は、故郷の面（村）に、三〇〇戸ほどの小さな集落ですが、貿易で儲けたお金で、そこにキリスト教の教会を建てました。長兄が父の死後、教会を継ぎました。三番目の兄であるチェジョングン（崔貞根）は、父と同じクリスチャンでした。末っ子の私もそうです。日本人にとって天皇は神かもしれませんが、韓国人には神でもなんでもありません。ましてや私たちクリスチャンにとって神はキリストしかいない。だから、神でもない天皇のために死ぬことはできないと兄はいったのです」と真剣な表情で答えた。

チェジョングン（崔貞根）はキリスト教徒だった。キリスト教徒にとって神はキリストのみで、神でもない天皇のために命を捧げる必要はない。だから天皇のために死ぬことはできないし、死ぬのは嫌だといったというのだ。弟の、この説明を聞いたとき、「クリスチャンにとって神はキリストだけだから、天皇を拒否して当然だろう」と納得してしまい、それ以上掘り下げた質問はしなかった。

後に、戦死した学徒兵の手記などを収録した『きけわだつみのこえ』や、大貫恵美子の『学徒兵の精神誌』[20]が取り上げる特攻兵の中にキリスト教徒がいたことを思い出した。

海軍の特攻兵、林市造は母への手紙で、「私は聖書と賛美歌と飛行機につんでつっこみます[21]」と書いて、戦死している。ということは、本意かどうかは別にして、キリスト教徒も天皇のために死ななければならなかったということになる。

キリスト教徒が天皇のために死んだという事例があるということは、当時、キリスト教は弾圧によって消滅していたか、それともキリストが天皇の下にいる神となることで、弾圧を回避して、存続を許されていたのか、どちらかであったことになる。であるなら、「クリスチャンにとって神はキリストしかいない」とはいえなくなる。もし、消滅させられていたのなら神は天皇のみであり、存続を許されていたのなら、キリストよりも天皇が上なので、天皇のために死ななければならないことになる。「クリスチャンにとって神はキリストしかいない」といえるのは、宗教が国家の支配から自由になった戦後のことで、弟、チェチャングン（崔昌根）の説明や、筆者の納得は、今日的な価値基準から発想したもので、時代状況が考慮されていない解釈ということになる。

キリスト教徒が国民の三割を占めるといわれる韓国では、宗教団体はいまなお強い社会的影響力を保持しているという。歴史的にみても、キリスト教の受容は近代的な国民意識を形成していく際に大きな役割を果たし、特に、植民地時代の朝鮮社会においては学校教育に強い影響力を持っていた。それゆえに、朝鮮総督府は私立学校規則を改定し、宗教教育と宗教儀式の禁止という強引な措置をとった（一九一五年）。これは、「神という超越的な権威を背景としたユートピア的な構想が、既存の支配的イデオロギーを相対化し、さらに秩序を変革するエネルギーを生み出すこと(22)」を恐れたからであった。

一九一九年の三・一独立運動によって、総督府は従来の統治方法の転換を迫られ、朝鮮における宗教政策を一部修正したが、一九二五年には朝鮮神宮を竣工させ、「一面（村）一神社」計画を進めた。日中戦争以降はキリスト教徒も神社参拝を強要されるようになり、一九三八年、長老派教会（プロテスタント）は警察官立会いの下で神社参拝を決議した。これに反対した約二〇〇〇人の牧師、教徒は検挙投獄され、二〇〇余の教会は閉鎖、五〇余名が獄死して抵抗する事件が起きた。チェジョングン

（崔貞根）がキリスト教徒であるならば、当然、これらの事実を知りえる立場にあったはずである。

一九三九年にチェジョングン（崔貞根）は渡日し、士官学校に入校した。この年、日本では、キリスト教、仏教、神道などすべての宗教を国家の統制下におくために、「宗教団体法」が制定された。

カトリック教会は、東京の上智大学の学生が靖国神社参拝を拒否した事件（一九三二年）以降、弾圧によって教会存亡の危機にあった。一九三六年、カトリックは「政府から命じられた儀式（靖国参拝）は、宗教的なものではない」、天皇に対する忠誠心と愛国心を表すのは「社会的な儀礼」であるとして国家に迎合した。

プロテスタントの各派も政府の圧力によって合同が図られ、一九四〇年に「日本基督教団」になり、「教団あげて国家に協力する」と宣言し、伊勢神宮に参拝した。これに反対した六人の主教はスパイ容疑等で逮捕された。キリスト教徒で最後まで抵抗したのは非主流の少数派の人々であったという[23]。

同じように仏教界も「平和のための聖戦」だとして戦争に協力したが、ここで問題にしなければならないのは、チェジョングン（崔貞根）が信仰していたキリスト教の教義が、当時、どのように天皇とキリストの関係を捉えていたかである。

哲学者の高橋哲哉は『国家と犠牲』において、靖国の「血の論理」とキリスト教の「血の論理」が重ねられたことによって、キリスト教が国家に迎合する道筋がつけられたと説明する。靖国の「血の論理」とは、靖国神社に合祀された戦死者たちが太平洋や大陸で流した血によって国民の生活は護られているのだから、流した血は「尊い血」で、それは「尊い犠牲」とされた。一方、キリスト教における「血の論理」は、イエス・キリストの血（十字架の犠牲）の尊さに目覚めて新しい生を自覚した人こそキリスト者とされ、英霊の血とイエスの血を同一視することで、天皇のために死んで英霊となることの意味が説かれ、国に殉ずることこそキリスト者としての殉教であるとされた[24]。

当時の日本のキリスト教団は天皇制を相対化する可能性を封じ込められ、国家に迎合する形で、「祖国のために自己を犠牲にして死ぬならば、それは即殉教となり救済となる」と、国のため、天皇のために死ぬよう求めていたことになる。このような宗教状況下で発せられた、「俺は天皇のために死ぬことは、できぬ」という言葉を、「クリスチャンにとって神はキリストしかいない」のだから、キリスト教徒として天皇を拒否したものと解釈することはできない。殉国＝殉教であったのだから、天皇を拒否することはキリストも拒否することになってしまう。よって、「天皇のために死ぬことは、できぬ」という崔貞根（高山昇）の言葉は、「天皇を拒否してキリストを選ぶ」という二者択一的な意味ではないと考えざるを得ない。

キリスト教とまったく関係なかったのが、彼が入校した陸軍士官学校において行われていた教育であった。天皇は現人神であり、万物は天皇の所有であり、天皇に帰一する日本の国体は世界に冠たるものであるという皇国史観を中心とした教育を、彼は四年間教え込まれた。さらに卒業後は陸軍将校として「天皇の楯」となって死ぬことが義務付けられていたのに、卒業間際に、「俺は天皇のために死ぬことは、できぬ」と同期生に告げたのは、彼が皇国史観に染められていなかった証と見ることができよう。

皇国史観の代表的イデオローグである平泉澄については第二章で述べたが、この平泉澄が陸軍士官学校で講義を行うようになったのが一九三四年で、当時、士官学校の実務上のトップだった東条英機の知遇を得て、軍との関係を強めた。

東条英機から、本人は多忙だろうから、弟子を教官として士官学校に送り込んでほしいと依頼された平泉澄は、すぐに全教官を取り替えるわけにはいかないので、とりあえず一人、次の年に一人と弟子を入れ、それが七～八人になると、この弟子たちが天皇に従って国を守ろうとする気概に乏しかった士官学校生をたたき直し、他の教官もつられて同じ精神で統一されていった。こうした教官に感化された士官学校生の中には、毎年のように平泉のもとに弟子入りし、師弟の契りを結ぶ者が出現した[25]という。

士官学校の中で、この平泉派と対立したのが仏教の法華宗派であった。東条の依頼で、平泉が執筆した士官学校用の歴史教科書が、神道の立場から仏教を「自己の安心立命を主とする個人主義的なもの」と批判したことから、この記述の改訂を求めた予科の中隊長（益田中佐）が前線に出された[26]。このことからも両者の力関係が想像できよう。

その後、平泉はさらに勢いを増し、陸軍大学校の講師になり、彼の思想は軍の中枢幹部にまで浸透し、陸軍に大きな影響力を持つことになる。

14・主体の分裂

日本全体が皇国史観で染め上げられていた頃、植民地朝鮮においても皇国史観を植えつけようと「内鮮一体」が唱えられ、皇民化政策が実行されていた。しかし現実は、朝鮮人の皇民化の度合いなど不完全極まりないものであった。この支配者の「皇民化の要求の度合い」と、朝鮮人が実際に「皇民化された度合い」との間には、絶えざる矛盾・乖離があり、この矛盾・乖離こそが支配者をして、一層狂気じみた皇民化政策へと駆り立てたとする宮田節子は、矛盾を乗り切るための最後にして最大の切り札として、総督府は「内鮮一体の究極の姿は、内鮮の無差別平等に到達すべきである」と言明するに到ったとする。

その結果については、「民族差別に苦しみ抜いた朝鮮人にとって、朝鮮総督府の名において公言されたこの一言が、いかなる意味を持つかを十分に計算した上でのことだったと思う。それは徴兵制の施行過程においても、朝鮮の青年から兵役への内発性を引き出すために、最後の手段として、皇軍内には『内鮮の差別』などあろうはずがなく、軍隊こそが実質的に『内鮮一体』が実現され得る唯一の場なのだと意義付けられたのと、全く同一の論理展開を示している。しかし、それはあくまでも朝鮮人を皇民化させる手段としてのみ、この一言を用いたのであり、それ以上のものでも、それ以下のものでもなかった」と説く。

この一言に「差別からの脱出」の期待をかけた朝鮮人が、「内鮮一体」の担い手として登場し、「朝鮮人が完全な日本民族となって、内鮮の区別がなくなる時、この差別はなくなるだろう」と考えた。これらの人々が「差別からの脱出」を求めれば求めるほど「日本化」が必要となり、朝鮮固有のものへの否定をより徹底していかざるを得なかった。しかしながら、いくら朝鮮人が「内鮮一体」を求めても、支配者も日本人一般も差別をやめ、平等になろうとする考えなど持たなかった。「絶えず二歩も三歩も先を歩み続ける日本人の後を、感謝の念をこめて従順について来る朝鮮人ということの謂いであった。たとえ距離を縮めることはあっても、決して肩を並べることのない差別を内包していた」のであった。さらに、日中戦争から太平洋戦争へと戦局が拡大し、緒戦の「大戦果」によって、日本の「国威」が増大するとともに、日本人の優越感も増大し、朝鮮人に対する差別感は強まり、もはや朝鮮人に飴をしゃぶらせる必要はないと判断したのか、支配者は「内鮮一体」の理念と「内鮮平等」を混同してはならないと、本音をむき出しにしてきた。しかしそれは、朝鮮人の「内鮮一体」論者にとっては、二階に引きずり上げられたまま、梯子を外されてしまったことを意味した、と宮田節子は論じている。[27]

チェジョングン（崔貞根）はこのような時代に少年時代を過ごし、一六歳で士官学校を受験した。太平洋での開戦（一九四一年）は、彼が士官学校の予科から本科の航空士官学校に進んだ時期だった。彼が積極的な「内鮮一体」論者であったなら、梯子を外されて絶望していただろうが、彼は父親の死で仕方なく士官学校に入ったのであり、積極的な「内鮮一体」論者ではなかったと考えられる。だからといって反対論者であったことにはならない。もし、朝鮮固有の価値を守らなければならないと考える者であったのなら、日本に渡り、日本軍の将校になろうとはしないと考えるのが自然だろう。

彼は皇民化教育が強化された時代に、好むと好まざるとにかかわらず、その教育の影響を受けながら、父親の死を契機に士官学校に入校した。それは本意ではなかったのだが、士官学校を受験する前後に、強制的に体制に迎合させられたキリスト教教会の姿を見ていた。また、独立を求める抵抗運動の存在は聞いてはいただろうが、実感として捉えられるような身近なものではなく、「民族主義運動も共産主義運動も、激しい弾圧のなかで沈滞と分裂を余儀なくされていた。満州事変から日中戦争を経て、朝鮮における思想犯の転向者が多く出はじめ、一九三八年末には在刑務所思想犯や要注意人物のうち、転向が六〇パーセントをこえたと総督府側が記録している[28]」というような状況にあった。

そんな中で、彼は「宗教」や「民族」をよりどころにするのではなく、階級（星の数）がすべての軍隊なら、努力して出世することで、差別から脱出できると考えたのではないだろうか。

しかしながら、士官学校も日本社会の縮図であった。特に、陸軍幼年学校[29]の出身者は、純粋培養された軍国少年で、エリート意識が肥大化し、自分たち以外を見下していたといわれ、強力な民族差別主義者であったであろうことは想像に難くない。崔貞根（高山昇）と同じ五六期で、本科は歩兵であった金鐘碩（日原正人）は、「無口でなんとなく親しめない、絶えず、何か隔てているような感じだった」と日本人からいわれていた。彼を無口にさせたのは、同期生から差別と辱しめを受けたからであり、以来、彼はいつでも死の抗議ができるよう青酸カリを持っていたという[30]。

差別に対して無口になる人もいれば、これを跳ね返そうとする人もいるはずである。崔貞根（高山昇）の場合は、民族差別を跳ね返そうと向きになって立ち向かっていったように見える。「休憩時、バレーボールなどをわいわいとやるのですが、いやもう彼の独壇場でしたね」、（日本語は）「勿論われわれと変わりませんでしたよ。身長ですか。普通の背丈の私より一〇センチは高かったですねえ。一メートル七八センチ近くあったのではないでしょうか。闘志満々のいかめしい顔付きでしたが、人なつっこい眼をするときがありましたね[31]」と同期生の岡林竜之が語るように、「闘志満々のいかめしい顔付きで」何事においても日本人の上を行こうとしたのではないだろうか。

日本軍という組織の中で生きていかざるを得なくなった朝鮮人にとって、日本人以上の能力を発揮することが、朝鮮人としての誇りを持って生きることにつながったのだと考える。

ところが、日本人の上を行こうとすればするほど、いっそう強い差別が日本人の側から投げ返されることになる。そこで「内鮮一体」とは差別を解消するものではなく、差別を保持しつつ、朝鮮人の民族性を消去するためのものにすぎないことを知ることになる。彼もまた、差別に反発しながら、それを外に出すことはできないので、内に秘める形で民族意識を強めていったと思われる。

民族意識を強めながら、朝鮮人として日本人よりも能力が劣っていないことを示すためには、日々努力しなければならず、強い緊張感の中で生きなければならなかっただろう。そうやって本心を隠し、「日本人以上の日本人」になったとしても、差別がなくなることはなかった。何をやっても報われることのない構造の中で、一方で「日本人になれ」といっておいて、他方では「日本人にしない」という植民地支配がつづくかぎり、朝鮮人の主体は〈分裂した〉ものにならざるをえず、彼は何とか分裂を回避しようと悩んだのではないだろうか。

分裂を回避し、完全な主体であろうとすれば、植民地とその宗主国の外に出る（亡命）しかないのだが、そうするときは一切を捨てなければならない。それができないのなら、生きるためにある程度は妥協をしなければならない。抵抗しつつ従属しなければならない中で、どこまで妥協し、どこで拒絶するか。それは「包摂されながら排斥され、あるいは排斥されながら包摂されるとき、人は両方の力を全身に受けて、まさに身をさかれる葛藤の中で強い抑圧を意識する」[32]ような日の連続であり、加えて卒業し、日本軍の軍人として戦場に立たなければならない日が迫っていた。彼の葛藤はピークに達し、そして、彼は、「俺は天皇陛下のために死ぬというようなことはできぬ」という結論に至ったものと考える。

苦悩に苦悩を重ねた一人の朝鮮人が、「私は朝鮮人であるから、天皇のために死ぬことはできない」と宣言したのである。戦争のまっただ中において、植民地支配された被抑圧民族が、日本軍の幹部養成機関の中で発したこの言葉は極めて重い。日本軍は四年かけて皇国史観と軍人教育を叩き込んだのだが、一人の朝鮮人の心の中まで支配することはできなかったのである。

15・日本は負ける

チェチャングン（崔昌根）に対する最後の質問として、兄と最後に会ったのはいつかと尋ねた。彼によると、兄は一九四五年の正月に、突然、帰郷して、実家に二泊したという。

「兄は、フィリピンのレイテ湾では全滅だったといいました。フィリピンでの特攻隊の記事は新聞に載っていたので、姉のチェミョンニョ（崔鳴女）が、『もし特攻隊に選抜されたら、満州には親戚がいるから、そこへ逃げろ』といいました。兄は、『それはできない。逃げたら朝鮮人の汚名になる』と拒否しました」という。

肉親が特攻に出ることが決まり、その報告と最後の別れのために故郷に戻ったときに、「逃亡」を勧めた日本人はいただろうか。そういう事例は聞かないし、存在したとしても表ざたになることはなかった。天皇のために死ぬのが当然とされていた時代であった。特攻に出ることは特別の名誉であり、家族にとっても名誉であり、出身地（郷土）の名誉と考えられていたために、立派にその役目を果たすよう、すなわち死ぬよう、多くの肉親、家族が求めたという話が残されている。その結果に報いるために軍は死後に二階級特進させ、階級に応じて支給される遺族への扶助料等もアップする仕組みを用意していた。

もし、生きることに執着して逃亡すれば、本人は逮捕、拘禁され、卑怯者、臆病者、と罵られるだけでなく、家族は「非国民」の一家として社会から徹底して排除された[33]。逃亡という「恥」は、本人だけでなく、家の「恥」となり、郷土の「恥」と受けとめられた。こうした日本の社会が持つ共同体的同調圧力が特攻作戦をつづけさせた背景の一つとしてあったのだが、朝鮮では違った。

チェチャングン（崔昌根）の姉のように、いとも簡単に「天皇のため、日本のために死ぬ必要はない。満州に逃げろ」ということになる。これは、この姉だけでなく、先述の金尚弼（結城尚弼）の兄もまた、「幸か不幸か飛行機乗りになったのだから、これを活用して逃げろよ、中国か台湾へ！　中国には朝鮮臨時政府があるだろう」と具体的に行き先まで示して逃亡を勧めた。このような状況こそが宮田節子のいう、支配者の「皇民化の要求の度合」と朝鮮人の「皇民化の度合」の間の乖離・矛盾であった。

「正月に実家で会ったのが最後の別れとなり、心残りだったでしょう」というと、「いや、その後、私は日本の慶応大学を受験するために日本に行きました。受験が半分、半分は日本に行くための口実で、兄に会うためでした。だから東京で受験した後、福岡県の博多に行きました。一九四五年の三月だったと思います。私と兄は博多の旅館に一泊し、夜通し語り合いました。私は、操縦者である兄が特攻隊員になるのではないかと、それが一番の心配でした。兄は、『俺は、特攻隊員に急降下を教える教官だった。それに、数少ない襲撃隊員だから選ばれることはない』といいました。そして、『日本は負ける。日本には飛行機がないから、もう勝ち目がない。それよりも操縦者がいないので絶対に勝てない』と断言しました。それから『日本が負けたら、故郷に帰って結婚したい』といっていました」とチェチャングン（崔昌根）は語った。

第六航空軍が編成されたのは一九四四年一二月。司令部を福岡市に置いて、各地の飛行隊から人員と飛行機を集めて沖縄戦に対処しようとした。一九四五年三月、崔貞根（高山昇）がいた六六戦隊も通常部隊として第六航空軍に編入され、沖縄戦に投入されることになった。そのために崔貞根（高山昇）らが先遣隊として千葉県から福岡県の大刀洗飛行場に移駐していることから、二人が三月に博多で会ったのは間違いないだろう。

崔貞根（高山昇）は、多くの日本人が「神州不滅」を信じていたのとは違い、一九四五年三月の時点で、日本の敗北を確信していたという。その理由が、日本には飛行機がないこと、それよりも操縦者がいないことであった。

「アメリカでは、太平洋戦争開始後、ルーズベルト大統領が飛行機年産五万機、パイロット養成年間二万名の計画を実行に移していた。これに対して日本では、昭和一四（一九三九）年のノモンハン事件の敗北で、航空兵力増強の必要性を痛感した陸軍が、翌十五年から大幅な航空士官の養成を始めていた。この時に入学した航空士官学校五十六期生が、ちょうど十八年五月に卒業して、士官候補生となったが総数六二七名にすぎず、他に年間二六〇〇名を採用した少年飛行兵を加えてもアメリカとの差は大きかった[34]」とされるように、飛行機の生産と操縦者の養成には桁違いの開きがあった上に、双方を酷使し、消耗品として使い捨てにしたのだから、結果は目に見えていた。

崔貞根（高山昇）は、その五六期生であり、彼が父親の葬儀の最中に、憲兵隊から士官学校への入校を強要された背景には、軍の「航空兵力増強の必要性の痛感」による増強計画があったことになる。

彼は、士官学校を卒業後に「満州」で訓練を受け、一九四四年一〇月からフィリピン戦に参加、実戦を経験するが、所属する六六戦隊はほぼ全滅状態になり、生き残ったわずかな操縦者と地上員（整備等）は千葉県の銚子飛行場に引き揚げを命じられた。そこで飛行機と人員を補充して六六戦隊は新たに編成しなおされた。

新たな六六戦隊の隊員として各地の飛行学校の教官や特操出身者が集められ、沖縄戦に向けた訓練が開始された。フィリピンで実戦を経験した崔貞根（高山昇）は、新加入の操縦者の訓練状況を見て、飛行技術に加え、爆撃技術（急降下して爆弾を当てる技術）を有する操縦者がいなくなったことを肌で知り、押し寄せるアメリカ艦船に対抗する術はないとして、日本の敗北を確信したと思われる。

以上、弟、チェチャングン（崔昌根）の話から判明したことは、チェジョングン（崔貞根）は父親の死によって希望していた弁護士への道を断念し、陸軍士官学校に入校したこと。クリスチャンであったこと。そして戦争終結が近いことを確信していたことであった。

最も重要な、「天皇のために死ぬことは、できぬ」という言葉の真意について、弟は、「兄はクリスチャンだから、神はキリストのみで、神でもない天皇のために死ぬことはできないといった」というが、これは現在の価値基準による判断で、キリスト教徒も天皇のために死ぬことが求められていた時代においては、「神はキリストのみ」ではなかったので、このような宗教的な意味は持ち得ないといえよう。もちろん宗教者としての個人の良心や心性までを否定することはできないが、それらを表に出すことは許されない時代であった。

よって、この言葉の意味するところは、同期生の岡林竜之の手記にある「朝鮮民族の血と歴史を踏まえた苦悩」として、民族意識を持った結果、朝鮮人としての〈主体の分裂〉に直面し、朝鮮人として、天皇のために死ぬこと、日本のために死なねばならないことの意味を考え、それは「できぬ」との結論に達したと考えるべきだろう。

最後の、「なぜ、突入したのか」について、弟は、戦死後一五日以内に遺族に届けられることになっていた戦死の通知が届かなかったので、戦死したことすら知らなかったのだから、戦死した時の状況など知る由もなかった。

崔貞根（高山昇）は、自ら望んで士官学校に入校したのではなく、父親の死によって仕方なく入った。そこで四年間も平泉澄の弟子らによって皇国史観を教え込まれながら染まらなかった。彼は、一方通行の特攻隊員ではなく、反復攻撃を任務とする襲撃隊員であった。そして、朝鮮人として民族意識を持ち、「天皇のために死ぬことは、できぬ」と考え、なおかつ日本の敗北が近いことを確信していた。そのような人間が、日本のために、天皇のために、自らの意思で体当りをするとは考えられないのだが、軍は特攻で死んだと「布告」し、戦史も特攻戦死したと書く。

飯尾憲士も、当初は、「天皇のために死ぬことは、できぬ」と語った人間が、自らの意思で突入するはずがないと考えていたが、「突入する」と無線連絡があったとの証言を突きつけられ、崔貞根（高山昇）は「自らの意思で体当りした」と結論付けた。

確かに、無線機を積んでいて、「突入する」と連絡をしてきたのなら、自らの意思で体当りしたことになるが、本当に、崔貞根（高山昇）が乗る飛行機（T機）から無線連絡はあったのだろうか。

16・二通の公文書

無線連絡の有無を明らかにするために軍用機の性能を調べていると、ほどなく朝鮮人特攻兵を学問研究の対象としている三人の研究者がいることを知った。

その一人であるペヨンミ（裵姈美）から、示唆に富む論文、「特攻隊員とされた朝鮮人[35]」と「朝鮮人特攻隊員に関する一考察[36]」が送られてきた。この二つの論文は、これまで朝鮮人特攻兵についての史料調査が行われていなかったことを踏まえて、インタビューと原史料に基づき、史実とされている事柄を問い直そうとする画期的なものであった。

「特攻隊員とされた朝鮮人」の論考では、まず、どれくらいの朝鮮人が特攻戦死したのかを概括し、その後に、個別事例として朝鮮人特攻兵の生と死を論述しており、事例の最後が崔貞根（高山昇）になっていた。注目すべきことは、この論文が、飯尾憲士が体当りの根拠とした無線連絡は無かったことを原史料によって明らかにしていることである。

原史料とは、防衛省防衛研究所史料室所蔵の「飛行第六六戦隊死没者書類綴」で、崔貞根（高山昇）が所属していた六六戦隊の「文書発信簿綴」にあたる。

この「綴」の中に、崔貞根（高山昇）と同乗者である飯沼良一に関する文書が二通あった。

一通は、昭和二〇（一九四五）年五月一八日付で、六六戦隊のトップ（戦隊長）、藤井権吉から、上級機関である第六航空軍司令官宛に送られた、「飛六六人第五一号　戦死生死不明者ノ件報告」（以下、「五・一八報告」という）なる文書で、出撃したまま帰還しなかった人物を「生死不明者」として、日時を付して報告している。

この生死不明者の中に、崔貞根（高山昇）と飯沼良一の名前があり、「中尉高山昇　大一〇・一・一一　那覇沖輸送船攻撃南西諸島海上ニ於テ四月二日生死不明トナル」と書かれている。二人は、すぐに特攻戦死と認定されたわけではなく、五月一八日の段階では生死不明者として考えられていたわけだ。

二通目は、同年六月六日付「飛六六人高大二七号　生死不明者死亡確認ニ関スル件報告」（以下、「六・六文書」という）で、これは、生死不明であった崔貞根（高山昇）と飯沼良一は、実は特攻戦死していたという報告書で、宛先は陸軍大臣になっており、全文は次の通りである。

「飛六六人高第二七号　生死不明者死亡確認ニ関スル件報告」

第六航空軍司令部経由　陸軍大臣殿「極秘」　隊長印・藤井　副官印・加藤
生死不明者死亡認定書
飛行六十六戦隊付　陸軍中尉　高山昇　陸軍軍曹　飯沼良一
一、生死不明トナリタル日時場所　昭和二十年四月二日　慶良間列島南方海上
二、生死不明トナリタル前後ノ状況
一・任務　沖縄付近敵輸送船攻撃
二・敵情　敵機ハ夜間制空シアルヲ認メザリシモ黎明ト同時ニ列島線ニ沿ヒ哨戒シアリテ敵船団ノ情況別紙要図ノ如シ
三・気象　沖縄島南東全般ニ下層雲アリ細部不明ナリキ
四・通信　機上無線設備シアリタルモ連絡不能ナリキ
五・交戦状況別紙要図ノ如シ
三、採リタル捜索手段　自隊ニヲケル空中捜索其ノ他捜索不能ナリシヲ以テ在地各部隊ニ捜索方依頼セルモ消息不明ナリ
四、死亡認定ノ理由　第二小隊機高山機ハ未帰還ナルモ　第二番機田野本曹長（檜山候補生）機ノ認メタル高山機ノ状況ハ左ノ如シ　少隊ヲ分開後高山機ハ高度ヲ低下シツツ別紙要図地点ニ接敵突入シ行クヲ認メ　巡洋艦又ハ駆逐艦一隻ニ突入体当ニ依リ撃沈セルヲ認メタリ　依テ地域的時間的関係ヨリ高山機ノ体当り攻撃ニ依リ自爆戦死セルモノト認定ス

写真１　「6・6文書の原本」

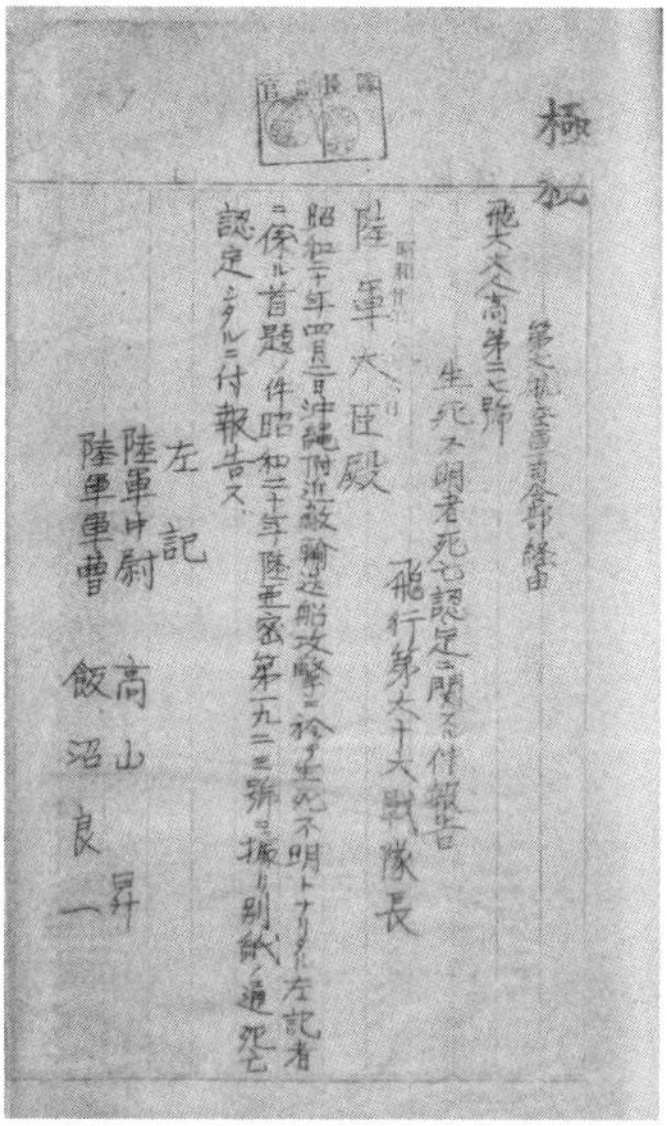
極秘
飛六六人高第三七號
第六航空軍司令部經由
生死不明者死亡認定ニ関スル件報告
飛行第六十六戰隊長
陸軍大臣殿
昭和二十年四月二日沖縄附近敵輸送船攻撃ニ於テ生死不明トナリタル左記者ニ係ル首題ノ件昭和二十年陸亜密第一九二三號ニ據リ別紙ノ通死亡認定シタルニ付報告ス
左記
陸軍中尉　高山昇
陸軍軍曹　飯沼良一

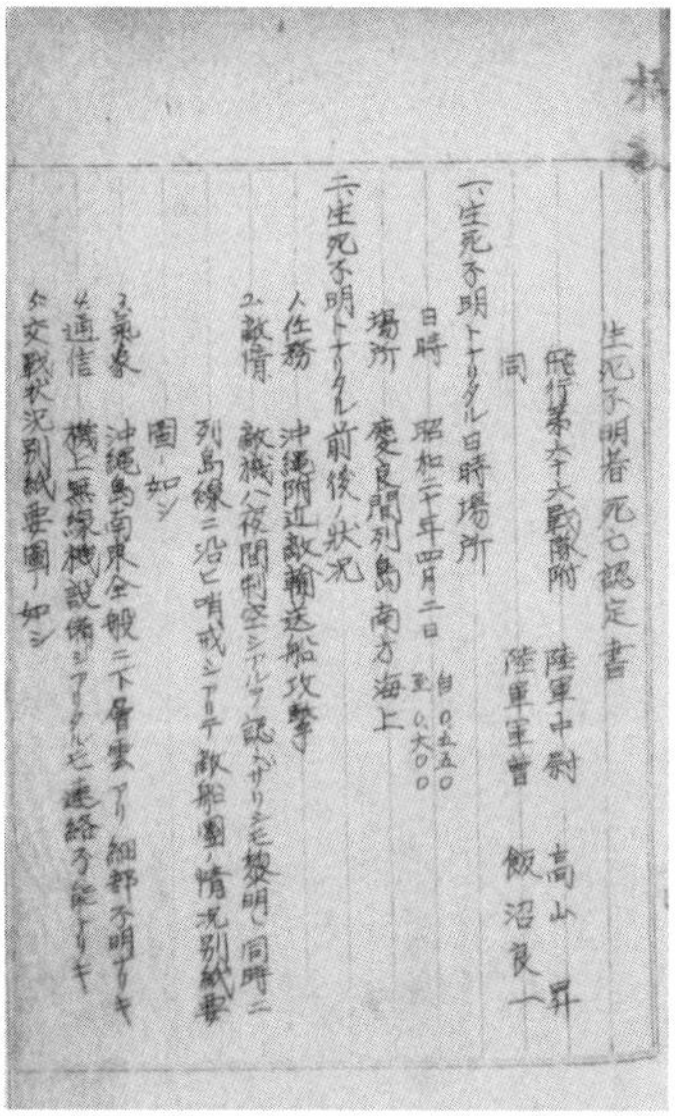
生死不明者死亡認定書
飛行第六十六戰隊附　陸軍中尉　高山昇
同　陸軍軍曹　飯沼良一
一、生死不明トナリタル日時場所
日時　昭和二十年四月二日　自〇五五〇　至〇六〇〇
場所　慶良間列島南方海上
二、生死不明トナリタル前後ノ状況
1.任務　沖縄附近敵輸送船攻撃
2.敵情　敵機ハ夜間制空シアルヲ認メザリシモ黎明ト同時ニ列島線ニ沿ヒ哨戒シアリテ敵船團ノ情況別紙要圖ノ如シ
3.氣象　沖縄島南東全般ニ下層雲アリ細部不明ナリキ
4.通信　機上無線機設備シアリタルモ連絡不能ナリキ
5.交戦状況別紙要圖ノ如シ

出典）防衛省防衛研究所資料室所蔵

昭和二十年六月一日　飛行六十六戦隊長
藤井権吉

　論文「特攻隊員とされた朝鮮人」は、この「六・六文書」の二の四、通信「機上無線設備しありたるも連絡不能なりき」との記述を証拠に、飯尾憲士が、T機突入の根拠とした無線連絡はなかったとする。つまり、副官の加藤武雄は飯尾に虚偽の証言をし、飯尾は間違った結論を導き出したことになる。

　飯尾が、T機突入の唯一の証拠とした無線連絡がなかったのなら、T機突入そのものもなかったことになるのかというと、そうはならない。同文書は、四において、「第二番機田野本曹長（檜山候補生）機が、巡洋艦又は駆逐艦一隻に突入

写真２　飛行航路図

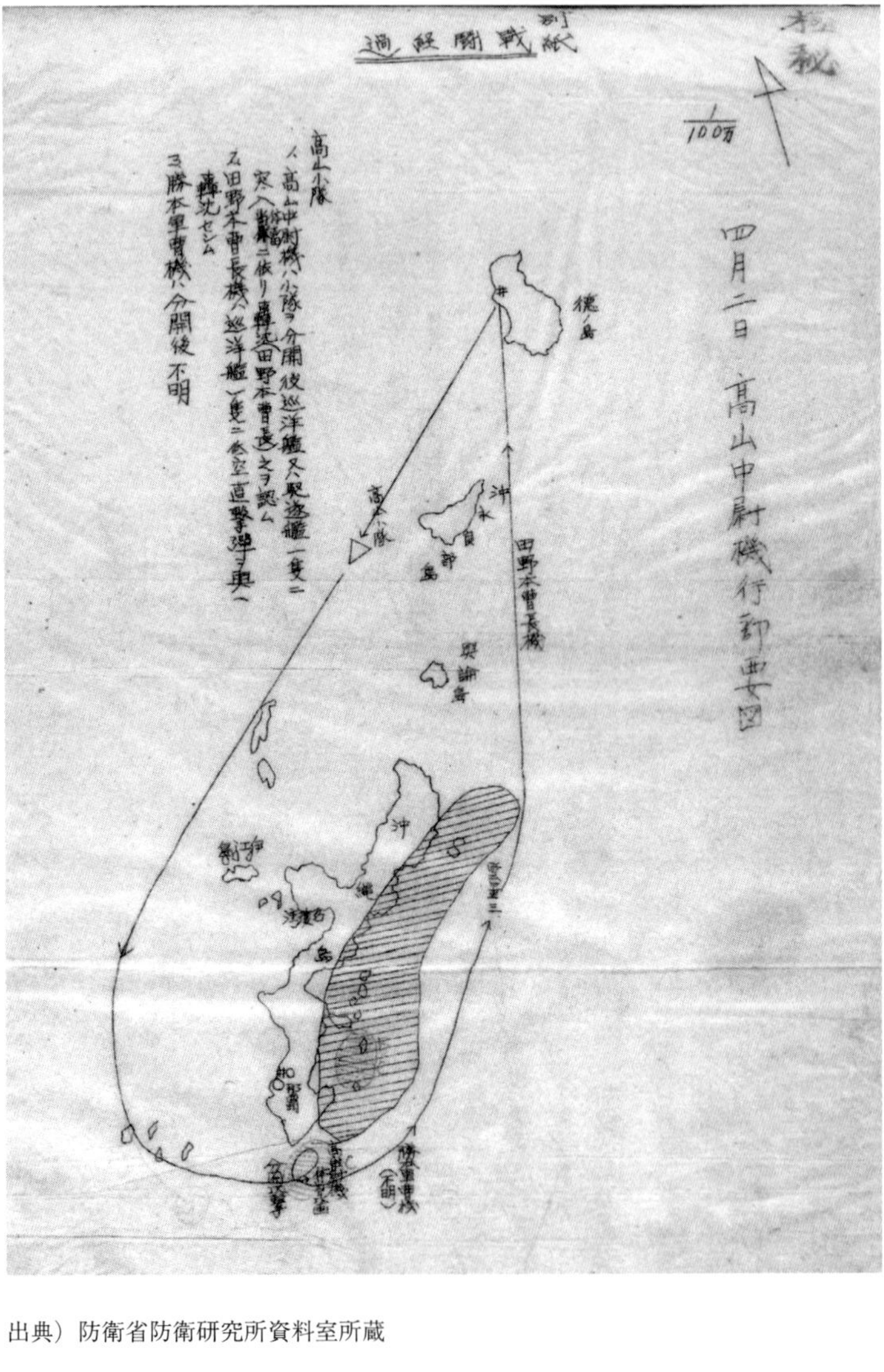

出典）防衛省防衛研究所資料室所蔵

体当に依り撃沈させるのを認めた」として、崔貞根（高山昇）は特攻戦死したと認定しているからである。「連絡不能」を認めるならば、「突入」も認めなければならず、都合の良い部分だけを引用（断章取義）することが許されないのはいうまでもない[37]。

原史料は、T機には無線機があり、通信手が同乗していたが、「突入する」との連絡はなかった。しかし、体当りしたのを二番機（田野本機）が目撃した。よって、生死不明としていた崔貞根（高山昇）と飯沼良一は特攻戦死したと認定すると報告しているのだが、戦死してから二ヶ月以上も経過して提出されたこの文書は、果たして事実を正確に反映したものなのだろうか。

17・二重構造

特攻戦死と認定するのに二ヶ月以上もかかっていることから、遅延の理由を探すために、文書の流れを時系列で整理すると次のようになる（年号は一九四五年）。

四月一日、アメリカ軍沖縄本島上陸。この日の夜、崔貞根（高山昇）、九州の万世基地から徳之島に移動。

四月二日、早朝、崔貞根（高山昇）、徳之島から沖縄に向けて出撃。未帰還。

四月一〇日、アメリカ軍機の空襲により、徳之島における六六戦隊の飛行機は皆無となり、残された隊員は喜界島へ移動[38]。

五月一日、今津正光（第三攻撃集団長）の名前で、崔貞根（高山昇）と飯沼良一が特攻戦死したとする「証明書」が発行される。（確認者は田野本と檜山）【証明書】

五月一六日、喜界島に移動した六六戦隊の一二名は、海軍の飛行機で喜界島を脱出する際、撃墜されて死亡。この中に、田野本と檜山がいた。(39)

五月一八日、「戦死生死不明者ノ件報告」（五・一八報告）において、崔貞根（高山昇）と飯沼良一は生死不明者として報告。【五・一八報告】

五月二七日、豊田副武（連合艦隊司令官）の名前で、崔貞根（高山昇）と飯沼良一は「敵艦船に体当りして轟沈の戦果」、「この殊勲を認め全軍に布告する」との全軍への「布告」が出る。【布告】

六月六日、六六戦隊から陸軍大臣宛に、崔貞根（高山昇）と飯沼良一は特攻戦死であったという確認書、「生死不明者死亡確認ニ関スル件報告」（六・六文書）が送付される。【六・六文書】

「五・一八報告」には、三月二九日から四月二日までの間に生死不明となった六六戦隊の隊員の名前が列記してある。彼ら襲撃隊員は特攻兵ではないので、飛び立ったあと帰ってこなかったら、「生死不明者」として扱われていた。そして、死亡が確認されるたびに、例えば、先に述べた、四月一日に海没した杉谷勝次は「生死不明者」として扱われていたが、遺体が九州の海岸に漂着し、所持品から本人と確認され、五月一日付で「戦死」と認める報告書が出されている。

これと同じように、崔貞根（高山昇）も四月二日に帰還しなかったので、「五・一八報告」では生死不明者のリストに入れていたが、後日、「特攻戦死」と認められたので、「六・六文書」で報告するということで、何の不思議もないように見える。

だが、全体の文書の流れは極めて不自然である。四月二日に崔貞根（高山昇）らは帰還しなかった。最初に出た文書が、六六戦隊の上部機関である第三攻撃集団からの「証明書」で、上部機関が早々と特攻戦死と認め、二階級特進させている（五月一日）。ところがそのあと、五月一八日に、直属の部隊である六六戦隊は、彼は「生死不明者」であるとの矛盾した報告書を出した。

上部機関が特攻戦死と認めたのに、その後に直属部隊が生死不明であると報告したのはなぜなのか。直属部隊は「証明書」が出ていることを知らなかったからであろう。

直属部隊では、五月一日に特攻戦死と認められていることを知らず、五月一八日の時点においても、崔貞根（高山昇）は「生死不明者」と考えていた。その後、五月二七日に、第三攻撃集団のさらに上の機関である連合艦隊司令官の名前で、彼の「特攻の殊勲を讃える」ための「布告」が全軍に向けて出された。これは「証明書」に基づき自動的に出されたものと思われる。この全軍への「布告」を見た直属部隊では、「五・一八報告」との整合性を持たせるために、「生死不明者」扱いしていた崔貞根（高山昇）は、実は「特攻戦死者」だったとする文書を作成し、六月六日に送付した。

このように公文書の日付から、「証明書」、「布告」という上部機関の文書が先行し、直属部隊の文書、「五・一八報告」、「六・六文書」が後追いするという二重の構造になっていることが判る。ちなみに関係する組織を図にしてみると次のようになる。

連合艦隊司令部――第六航空軍――第三攻撃集団――第六六戦隊
豊田副武（司令官）　菅原道大（司令官）　今津正光（集団長）　藤井権吉（戦隊長）
「布告」　「証明書」　「五・一八報告」「六・六文書」

六六戦隊は特攻隊ではなく通常部隊であったので、所属するAが体当りをした場合、「Aが体当りしたのをBが目撃した。だから特攻戦死と認めてほしい」との申請書類を六六戦隊が作成し、上部機関である第三攻撃集団に提出する。それが認められると、集団長の名前で「証明書」が出されて、Aは「特攻戦死者」扱いになり二階級特進した。ところが、上部機関のほうが先に「特攻戦死者」と認定してしまった場合、直属部隊では事務手続きを後追いすることになる。

重要なことは、なぜ、上部機関が〝先に〟特攻戦死と認めたのかということである。そして、例え、それが後追いであったとしても、直属部隊としては喜ばしい事態であったということである。

前者についての考察は後に回すとして、特攻隊員となり、体当りのために出撃しながら、故障して墜落したり、あるいは途中で撃墜されてしまい、特攻戦死として認められずに、通常の戦死扱いとなる例が多々あり、特に陸軍ではそれが多かったといわれている中で、通常任務に出た未帰還者が特攻戦死と認められたのだから、直属部隊としても歓迎すべきことであった。特攻戦死なら通常の戦死とは違い、本人は二階級特進し、部隊の栄誉でもあり、遺族にも栄誉は分け与えられた。ただし、これは日本人の場合である。

特攻戦死の認定が所属部隊にとって栄誉なことであったのなら、「六・六文書」で「無線連絡は不能」と書いた副官の加藤武雄が（書類には加藤の印が押されている）、飯尾憲士に対して、「北上中の敵船団を発見、突入する」との無線連絡があったと矛盾した証言をしたのも、栄誉を守ろうとしたためと考えることができる。

加藤武雄は、飯尾からの問い合わせの手紙の中に、「崔貞根（高山昇）は特攻戦死ではなかったのではないか」という疑念の匂いを嗅ぎ取った。だから加藤武雄は、「六・六文書」を作成した自分自身を守り、部隊の栄誉を守り、そして本人の名誉を守ろうとした。彼にとって特攻戦死は誇るべきことであり、「体当りではなかったのでは」と疑うことは、戦死者を冒瀆し、所属していた部隊をも冒瀆することであった。そう考えると加藤がとった行動は一貫していたことになる。

以上のことから、上部機関が崔貞根（高山昇）の特攻戦死を先に認定したため、直属の部隊では後を追う形で文書を作成したことになり、だとしたら、なぜ、上部機関が真っ先に特攻戦死と認めたのかが問題となり、後を追う立場の直属の部隊が、どこまで事態を正確に把握していたのかが問われることになる。

18・坂井保一の証言

二〇〇七年、韓国のチェチャングン（崔昌根）より手紙が届いた。彼は、どうしても兄の最期の状況を知りたくて、兄が卒業した陸軍士官学校の五六期の生存者がつくる同期会（紫鵬会）に連絡を入れたという。その会の人より教えられたことは、兄には「梅沢ひで」という日本人の婚約者がいたのだが、彼女は二〇〇五年に亡くなったこと。また、兄と「満州」－フィリピン－千葉県－鹿児島県と、ずっと行動をともにしていた坂井保一という人が生存しており、その住所を教えてもらったので、是非会いに行きたいこと。その坂井保一は貴方と同じ石川県に住んでおり、すぐにでも会いに行きたいのだが、しばらくは日本に行くことはできないので、私が訪日したときに会ってもらえるよう交渉しておいてほしいとの要請が述べられていた。

依頼された件を電話で説明するのは難しいと考え、直接、本人に会って説明しようと、坂井保一宅を訪ねた。

坂井保一は親しみの持てる温和な人柄で、チェチャングン（崔昌根）が訪日した際に会ってもらえる約束を取り付けると、いろいろと質問をしてみた。

彼は一九二〇年、石川県で生まれ、陸軍士官学校を卒業後、「満州」では操縦者の訓練を受けたが、フィリピンに行く段階で整備将校（少尉）になり、九州でも本部付だったので生き延びることになったという。彼は、崔貞根（高山昇）という人間について懐かしそうに語ってくれた。

私が、高山中尉にはじめて会ったのは「満州」の湖南営だった。一九四四年の早春、ソ連国境に近い三江省の満鉄の駅、千振駅に出迎えに行った。汽車からスマートな青年将校が降りてきて、「高山です」といい、「北満は寒い」と笑った。その温和な笑顔がとても印象的だった。私たちは六六戦隊の第三中隊に勤務するよう命令された。斉藤大尉が中隊長で、将校は杉谷大尉、高山中尉と私の三人だった。

湖南営では、払暁、薄暮、夜間とあらゆる状況を想定した実戦的訓練を行った。高山中尉は急降下して、壕に隠されている飛行機に直撃を当てるまで腕を上げた。ある日、錦州より湖南営に帰る途中、前方に黒煙を上げて走る列車を見つけるや、急に低空飛行に入り、列車と並んで飛んで、列車に手を振り「ニコッ」と笑い、まるで悪戯っ子のようだった。

一九四四年五月、錦州に移って、フィリピンに行くために洋上作戦能力向上訓練に従事した。激しい訓練が終わると、鋭気を養うためにと一緒に夜の街に繰り出した。今でいうバーみたいなところへ行ってよく騒いだ。高山中尉は明るくてよくしゃべる人で、黙るとまじめな顔になるが、よく冗談をいって大笑いする面白い人だった。

六六戦隊は一九四四年七月にフィリピンへの移駐命令を受け、奉天－北京－南京－上海－屏東を経由して七月九日にルソン島に到着した。そこでは、対潜哨戒、船団護衛が任務だった。すぐに北ボルネオのサンダカンに移動し、そこで高山中尉は主任教官として特別操縦見習士官（特操）二〇名の訓練に専念した。

ある日、サンダカンから隣の島の航空廠に用事があって、二人で飛行機に乗った。操縦は高山中尉で、途中で彼は突然、急降下して地面すれすれに飛び、馬の群れがパーッと散った。馬を驚かせるために急降下したのだ。とにかく操縦のうまい人だった。その後、パラワン島に移り、上官の訓辞を受けているときにB24が襲ってきた。飛行機が何機もやられて、燃え上がった。

やがてアメリカの機動部隊がレイテ島に来攻という情報で、レイテ攻撃のために、サンホセ飛行場に行き、ここから、一一月二三日、レイテ湾に向かって出撃した。ところが部隊長以下、ほとんどが帰ってこなかった。高山中尉は戦果を上げ無事帰還した。この攻撃で、乗る飛行機がなくなり、「戦力回復」の命令が出て、一二月一二日、残った操縦者と整備員は千葉県の下志津（飛行学校）に行くように命じられた。

私たちはクラークフイルド飛行場から、沖縄を経由して福岡県の雁之巣飛行場についた。博多からは各人が実家に立ち寄ることを許可され、私は、石川県の実家に二泊して、千葉の下志津に行った。高山中尉は朝鮮に帰るには遠すぎたのだろう、私が下志津に着いたときには彼はそこにいた。

高山中尉が朝鮮人であることは、「満州」で上官から聞かされていた。彼との会話の中で、「天皇のために死ぬことは、できぬ」といったという話は出てこなかったが、彼は私と二人のときは、天皇のことを「天ちゃん」といっていた。当時、天皇を「天ちゃん」などという人はいなかったから、私は驚いて、黙っていたら、それからは「天ちゃん」「天ちゃん」だ。そんなことをいう人は私の知る限りでは彼だけだった。

同乗者の飯沼良一についてはあまり憶えていない。彼はおとなしくて、頭の良い人物だったと思う。彼は酒を飲まなかったから、付合いはなかった。

高山中尉がキリスト教徒であったことは知らない。軍隊で宗教の話しをすることはなかった。

千葉県の下志津に下志津飛行学校があって、ここの医務室で健康診断を受けた。医務室の隣の事務室に女子挺身隊として働いていたのが「梅沢ひで」だった。高山中尉が一番先に到着し、私たちが到着するまでの間に二人は意気投合していたというわけだ。しかし、私たちは、ここには二日間しかいなかった。健康診断が終わると同じ千葉県の銚子飛行場に移り、六六戦隊は新たに再編成され、訓練を開始した。しかし、その後も高山中尉は彼女と会っていた。彼女の実家にも何度か泊まっていたようだ。

彼女も、その親も、彼が朝鮮人であることを知っていた。彼はちゃんと話したといっていた。彼は「彼女が一八歳になったら結婚しよう」と申し込み、婚約した。

その後、茨城県の鉾田基地に行き、ここで上官が訓示しているときにグラマンに襲われた。彼は部下を誘導し、栃木県の黒磯町まで逃げ、戦死一名、破損一機と最小限の被害に食い止め戦力を保持した。彼は常に冷静で、的確に状況判断ができる人間で、頭に血が上るようなタイプではなかった。

九州へ行ったのは、一九四五年三月二六日で、鹿児島県の万世基地へ移駐命令が出た。高山中尉は「初めて恋をした。彼女は美しく、やさしい。短い期間の交際であったが、非常に幸せであった」といっていた。彼はこのような気持ちで九州に行ったわけだ。

最後のことというか、彼が徳之島に行ってからのことは知らない。私は万世基地の戦隊本部にいたから。そこで副官の加藤から「高山さんが突っ込んだ」と聞かされ、「やったか」と思った。ああ、間違いない。「高山さんから突っ込むと連絡があった」と加藤から確かに聞いた。

彼はいつも冷静で勇敢だった。反面、ものすごい茶目っ気というのがあって、私は、彼が突入したと聞いたとき、これまで、特攻で沈めた船は駆逐艦とか小さいものばかりだったので、彼なら敵の弾幕をかいくぐって、深入りし、大きな船、戦艦とか空母を狙ったのではないかと思った。アメリカ側の資料には沈没した艦船はないと書いてあるのかどうかは知らないが、そう思ったということで、長い付き合いから、彼ならやりそうだと思ったということだ。当時の操縦者なら、みんな突っ込むのが当然と思っていた。体当りをするのは当然の行為ということだ。理解できないだろうが。

高山中尉も死ぬ覚悟だったと思う。彼との最後の行動になったのは、福岡県の上級機関へ出張したときだった。連絡業務のために。彼は連合国側の物量とB29の威力を熱心に語り、戦局は危機に直面しており、今度出撃したら帰ることはできないだろうと語っていた。その時、私は、この人は突入する覚悟でいるなと思った。

恋人を残して、自分の意思で体当りするとは考えられないというのは今の考えだ。当時は、妻子がいようが、恋人がいようが関係なく、国のために死ぬことが軍人の務めであり、当然のことだった。そんな時代だった。

崔貞根（高山昇）の人物像を知るうえで貴重な話で、ここから類推できることは多々あるだろう。重要な点は、坂井保一が「副官の加藤武雄から、高山機から突入すると連絡があったと聞いた」という証言である。

19・記録と記憶

チェチャングン（崔昌根）より来日するとの連絡が入った。日本のテレビ局（ＮＴＶ）が、彼の抱える諸問題をドキュメンタリー番組にするのだという。[40] 東京では、兄の戦死通知が遺族のもとに届かなかったことに対する謝罪と補償を求める交渉を厚生労働省と行い、石川県金沢市に移動して、石川護国神社にある「大東亜聖戦大碑」に賛同者として兄の名前が無断で使用されていることに抗議の意を表し、そして、兄の戦友だった坂井保一との対談を撮影するという。東京の陸軍士官学校五六期の生存者の会（紫鵬会）で、崔貞根（高山昇）のことを知っている者は生きておらず、チェチャングン（崔昌根）に、〝兄の匂い〟を届けることのできる唯一の人が坂井保一であった。

なお、人間関係を理解しやすくするために、一九四五年一月に千葉県の銚子飛行場で再編された六六戦隊の陣容（将校）を示すと次のとおりになる。（出典は苗村七郎の『よろづよに』五六、五七頁。太字は本書に登場する人物。田辺は坂井保一の旧姓）

六六戦隊

戦隊長・**藤井権吉**（少佐）

第一中隊長・**山崎武雄**（大尉）

第二小隊長・篠原新吉（中尉）

第三小隊長・**今田義基**（少尉）

整備班・富安正人（中尉）

第二中隊長・徳永悦太郎（大尉）

第二小隊長・**赤堀春一**（少尉）

第三小隊長・矢口定男（少尉）

整備班・三島直介（見習士官）

第三中隊長・**杉谷勝次**（大尉）

第二小隊長・**高山昇**（中尉）

第三小隊長・**苗村七郎**（少尉）

整備班・**田辺**（坂井）**保一**（少尉）

本部付・堀田（中尉）。**加藤武雄**（少尉）。都尾（少尉、軍医）

二〇〇八年五月、石川県金沢市で二人は対面した。テレビの撮影が終了するのを待って、筆者は「五・一八報告」「六・六文書」と、経過をまとめた表を持参し、二人に会った。以下、坂は坂井保一、山は筆者である。

山――前回お会いしたときに、副官の加藤武雄から「高山機から突入したという連絡があった」といわれましたが、間違いありませんね。

坂――間違いない。四月二日の一一時頃だったと思う。加藤から「高山さんが突っ込んだ」と聞かされた。

山――ここに「五・一八報告」があります。この文書において崔貞根（高山昇）は生死不明者として扱われています。貴方が「突っ込んだ」と聞いたのは、当日の一一時頃だということですから、その日のうちに特攻戦死の知らせが万世基地に届いたということです。それなのに、なぜ生死不明者として届ける必要があったのでしょうか。彼を生死不明者として扱ったということは、彼は体当りをしたのではなかったということではないでしょうか。この書類には、戦隊長の藤井の印と、その隣に副官の加藤の印が押してあります。だから、これは加藤武雄が書いたものと思われます。

坂――こんな書類があるとは知らなかった。六六戦隊の事務は副官の加藤と、その下に富永という庶務係がいた。重要なものは加藤が書いていたはずだ。しかし、どうしてこのような文書を出したのだろう。はっきりと「高山さんから突っ込むと連絡があった」といっていたのに。その時、加藤から高山さんの遺品を整理してくれといわれ、私が整理した。遺品はわずかしかなかったが、私が荷物をまとめた。

山――四月二日に、特攻戦死の知らせが万世基地に届いていたのなら、五月一八日になって生死不明者だと報告する必要はないはずです。この「五・一八報告」を出したがために、行方不明だった崔貞根（高山昇）は実は特攻戦死だったとする「六・六文書」を作成せざるを得なくなったと思われます。この文書はご存知ですか。

坂――初めて見た。現場の者がこのような文書を見ることはないから。これは陸軍大臣宛の文書か。

山――そうです。この中に「機上無線設備しありたるも連絡不能なりき」と書いてあります。貴方に「突入すると連絡があった」と話した加藤が、「無線連絡はなかった」と書いているわけです。

坂――ということは、加藤が私に嘘をいったことになる。陸軍大臣宛の文書に嘘は書かないだろうから。でも、何で私に嘘をいったのだろう。嘘をつく必要などないはずだ。嘘をついてまでして、私に遺品の整理をさせたのだろうか。

山――そうすると、この矛盾を解き明かすためには本人から話を聞く必要があります。加藤武雄は今、どこに住んでいるのですか？

坂――加藤は三～四年前に死んだと聞いている。私より年上だったから、もし今生きていたら九四歳位になっているはずだ。

山――では確かめようがないわけですね。先ほど、六六戦隊の事務の責任者は加藤だといわれましたが、特攻したという「証明書」を出してもらうための「申請書」も加藤が書いていたのですか。

坂――六六戦隊本部から第三攻撃集団長宛に、特攻したことを証明するようにとの「申請書」を出すのが通例で、その「申請書」を書くのは加藤の役目だった。

山――もし、加藤が申請書を提出しなかったらどうなりますか。

坂――現場からの申請がなければ、上では何も判らないので動きようがない。だから現場で書類を全部調えて、上で証明書を出してもらうことになる。

山――六六戦隊本部は鹿児島県の万世基地にありましたが、第三攻撃集団はどこに。

坂――福岡県の山の中だ、大刀洗飛行場の近くの。

山――そうすると、特攻したという「証明書」の発行日が五月一日ですから、それ以前に、加藤が崔貞根（高山昇）の特攻戦死を証明するようにとの「申請書」を出したことになります。申請を出さなければ証明されないわけですから。それなのに加藤は五月一八日付で生死不明者だと報告した。貴方に「高山さんから突っ込むと連絡があった」といいながら、「無線連絡はなかった」と書いた文書を六月六日に出したのも加藤。このような明らかに矛盾した行為をしたということは、上から何か特別な圧力があったとも考えられますが。

坂――それは現場の人間には判らない。戦隊長の藤井さんは終戦時に自殺しているから確かめられないし、加藤本人も死んでしまった。確かに私が加藤から聞いた話は、この二つの文書と矛盾するが、私は加藤から「高山さんから突っ込むと連絡があった」と聞いたのは間違いない。

山――坂井さんは整備将校だったですね。沖縄から万世基地まで約六〇〇キロメートルあります。彼が乗っていた九九式襲撃機の機上無線の電波は、この距離、届きますか。

坂――飛行機の機種や年代によって無線機の性能は違っていたから、九九式襲撃機がどうであったのか、よく憶えていない。

チェチャングン（崔昌根）が、韓国でも日本でも、兄の本当の姿が知られていない悔しさを語り、最後に会ったときに「特攻隊員にはならない。故郷に帰って結婚したい」といっていたのに体当りをするはずがないと話し、坂井保一は黙って聞いていた。

坂井保一にとって（多くの元日本軍軍人にとっても）特攻戦死は「名誉」なことであり、チェチャングン（崔昌根）にとって（多くの韓国人にとっても）特攻戦死は「不名誉」なことであった。この決定的な立場性の違いを念頭に置きつつ、客観的に証言を聞き、記録を読み、経過を考えなければならないのだが、証言と記録が大きく食い違う場合はどうすればよいのだろうか。

謎は深まったが、坂井保一が嘘をついたり、思い違いをしているようには見えなかった。なぜなら、彼は整備将校として六六戦隊本部にいたこと。坂井と加藤武雄は同じ階級（少尉）であり、上下関係はなかったこと。坂井は加藤から、崔貞根（高山昇）が「突っ込んだ」と聞かされた後、遺品の整理をしたといい、単なる記憶だけでなく、それと因果関係を持つ行動を伴っており、記憶の確実性は高く、一部の戦争経験者の体験談に見られるような思い込みや、後から刷り込まれた記憶ではないと考えられた。

よって、坂井保一が記憶していたように、T機から「突入する」との無線連絡があり、それを本部で聞いた副官の加藤が、その日のうちに、同じ部隊で崔貞根（高山昇）と一番親しかった坂井に告げたとしよう。そうすると「五・一八報告」で、なぜ、特攻戦死者とせず、生死不明者としたのか。「六・六文書」で、T機から「突入する」と無線連絡があったと書けばよいものを、どうして「無線連絡はなかった」と書いたのかが謎となる。

この謎を解くためには、仮に、加藤武雄がいうようにT機からの無線連絡があったとして、それはどのような方法でなされ、どのように受信されたのかを調べる必要が出てきた。

20・通信距離

軍用機の無線通信を考える場合、敵地に行って攻撃し、そして帰るのだから、その飛行機の航続距離の半分をカバーできればよいことになる。崔貞根（高山昇）が乗っていた九九式襲撃機の航続距離は一〇六〇キロメートルだから、通信距離は五三〇キロあればよい。

『日本無線史九・陸軍無線史』[41]によると、戦争末期の陸軍の飛行機無線は、基本的には三種類しかなかったとしている。

（一）遠距離飛行機用（飛一号無線）――爆撃機に搭載、通信距離一〇〇〇キロメートル、短波を使用、電信を主とする。

（二）中距離飛行機用（飛二号無線）――中型飛行機（襲撃機、偵察機、輸送機）に搭載、通信距離五〇〇キロメートル、短波を使用、電信を主とする。

（三）近距離飛行機用（飛三号無線）――戦闘機に搭載、通信距離一〇〇キロメートル、短波を使用、電話を主とし、電信の使用も可能。（この三種類のそれぞれに、隊長機に搭載され、空中集合するよう命令を出せる型があるので六種類とされているが、通信距離など基本構造は同じ）

九九式襲撃機は中距離機であるので（二）を搭載していたと考えられ、通信距離は五〇〇キロメートルだから、航続距離の半分とほぼ合致する。

九州の鹿児島県から徳之島まで約四五〇キロメートル、徳之島から沖縄まで約二〇〇キロ、合計すると鹿児島から沖縄までは約六五〇キロの距離になる。なお、特攻機が鹿児島の知覧から、一直線に沖縄まで飛ぶ場合は、六〇〇キロになる。どちらにしても、中距離用の通信距離は五〇〇キロだから、電波はまったく届かないことになる。飯尾憲士が『開聞岳』で、崔貞根（高山昇）が自らの意思で体当りしたとする、その論拠とした無線連絡は物理的にはあり得ないものであった。

「高山機から突入すると無線連絡があった」と飯尾に証言した加藤武雄は、電波の出所を沖縄にいたT機からとしているので明らかに嘘をついたことになる。飛二号無線の通信可能距離は五〇〇キロであることから、六六戦隊本部がある九州の万世基地と、沖縄にいたT機とは直接、無線で交信することは不可能であった。

しかし、沖縄から徳之島までは二〇〇キロメートルだから、仮に、T機から無線の電波が発せられたとしたら、徳之島の飛行場までは十分に届く。この徳之島には、三号無線機があったと『戦史叢書』は記している[42]。

陸軍の地上無線機は、飛行機無線と対向して三種類あり、徳之島の三号無線機は、近距離飛行機用（飛三号無線）に対応し、通信距離は一〇〇キロであった。T機が搭載していたのは飛二号の中距離用で、徳之島にあったのが三号の短距離用であり、相互に対向しないので、徳之島では受信できない可能性が高い。しかし、常識的に考えるならば、T機の飛二号無線は五〇〇キロ先まで届くので、二〇〇キロ離れた徳之島では、送信は不可能だが、受信だけはできた可能性も考えなければならない。

飛二号無線機からの電波を地上の三号無線機が受信できたと仮定すれば、まず、本当にT機から「突入する」と、徳之島に連絡があったのかどうかが問題となる。さらに、連絡があったとしたら、なぜ、加藤武雄は「六・六文書」で「機上無線設備しありたるも連絡不能」と書いたのかも問題になる。さらに、沖縄のT機から直接、九州への連絡は不可能であったのだから、九州の万世基地にいた加藤は、どのようにして「T機突入」を知り、坂井保一に伝え、遺品の整理を依頼したのかが問題になる。

21・別のルート

坂井保一は、陸軍大臣宛の文書に虚偽を書くわけがないから、「六・六文書」のほうが正しく、自分は嘘をつかれたのだろうという。しかし、同僚である自分に対して嘘をつく必要はないし、嘘をついてまでして遺品の整理を依頼するだろうかと不思議がる。

確かに、万が一のことを考えれば、嘘をついてまで遺品の整理をさせる必要性はない。なのに、加藤武雄は、崔貞根（高山昇）が生きている可能性は皆無であるかのように判断し、遺品の整理をさせたということは、T機からの直の連絡はあり得ないのだから、別のルートでの連絡、もしくは指示があったことになる。

『戦史証書』によると、南西諸島における陸軍の担当は、徳之島、沖縄島（那覇飛行場を除く）、伊江島、宮古島、石垣島。海軍の担当は、奄美大島、喜界島、沖縄島那覇飛行場、宮古島、石垣島、南大東島と分けられていた。重複する島には陸・海軍それぞれが飛行場を持っていた。

図３　南西諸島、台湾方面骨幹通信網

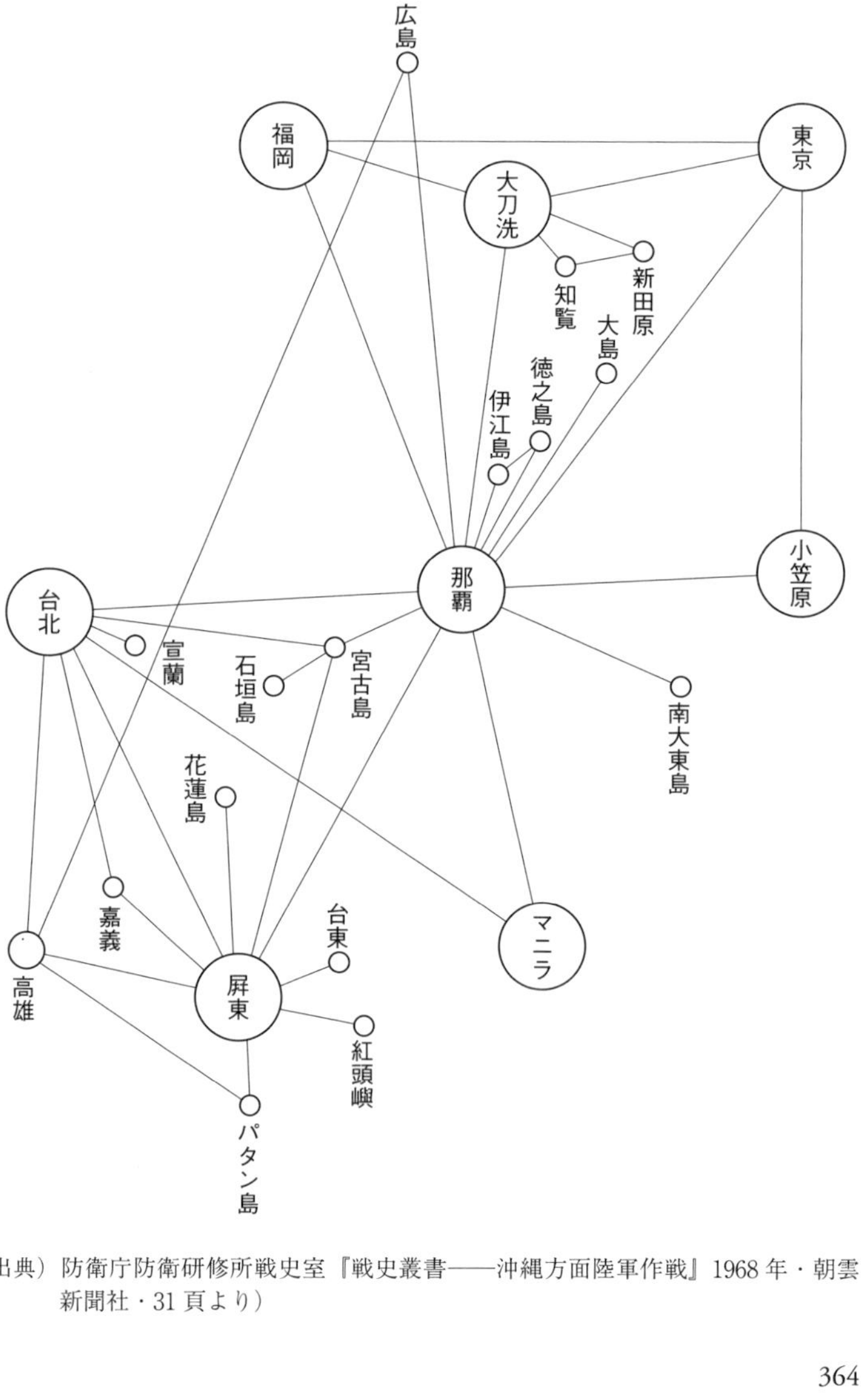

出典）防衛庁防衛研修所戦史室『戦史叢書——沖縄方面陸軍作戦』1968年・朝雲新聞社・31頁より）

当時、九州における陸軍の無線通信網は、全基地をつなぐ系や、知覧－万世－上別府をつなぐ系などがあったが、「徳之島の通信は、第六航空軍の通信部隊ではなく、沖縄の通信系に入っていたため異系通信によった」[43]という。つまり、徳之島は沖縄の三二軍の管轄下にあったために、徳之島と万世基地とは、直接連絡を取ることができず、図3のように、もし連絡するとしたら、徳之島－伊江島－沖縄の那覇とつなぎ、那覇から福岡につないで、福岡から万世基地へつながなければならなかった。

戦時に、このような手間のかかることをやっていたとは信じ難いが、崔貞根（高山昇）と同じ六六戦隊の今田義基は、第一陣として徳之島に飛び、三月二九日に戦死しており、この今田と同期であった苗村七郎は、

六航軍本部より「三月二十八日、門田真吉准尉、三月二十九日未明、今田義基少尉、長沢一郎伍長が敵大型艦船に突入、（略）壮烈な戦死を遂げ、大型艦船のほか軽傷三、小破五の戦果を挙げた」旨受電した。私は戦闘指令所でこの受電を聞き、今田少尉の散華を知ったのだ。

（苗村七郎『万世特攻隊員の遺書』一九七六年・現代評論社・三一六頁）

と書いている。ちなみに、今田は操縦者、長沢は通信手であり、苗村七郎は万世基地の六六戦隊本部で、「福岡の第六航空軍司令部から」、この受電を聞き、「今田と私は〝とにかく学徒の最初の特攻隊として出陣しよう〟と堅く誓って」いたから、体当りをしたと判断し、先を越されたと思ったと回想している。

崔貞根（高山昇）と同じ部隊に所属し、同じ型の飛行機に乗り、同じように後部座席に通信手を乗せ、徳之島から沖縄に向かった今田義基の戦死の知らせは、六六戦隊の上部機関である第三攻撃集団の、その上の第六航空軍司令部（福岡）より、万世基地にもたらされたという。

今田機と条件が同じで、戦死した日が五日違うだけのT機の場合も、今田機の場合と同様に、福岡から万世基地へ「T機突入」と伝えられたのだとしたら、その日のうちに坂井保一に「T機突入」と告げた加藤武雄は嘘をついたことにはならず、坂井も思い違いをしていたわけではないことになる。遺品の整理をさせたことも納得できる。

ただし、ここで大きな問題が発生する。T機から、直接「突入する」との無線連絡があったのなら、T機の二人は「自らの意思で突入した」と認めざるをえないが、徳之島－那覇－福岡を経由しての間接的な連絡であるのなら、途中で別の意思が介入する余地が多分にあることになり、「T機突入」を無条件で信じることはできなくなる。

22・苗村七郎からの電話

このことを確かめるべく、『よろづよに』の著者、苗村七郎に手紙を書いた。苗村七郎は、六六戦隊の第三中隊に所属し、崔貞根（高山昇）が第二小隊長のとき、彼は第三小隊長をしていた。彼は特操一期出身（少尉）で、崔貞根（高山昇）、坂井保一と同室で寝起きをともにしていた人物である。[44]戦後、万世特攻慰霊碑、万世特攻遺品館の建設に尽力。著書に『よろづよに』『万世特攻隊員の遺書』『陸軍最期の特攻基地』がある。住所は著書に記されていた。

手紙での質問はただ一つ、「貴著によると今田義基の戦死の連絡が福岡から届いたとあるが、それはなぜか」であった。数日後、筆者の手紙の住所から電話番号を調べたらしく、苗村七郎から直接電話がかかってきた。

苗村七郎によると、当時、六六戦隊の上部機関である第三攻撃集団のトップ（集団長）の今津正光が徳之島にいた。今津は何のために徳之島にいたのか。それは海軍との折衝にあたるためだという。一九四五年三月二〇日、大本営は陸・海軍の航空部隊の指揮を統一するとして陸軍の航空部隊である第六航空軍を、海軍の連合艦隊司令長官（豊田副武）の指揮下に入れた。だから崔貞根（高山昇）の「特攻戦死」の「布告」は連合艦隊司令長官名で出されたわけだ。

海軍大臣であった米内光政は、敗戦後、アメリカ軍の尋問に対して次のように答えている。「航空関係のあらゆる面の支配権を海軍が握ることが陸海軍お互いの利益になると考えていた。しかし、陸軍のプライドから、自分たちの兵力の一部を海軍に渡すことを好まなかった。戦争の終わりに近いころ、海軍の意見を陸軍が受け入れたことが一度だけあった。それは沖縄戦のときで、陸軍の第六航空軍を連合艦隊司令長官の指揮下に入れた[45]」ときであった。

フィリピンの次の戦場として、海軍は沖縄を想定し、陸軍は台湾だと主張し、陸軍は間違えた負い目から、海軍の指揮下に入ったのだろうが、崔貞根（高山昇）が徳之島にいたのは、まさにこのときであった。

陸軍が沖縄戦に対処するために創設したのが第六航空軍。これが、戦争目的から戦略、戦術にいたるまで対立を続けていた海軍の指揮下に入ったことから、海軍との折衝役として地位の高い人間を派遣しなければならなかった。また、アメリカ軍の沖縄本島上陸という重大な局面で、最前線基地となる徳之島の重要性が高かったことから、六六戦隊の戦隊長ではなく、その上の第三攻撃集団長の今津正光（大佐）が徳之島にいた。

苗村七郎によれば、陸軍の組織はヒエラルキーが貫徹しており、上下関係はきびしく、第三攻撃集団は上部機関である福岡の第六航空軍司令部とは連絡を取っていたが、下部の六六戦隊には一切連絡はよこさなかったという。だから、出撃命令と戦死の通知は福岡の第六航空軍司令部から来ていた。

当時の状況として、万世基地の六六戦隊本部では、三月末から四月中に徳之島で何が起きていたのか、全く把握できていなかったという。四月中旬に徳之島が危なくなり、六六戦隊の隊員は喜界島に逃れ、五月になって喜界島を脱出する際も多くの戦死者が出たが、生き延びた隊員が万世基地に戻ってきて初めて事情を知るにいたったのだという。

この話から判ることは、福岡の第六航空軍司令部から「T機突入」との連絡を受けた加藤武雄は、すぐに坂井保一に遺品の整理を依頼したが、その後は一ヶ月以上も蚊帳の外に置かれ、何の連絡ももらえなかった。五月中旬に、生き延びた六六戦隊の隊員が万世基地に戻ってくることによって、初めて話を聞くことができた。徳之島にいた隊員から、T機は突入したのではなく、行方不明であると教えられた加藤は、崔貞根（高山昇）を生死不明者とし、「五・一八報告」を提出した。四月二日に行方不明になったのに、五月一八日になって「生死不明者」とする報告書が出された疑問も、これで納得できる。

苗村七郎自身は、崔貞根（高山昇）から突入するという無線連絡があったという話を加藤武雄から聞いてはいないというが、「T機から無線連絡があったとされているが、この点についてどう思うか」と質問したら、苗村は、「当時の飛行機の電信についていえば、そのような長文を打てるような状況でなかったことは確かだ。連絡があったとしたら、自分の位置を知らせるための〝ツー〟というものぐらいで、無線の状態は悪かった」といい、電話を切った。

飯尾憲士は、「ホクジョウチユノ、テキセンダンヲハッケン、トツニユウスル」と復唱しながら、激しく電鍵をたたいてモールス信号を送ったのは後部座席の通信手、飯沼良一だと書いている。この「北上中の敵船団発見、突入する」という勇ましい文言は、戦後になってつくり出されたもので、当時としてはありえないもの、と苗村七郎はいっているように思えた。特攻を名誉と考え、讃えたいがために、加藤武雄の口から出た言葉ということになるのだろうか。

四月二日の早朝に出撃した崔貞根（高山昇）は帰還しなかった。しかし、その日のうちに徳之島から那覇、福岡を経由して万世基地へ、「生死不明」ではなく、「T機突入」と伝えられた。加藤武雄は、そのことを坂井保一に知らせ、遺品の整理を依頼した。その後、何の情報も入らず、書類を作成することができなかった加藤は、五月中旬に、万世基地に戻ってきた六六戦隊の隊員から、徳之島で何が起きていたのかを聞くことになる。

徳之島にいた隊員から、崔貞根（高山昇）は未帰還の生死不明者であると聞いたので、「五・一八報告」で生死不明者のリストに入れた。このとき、徳之島にもT機から無線連絡は無かったことを聞いたはずである。もし、「突入する」との無線連絡があったと聞いたのなら、生死不明者などと報告せず、部隊の名誉と本人の名誉のために、すぐにでも特攻戦死を証明するようにとの申請書を書き、「五・一八報告」は「特攻認定の申請書」になっていたはずである。

しかし、加藤は、「特攻認定の申請書」は書かず、崔貞根（高山昇）は生死不明者であるとの報告書を提出した。だから、T機から「突入する」という無線連絡は、万世基地にはもちろんのこと、徳之島にも無かったことになる。

「五・一八報告」が遅れて出された理由が明らかになることによって、単なる報告書が崔貞根（高山昇）の特攻戦死を否定する証拠書類となった。重要なことなので繰り返すが、四月二日に、「T機突入」との報を福岡の司令部から受け取った加藤は、徳之島にいた隊員たちの話から、それは誤報であり、実は、崔貞根（高山昇）は生死不明者であったと聞き、「五・一八報告」で生死不明と書いた。

もし、このとき、生き延びた隊員から、「突入するとの無線連絡」がT機から徳之島にあったと聞いていたなら、もしくは、「T機突入」を田野本、檜山の二人が「見た」と証言していたという話を聞いていたとしたのなら、加藤武雄は「生死不明」であるとの報告書など書かずに、喜んで「特攻認定の申請書」を書いただろう。そうしなかったという事実こそが、「T機突入」はなかったことを裏付けるもので、崔貞根（高山昇）は「自らの意思で突入した」のではないことを証明するものであった。

六六戦隊では、上部団体である第三攻撃集団からは一切、連絡はもらえなかったのだから、崔貞根（高山昇）が特攻戦死したという「証明書」が出ていることを加藤武雄は知らなかった。彼は、徳之島から帰還した隊員から事情を聴取した後、生死不明という「五・一八報告」を提出した。その一週間後の五月二七日に、崔貞根（高山昇）と飯沼良一が特攻したとする全軍への「布告」が出たことを知った加藤武雄は、驚くと同時に、部隊の栄誉だと喜んだであろう。彼は、「五・一八報告」との整合性を持たせるために「六・六文書」の作成にとりかかった。陸軍では確認者が必要とされたことから、T機と編隊を組んでいた中で、一機だけ帰還した田野本機を確認者とした。T機は後部座席に通信手を乗せていたことから、無線連絡の有無は書類作成上の必要事項だったのだろう、徳之島にいた隊員から聞いたとおり、「機上無線設備しありたるも連絡不能なりき」と書いて、六月六日に提出した。「布告」が出てから一〇日目の事務処理であった。

23・ターニングポイント

崔貞根（高山昇）が自らの意思で突入したのではなく、生死不明者であったことは証明できた。残る問題は、T機からの無線連絡はなかったのに、なぜ、「T機突入」と万世基地に伝えられたのか。それは単なる誤報なのか、捏造された情報なのか。それを流したのは徳之島なのか、福岡の司令部なのかということになる。

このことについては、先にペンディングにしていた、「なぜ、上部機関が真っ先に特攻戦死と認めたのか」という疑問と、公文書の二重構造が深く関わってくる。

通常なら、直属の部隊が特攻戦死と認めるよう求める「申請書」を提出し、これを上部機関が審査し、特攻したとの「証明書」が発行されるという手順が踏まれる。しかし、崔貞根（高山昇）の場合は、直属の部隊が知らない間に、上部機関が特攻戦死と認定した。なぜ、何のために、上部機関が先行したのか。

崔貞根（高山昇）が所属していたのは六六戦隊。その上部機関が第三攻撃集団（以下、三攻という）。その上が福岡の第六航空軍司令部（以下、六航という）で、海軍の指揮下に入った三月二〇日からは、その上に連合艦隊司令部が置かれていた。

六航は、各地の飛行教育隊の訓練生や教官、フィリピン戦で生き残った操縦者を集めて特攻隊を主体とした戦闘部隊をつくろうとした。しかし、特攻隊を天皇の命令による正式な軍隊とすることを避けたため、人員と飛行機の編成作業が平時体制で行われることになり、戦時であるにもかかわらず時間がかかった。特に、軍中央から特攻のための飛行機を差し出すように求められた各地の飛行隊は、どうせ消滅してしまうのだからと状態の悪い飛行機から先に差し出し、整備に多大な時間を要していた。

それだけでなく、各部隊の「編成担任官としては、あまりにも技倆未熟な隊員に対し、少しでも訓練を多くしてから出陣させてやりたいとの親心があった[46]」ために、特攻隊員を送り出すのに時間をかけたという。

『戦史叢書』によると、一九四五年三月二五日、六航司令部は配下のトップを集め、アメリカ軍の沖縄接近の際の作戦を示した。主力の第一攻撃集団（一攻）は南西諸島に前進し、攻撃の第一波を行う。第二攻撃集団（二攻）は都城に、三攻は知覧と万世に集結し、攻撃の準備をすることにした。ところが、主力である一攻の川原集団長は特攻隊の編成に奔走しており、この会議に出席することすらできなかった。そこで六航司令部は、特攻隊の整備が遅れている一攻、二攻に代えて、三攻を徳之島に前進させることにした。

陸軍は、沖縄では正規戦を捨て、はじめから特攻作戦で対抗しようとしたのだが、アメリカ軍が目前に迫っているのに、その特攻隊の編成が遅れ、通常部隊である三番手の三攻が先陣を切ることになった。

このとき三攻は戦闘機一五、襲撃機三七、重爆機一六、特攻機六、を保有しており、崔貞根（高山昇）が乗っていた襲撃機が中心の正規戦の部隊であった。

三月二八日、アメリカの大輸送船団が沖縄に向かって北進中との情報により、三攻が出撃することになり、トップの今津集団長が配下の六六戦隊の一〇機、一〇三戦隊の八機を率いて徳之島に渡った。今津は、自らが下部組織の部隊を直接指揮すると同時に、海軍の命令系統に入ったために、海軍との折衝役も担わされていた。

三月二九日、六六戦隊と一〇三戦隊が徳之島から、六五戦隊が知覧から出撃したが、六六、一〇三戦隊の「攻撃成果は飛行六五戦隊と同様あまり芳しくなかった」。

三月三〇日、六六戦隊の六機と特攻機三機が徳之島に到着。この日より徳之島の基地はアメリカ軍機の攻撃を受け、「高射砲一門なき徳之島は裸に等しく」ひたすら飛行機を分散、秘匿して攻撃の終わるのを待ち、滑走路の補修に明け暮れることになる。アメリカ軍は沖縄に近い徳之島を重要視し、基地機能の無力化を狙った。

三月三一日、上陸前日のこの日、アメリカ軍の徳之島攻撃は熾烈をきわめた。なお、六航に偵察機より、「敵大船団発見」との報告が入った。六航は、アメリカ軍の沖縄本島上陸は一両日中と判断し、（二）一攻の特攻隊を南西諸島に進出させ、三攻と並行して作戦を行う。（二）一攻、三攻は翌日より、なしえる限りの兵力で輸送船団を攻撃するよう命令した。(47)

四月一日、アメリカ軍沖縄本島上陸。六六戦隊の山崎武雄（第一中隊長）は早朝に出撃命令を受け、万世基地を出発したが、天候が悪く引き返した。しかし、飛び続けた杉谷勝次（第三中隊長）らの四機は海没した。「なしえる限りの兵力で攻撃せよ」との命令があったために無理したのだろう。夜間飛行ができた崔貞根（高山昇）は、この日の夜に一二機を率いて徳之島に到着した。

アメリカ軍沖縄本島上陸という最も重要な日であるのに、「この日の攻撃は、事前に敵大船団の北上を洋上に発見して、軍としては絶好の戦機を捕捉したと考えて実施した攻撃であったが、指向した兵力は特攻機一〇機を出ず、戦果も輸送船二隻を撃沈したにとどまった。この芳しくない第一撃の戦果は、菅原軍司令官を慨嘆させた[48]」。なお、一攻は知覧に集結したが「諸種の原因により」攻撃に参加できなかった。

四月二日、天候が回復したので、六六戦隊の七機など一一機が徳之島より出撃した。飛び立った飛行機はアメリカの輸送船団を攻撃し、崔貞根（高山昇）と飯沼良一らは帰還しなかった。

この日の夕刻、一攻の特攻機一八機が知覧を出発し徳之島に向かったが、前述したように、徳之島の飛行場はアメリカ軍機に爆撃された直後で、到着した飛行機は滑走路上にできた弾痕により七機が大破した。

その後もアメリカ軍機の空襲は続き、同じような着陸事故が起き、徳之島の基地機能は縮小しつづけた。四月一二日、「徳之島に進出した第三、第一両攻撃集団の、その後の攻撃は積極的ではなく、軍の期待に副わなかった」ので、司令官は高級参謀（井戸田大佐）を徳之島に派遣した。その結果、「徳之島の空中勤務者七〇名と整備員一五名は、守備隊長とも協議のうえ、同隊の大発（ダイハツ艇）により喜界島に移動し、空中勤務者は同地から九州に空輸することにした。同時に今津大佐は、爾後、知覧に帰還して攻撃集団を指揮することになった」[49]というように、アメリカ軍機によって飛行機が破壊され、することがなくなった操縦者と整備員は喜界島に移動し、そこから九州に戻ることになった。

アメリカ軍の沖縄本島上陸というターニングポイントに攻撃を加えるために、主力に代わって三番手の三攻が最前線に行き、トップの今津集団長みずから指揮したのに、めぼしい成果を上げることができず、特に、四月一日に何もできなかったことは六航の「菅原軍司令官を慨嘆」させることになり、徳之島にいた今津集団長には、少しでも戦果を大きくしたい、しなければならないという事情があったと推測する。

四月一日、徳之島は悪天候だったので、それを理由にできたが、二日は回復したので最大の攻撃を加えた。その証しとして、生死不明者も特攻戦死したことにし、戦果を増やす必要性が今津集団長にあったことは間違いないだろう。だから今津は、帰還しなかった崔貞根（高山昇）は体当りして、大きな戦果をあげたものとし、福岡の六航司令部に「T機突入」と虚偽の報告をさせた。

アメリカの艦船に体当りできる技術を持った操縦者として、真っ先に名前が浮かんだのが崔貞根（高山昇）だったのだろうが、戦果を誇大に報告したいのなら、T機と三機編隊で飛んでいて、同じように行方不明となった勝本機も加えて、特攻戦死とすればよいのに、勝本機は「死亡の確認はされていないが、当時の状況を総合すると戦死したものと認める」[50]とし、特攻戦死ではないとした。これはなぜなのだろうか。

崔貞根（高山昇）の場合は、「フィリピン戦生き残りの操縦者でさえ特攻した」とすることで、徳之島にいた未熟な操縦者の戦意を鼓舞することができたからと考えることができる。

飯尾憲士は、山崎武雄（第一中隊長）は、長年、士官学校の訓練機の教官をしていたベテランの操縦者だったが、実戦の経験は浅く、「山崎大尉をはじめ、各学校からの転出者は、実用機での訓練時間が少なく、特に爆撃とか夜間飛行は平素訓練していなかった。山崎大尉の中隊は、二〇（一九四五）年一月から万世に展開する三月までの間、徹底した夜間訓練を行ったようであった[51]」としているように、特攻隊だけでなく襲撃部隊の操縦者でさえも短期間の訓練で前線に投入されていたため、飛行技術は特攻兵よりはましであっても、爆撃技術は未熟で、当然、戦果をあげることはできず、今津集団長は現場で部下の未熟さを見せつけられ、何とか士気を鼓舞し、成果を得る必要があったと考える。

今津集団長は、徳之島にいた配下の通常部隊（六五戦隊、一〇一戦隊など）の搭乗員に対して、当たらない爆弾を落として帰ってくるのではなく、体当たりをしてでも戦果をあげるよう求めたのではないだろうか。軍中央が、陸軍最初の特攻隊として、陸軍で最も優秀な操縦者といわれた岩本益臣を指名して、特攻反対論を封じ込め、彼よりも操縦技術が劣る者の逃げ道を断とうとしたように、アメリカ軍沖縄本島上陸というターニングポイントに居合わせた最前線の指揮官として、結果を求めた今津集団長は、「フィリピン戦の生き残りである崔貞根（高山昇）でさえ、これしかないと体当りをした」とすることで、徳之島にいた特攻隊以外の操縦者、つまり、自らが率いてきた通常部隊の操縦者に対して、彼の後に続いて体当りをするよう求め、戦果を求めたのではないだろうか。

そのために、今津集団長は帰還しなかった崔貞根（高山昇）は体当りをしたことにし、福岡の司令部に「T機突入」と連絡させた。

今津は、アメリカ軍の沖縄本島上陸という歴史的瞬間に、最前線に居合わせた陸軍航空部隊のトップとして、めぼしい成果を上げることができなかった。だから少しでも戦果を大きくしたかったし、体当りをさせてでも結果がほしかった。彼は、自らが特攻戦死の認定権限を持っていることを活用して、「T機突入」を捏造した。このために、特攻戦死を証明する「証明書」が、どの文書よりも先に出されたのであった。

以上、崔貞根（高山昇）が自らの意思で突入したのではないことは、「五・一八報告」の持つ意味から証明できた。彼は生死不明者なのに、突入したとされた背景としては、アメリカ軍の沖縄本島上陸という重要な時期の、最前線（徳之島）に、特攻戦死を認定する権限を持った上部機関のトップがおり、そのトップが、めぼしい成果をあげられないでいたために、戦果を大きくし、なおかつ部下に体当りを促すために、「T機突入」を捏造した可能性が極めて高いのだが、これに関しては、客観的状況を考察し、状況証拠を積み重ねた末にたどりついた結論であり、裏付けとなる史料は得られていない。

捏造と断定するためには、確認者とされている田野本源二と檜山光衛の証言が必要となる。しかし、この二人は五月一六日の段階で戦死しているので確認のしようがない。だが、この二人の確認者についてはどうしても触れておかなければならない。

24・確認者

『戦史叢書』が「T機突入」の確認者を山崎武雄としているためか、多くの文献がこれを引用して、確認者を山崎武雄にしているが、山崎武雄自身が飯尾憲士への手紙で、確認はしていないと証言している。残るのは「証明書」と「六・六文書」が確認者とした、田野本源二と檜山光衛となる。

「六・六文書」の挿図（写真2）によると、四月二日、崔貞根（高山昇）を隊長にして三機編隊で徳之島を出発した。T機を先頭に、二番機が田野本機、三番機が勝本機で、このうち、徳之島に戻ったのは田野本機だけで、確認者になりえるのは田野本と檜山の二人だけであった。

ところが、苗村七郎は『よろづよに』において、「T機突入」の確認者は山崎武雄であると間違った記述をした上で、つづけて、四月二日、「田野本軍曹、桧山兵長同乗の九九襲も、雲の切れ間より敵輸送船を発見、急降下爆撃によって撃沈せしめたと、徳之島で赤堀中尉が報告を受けている」[52]と書いて、この日、体当たりしたとされるT機については何もふれていない。

三機編隊で飛んでいたが、途中でばらばらになり、田野本機だけは爆弾を投下して徳之島に戻った。本来なら戦果を上官である崔貞根（高山昇）に報告するところを、彼は戻っていないので、赤堀中尉に報告したということになる。もし、崔貞根（高山昇）の直属の部下である田野本と檜山が、隊長機が突入するのを本当に目撃したのなら、徳之島に戻ったら真っ先に報告するだろう、「隊長の高山中尉が突っ込んだ」と。報告しなかったということは見ていなかったということになる。

しかしながら、この記述については、前提条件（T機突入の確認者は山崎武雄）が間違っているので採用することはできない。

これを書いた苗村七郎は、徳之島には一度も行かず、万世基地にずっといたのだから、このことは誰かからの伝聞になる。おそらく崔貞根（高山昇）と一緒に徳之島に渡った赤堀春一からだろう。徳之島にいた六六戦隊の隊員たちは、アメリカ軍機の空襲によって飛行機を破壊され、四月一〇日に全員が船で喜界島に移っている。この喜界島も危なくなってきたので、五月一六日に海軍機で脱出しようとし、離陸後、アメリカ軍機に撃墜された。このとき田野本と檜山は死亡し、この飛行機に乗ることになっていた赤堀は、熱を出して三日間寝込んだために別の飛行機になり、万世基地に戻ることができた。(53)

第三攻撃集団長、今津正光が出した五月一日付の「証明書」が、確認者を田野本と檜山にしたのは、「証明書」の発行者である集団長自身が現地にいて、事態を把握していたからで、「T機突入」を捏造するにしても、この二人しか確認者になり得ないので、そのようにした。

また、田野本と檜山の二人は、前述のような劣悪な通信事情から、万世基地とは一度も連絡を取ることがないまま、戦死してしまったと思われる。特攻戦死の認定がきびしかった陸軍では、確認者、もしくは無線連絡を必要としたので、無線連絡はなかったのだから、特攻戦死と認定する文書を作成するためには、どうしても誰かの名前が必要であった。このため、加藤は、「六・六文書」において、この二人が戦死しているのにもかかわらず、帰還した隊員たちから事情を聞き、当日、三機編隊の中で一機だけが帰還したことを教えられ、自動的に、その二人を確認者にしたと考えることができる。

25・結論

崔貞根（高山昇）は、父親の死によって仕方なく陸軍士官学校に入校した。そこで皇国史観を教え込まれながら、そのようなイデオロギーに染まることなく、卒業時に「俺は天皇陛下のために死ぬというようなことは、できぬ」と友人に吐露した。それは、被抑圧民族として、抑圧民族のために死ぬことはできないという告白であり、差別されている人間が、差別している人間のために戦わされる残酷な現実に対する、怒りと苦悩の表現で、「私は朝鮮人である」との宣言でもあった。

フィリピン戦を生き延びた彼は、千葉県に移動した。そこで「梅沢ひで」と結婚の約束を交わした。彼は、もうすぐ日本が負けると確信し、そうなったら故郷に戻り、二人の生活をはじめようと考えていた。

沖縄戦に参加するよう命じられた彼は、九州に移動し、さらに徳之島に飛び、沖縄に向けて反復攻撃というルーチンワークに出た。ところが、そこにいたのは昨日までの相手とは違っていた。

沖縄本島上陸の瞬間を最大のウイークポイントと考えていたアメリカ軍は大きな犠牲が出ることを予想し、病院船を何隻も用意し、万全の防空態勢で待ち構えていた。そのアメリカ軍が上陸して二日目だった。

高木俊朗は、同じ四月二日に、知覧から飛び立った特攻機（二二振武隊）について、「アメリカ軍が沖縄本島に上陸してまもないときで、六航軍は準備ができていなかった。出撃を命令しても、はっきりした情報を与えられなかった。沖縄の嘉手納湾に行き、敵がいなければ、東海岸の中城湾をさがせ、ということであった[54]」としていることから、徳之島から出撃したT機も同じように何の情報もないまま、アメリカの艦船の姿を求めて沖縄に向かい、爆弾を投下して帰るつもりだったのだろう。ところが、そこにはアメリカ上陸軍の大部隊と大船団が待ち構えていた。

崔貞根（高山昇）が帰還しなかったということは、撃ち落されたことになる。だから、彼は天皇のために死のうとしたのではないし、天皇のために人を殺したわけでもなかった。

「北上中の敵船団発見、突入する」との無線連絡を唯一の根拠に、崔貞根（高山昇）は自らの意思で体当りをしたと結論付けた飯尾憲士は、「天皇のために死ぬというようなことはできない、と士官候補生時代から悩んでいた高山昇は、祖国を独立させてくれるかもしれない米軍に対して、身近な者が殺された動物的な怒りを爆発させたのであろうか。自分が崔貞根であることを忘れ、高山昇になってしまったのか(55)」と嘆いた。
創氏改名によって日本名「高山昇」を名乗らされていたが、心は朝鮮人、「チェジョングン（崔貞根）」であったはずの彼は、激烈な戦場で、仲間の死に直面することで、朝鮮人（崔貞根）であることを忘れ、日本人（高山昇）になってしまったと飯尾はいうが、これは虚偽の証言から導き出されたもので、無線連絡がなかったことを知れば、飯尾の結論は別のものになっていただろう。

同じ部隊で仲のよかった坂井保一はいう、崔貞根（高山昇）は常に冷静だったと。千葉県では部隊を率いて敵機から逃げ、被害を最小限に食止めたと。玉砕するのが当然という日本軍の風潮の中で、逃げることも知っていた彼が、「動物的な怒りを爆発させ」て、自ら死を選ぶとは考えられない。崔貞根（高山昇）は、チェジョングン（崔貞根）であることを忘れず、チェジョングン（崔貞根）であることを実現させるために、何としても生き延びようと考えていたのではないだろうか。

日本人将兵の多くが天皇のために「殉死」することを当然と考えていたのに対し、朝鮮人である崔貞根（高山昇）は「生」を考えていた。皇国史観など信じていなかったのだから、「俺は天皇陛下のために死ぬというようなことはできぬ」と考えていたのだから、死ぬことよりも生きることを考えていた。
「日本の敗北は近い」と見ていた彼は、そうなれば解放された朝鮮に、婚約者を伴って帰ることができると考えていたのだろう。

あと五ヶ月で戦争は終わり、隷属と苦悩から解き放たれ、夢は実現したのに、崔貞根（高山昇）は、同乗の飯沼良一とともに、四月の沖縄の海に消えた。慶良間諸島南方海上だという。

註

（1）陸軍士官学校とは一八七四年に設置された職業軍人（指揮官）を養成する学校。一九二〇年に予科が設置され、ここを二年で卒業すると本科（歩兵、工兵、航空兵など）と配属先（連隊）が決められ、本科では個別の軍事技術が教えられた。入学資格は旧制の中学四年程度の学力とされ、学歴は問わず、かつ官費だったので、多額の学費を必要とする一般大学と比べ、地方都市の中小地主や軍人の子弟が多かったといわれている。毎年二〇〜三〇倍の志願者があり、ここを卒業すると二〇歳くらいで将校（少尉）になった。一九三四年入校の四九期から、朝鮮人も日本人と同じように試験に合格すると入校できるようになり、累計で一二五人の朝鮮人卒業生がいた。

（2）飯尾憲士『自決』一九八二年・集英社・四〇頁

（3）飯尾憲士『毒笑』一九八五年・集英社・三一七頁・巻末の解説「柔らかい腹」飯尾憲士論・川村湊より

（4）飯尾憲士『開聞岳』一九八五年・集英社・二三頁

（5）桜田門事件とは、一九三二年一月八日、観兵式を終えた昭和天皇の一行が桜田門にさしかかったとき、大韓民国臨時政府（朝鮮の独立を目指す亡命政府）のリーダー、キムグ（金九）の命令を受けたイポンチャン（李奉昌）が爆弾を投げた。爆弾は天皇の馬車まで届かず、前の馬車に損傷を与えた。中国の新聞が「不幸僅炸副車（不幸にも天皇には当たらなかった）」と書いたため、上海に居留する日本人（軍民）が激高し、第一次上海事変へとつながった。イポンチャン（李奉昌）はその場で逮捕され、この年、市ヶ谷刑務所で処刑された。韓国では独立運動の英雄の一人として評価されている。

（6）飯尾前掲『開聞岳』八六、八七頁

（7）飯尾前掲『開聞岳』九〇頁

（8）荻野富士夫『思想検事』二〇〇〇年・岩波新書・一五四、一五五頁。なお、不敬罪は、戦前の刑法七四条に「天皇……皇太孫に対し、不敬の行為ありたる者は、三月以上五年以下の懲役に処す」と定めているもので、刑法七三条は「天皇……に対し、危害を加へ又は加へんとしたる者は死刑に処す」と規定していた。

（9）定住外国人が、外国人登録証の更新の際に新たに指紋を押さなければならなかったことに対し、一九八〇年、東京在住の在日コリアンが指紋押捺を拒否したまま外国人登録を受理するよう求めた。これが、「自分を殺して指紋を押していた」人々の賛同を呼び、押捺拒否者は全国に広まった。拒否者は、警察、検察の取調べを受けた後起訴され（一年以下の懲役又は二〇万円以下の罰金）、被告人として法廷に立たされた。支援の市民が詰めかける裁判が全国で行われ、指紋押捺拒否者が続出することで、一九九二年法改正が行われ、この制度は廃止された。

（10）野沢正『日本航空機総集・三菱編』一九五八年・出版協同社・六五頁。以下、飛行機の性能に関する数字はこれに依拠した。

（11）防衛庁防衛研修所戦史室『戦史叢書――沖縄・台湾・硫黄島方面陸軍航空戦』一九七〇年・朝雲新聞

社・四三九頁

(12) 防衛研修所戦史室所蔵・航空司令「第六軍部感状ニ関スル綴其ノ一」より

(13) 飯尾前掲『開聞岳』一一三、一一四頁。なお、布告の全文は次の通り。「布告」飛行六十五戦隊付陸軍軍曹久保貞次　飛行代六十六戦隊付陸軍中尉高山昇　同陸軍軍曹飯沼良一　右者夫々昭和二十年四月一日及二日勇躍出撃跳梁スル敵戦闘機並ニ熾烈ナル防御砲火ヲ冒シテ沖縄島周辺ニ来寇中ノ敵艦船群ニ対シテ果敢ナル体当リ攻撃ヲ敢行シ敵大型輸送船及巡洋艦又ハ大型駆逐艦各一隻撃沈ノ戦果ヲ収メ克ク其ノ精華ヲ発揮シテ悠久ノ大義ニ殉ズ忠烈万世ニ燦タリ仍テ玆ニ其ノ殊勲ヲ認メ全軍ニ布告ス昭和二十年五月二十七日　連合艦隊司令長官豊田副武

(14)「紫鵬会通信 no18」一九九七年一〇月発行・発行代表者梅田春雄

(15) 吉田裕、森茂樹『戦争の日本史・二三・アジア・太平洋戦争』二〇〇七年・吉川弘文館・二六九、二七〇頁

(16) 飯尾前掲『開聞岳』二五八頁

(17) 苗村七郎『よろづよに——最後の陸軍特攻基地』一九七四年・民芸閣・五六頁

(18) 同前・三八二、三八三頁（参考資料に記載）

(19) 建国大学は、「満州国」のエリート官僚を養成する目的で、一九三八年につくられた六年生の大学。学費や衣食住の費用がいらず、小遣いまで出た。全寮制で、学生の半数は日本人で、他に中国人、モンゴル人、ロシア人などがいたが朝鮮人は少なかった。一九四一年には関東軍による思想弾圧事件が起こり、獄死した学生も出た。

(20) 大貫美恵子『学徒兵の精神誌』二〇〇六年・岩波書店・二七三頁。林市造は京都大学卒業後、学徒動員で海軍へ。一九四五年四月沖縄沖で特攻戦死。大貫美恵子は、「林は、自らの愛国心を万葉の言葉(醜の御楯)を用いて表現し、ここでは万葉の言葉の「楯」(天皇の楯)を聖書の「楯」(神が楯となって人間を守る)よりも優先させていることになる」が「神のみが人々を救うことができると考え、そして天皇のために死ぬのは自分の本意ではないと考えていたように思われる」と推量している。

(21) 日本戦没学生手記編集委員会『きけわだつみのこえ』一九四九年・東大協同組合出版部・二一七頁

(22) 駒込武『植民地帝国日本の文化統合』一九九六年・岩波書店・一二一、一二二頁

(23) 日本でも、十五年戦争時に真っ向から兵役拒否を宣言し抵抗した人はきわめて少数ながら存在した。主流派のキリスト教会が体制に迎合していったのに対して、異端とされてきた灯台社(エホバの証人)が抵抗を貫いたのである。代表の明石順三が法定で発した「一億対五人の闘い」という言葉は、決して大げさな表現ではなかった。というのは、文字どおり少数者であったうえ、孤立無援の闘いだったからである。上官への「武器返上」といった灯台社の人々がとった行動は、当時の日本では考えられない兵役拒否行動であり、戦時日本にとって想定外の事態だった。(佐々木陽子『兵役拒否』二〇〇四年・青弓社・一九二頁)

(24) 高橋哲哉『国家と犠牲』二〇〇五年・NHKブックス・一八七〜一九二頁。「キリストの血に潔められた日本基督者が、護国の英霊の血に深く心打たれるのは血の精神的意義に共通なものがあるからである。血の意義の深い自覚に共通なものが潜み湛えられているからである。(略) 靖国の英霊を安んじる道は、敵撃滅に一途あるのみである。一毫のすきなき誠忠の思いをもって、与えられた立場から御奉公

してゆかねばならない。我々のたぎり立つ血のはけ道は、英霊の血と深く相通じている」（『日本基督教新報』・「靖国の英霊」一九四四年四月一一日）。キリストの血による「潔め」と護国の英霊による感激は、「血の精神的意義」という点で共通している。だから、「靖国の英霊に安らかな眠りについてもらう道は、敵を殲滅するしかない。一部の隙もない誠の忠節、そういう精神をもって大君（天皇）にご奉公しなければならない」となる。さらに、「私利私欲を捨てて、ひたすら国難に殉ずることが求められている。しかるにこの国難に殉ずることこそ、福音への立証があり、殉教がある」（「殉国即殉教」一九四四年九月一〇日、同新報）とし、殉国こそが殉教であり、国に殉ずることがキリスト者としての殉教であるとした。

(25) 立花隆『天皇と東大・下』二〇〇五年・文藝春秋・二二一、二七〇頁
(26) 飯尾前掲『自決』一九四頁
(27) 宮田節子「『内朝一体』の構造」『歴史学研究』五〇三号の論文。柳沢遊、岡部牧夫編『展望日本歴史・二〇・帝国主義と植民地』二〇〇一年・東京堂出版・一〇五〜一一四頁
(28) 小熊英二・『〈日本人〉の境界』一九九八年・新曜社・四〇八頁
(29) 陸軍幼年学校は、主として軍人の子弟を軍人にするための学校で、一三歳以上の少年を採用した。ここを卒業して陸軍士官学校に入ると、自分たちこそエリートであるとして、新たに中学（旧制）より入校して来た者を見下し、軽蔑していたという。
(30) 第五六期同期会『礎・第二集』二〇〇一年・非売品・八一頁
(31) 飯尾前掲『開聞岳』八九頁

（32）間庭充幸『日本的集団の社会学』一九九〇年・河出書房新社・四二頁

（33）逃亡したらどうなったかについては、次の詩が的確に表現している。この詩の作者は京土竜で、『竹矢来』というタイトルになっている。

――岡山県上房郡　五月の山村に　時ならぬエンジン音が谺《こだま》した　運転するのは憲兵下士官　サイドカーには憲兵大尉　行き先は村役場　威丈高に怒鳴る大尉の前に　村長と徴兵係が土下座していた「貴様ラッ！責任ヲドウ取ルカッ！」　老村長の額から首筋に脂汗が浮き　徴兵係は断末魔のように麻痺した　大尉は二人を案内に一軒の家に入った「川上総一ノ父親ハ貴様カ　コノ国賊メガッ！」　父にも母にも祖父にも　なんのことか解らなかった　やっと理解できた時　三人はその場に崩れた　総一は入隊後一ヶ月で脱走した　聯隊《れんたい》捜索の三日を過ぎ　事件は憲兵隊に移された　憲兵の捜査網は　二日目に彼を追い詰めた　断崖から身を躍らせて　総一は自殺した　勝ち誇った憲兵大尉が　全員を睨み回して怒鳴った「貴様ラ　ドウ始末シテ　天皇陛下ニオ詫ビスルカッ！」　不安気に覗き込む村人を　ジロッと睨んだ大尉が一喝した「貴様ラモ同罪ダ！」　戦慄は村中を突き抜けて走った　翌朝　青年団総出の作業が始まった　裏山から伐り出された孟宗竹で　家の周囲に竹矢来が組まれた　その外側に掛けられた大きな木札には　墨痕鮮やかに　〈国賊の家〉「あの子に罪ゃ無ぇ　兵隊にゃ向かん　優しい子に育ててしもた　ウチが悪かったんジャ」　母親の頬を涙が濡らした「わしゃ長生きし過ぎた　戦争せぇおこらにゃ　乙種の男まで　兵隊に取られるこたぁなかった」　日露戦争に参加した祖父が歎いた「これじゃ学校に行けんガナ」　当惑する弟の昭二に　母は答えられなかった「友達も迎えに来るケン」　父親が呻くように言った「お前にゃもう　学校も友達も無ぇ　ワシらにゃ　村も国も無うなった」　納得しない

昭二が竹矢来に近づいたとき　昨日までの親友が投げる石礫《いしつぶて》が飛んだ「国賊の子！」　女の先生が　顔を伏せて去った　村役場で歓待を受けていた大尉は　竹矢来の完成報告に満足した「ヨシ　帰ルゾ　オ前ラ田舎者ハ知ルマイカラ　オレガ書イテヤッタ　アトハ　本人ノ署名ダケジャ」　彼は一枚の便箋を渡して引き揚げた　大尉の残した便箋は　村長を蒼白な石像に変えた　石像は夜更けに　竹矢来を訪れた　三日後　一家の死が確認された　昭二少年の首には　母の愛の正絹の帯揚げ　梁《はり》に下がった　大人三人の中央には父親　大きく見開かれたままの彼の眼は　欄間に掛けられた　天皇・皇后の写真を凝視していた　足元に置かれた　便箋の遺書には「不忠ノ子ヲ育テマシタ罪　一家一族ノ死ヲ以ッテ　天皇陛下ニオ詫ビ申シ上ゲマス」　村長は戸籍謄本を焼却処分した　村には　不忠の非国民はいなかった

――

（竹矢来とは、竹を縦・横に組み合わせて作った囲いのこと。この詩の作者は京土竜で、立川飛行機（株）で軍用機の設計に従事した後、徴兵され「満州」に渡る。奇跡的に助かり、ハルピンで敗戦を迎え、帰国。この詩は実話に基づいているという。『戦争体験の継承・不戦の誓い・朝風』二〇〇六年一一、一二月合併号・朝風の会・谷田川和夫編集・七、八頁）より。

（34）蜷川壽惠『学徒出陣・戦争と青春』一九九八年・吉川弘文館・四九、五〇頁

（35）裵姈美・野木香里「特攻隊員とされた朝鮮人」『季刊戦争責任研究』五六・二〇〇七年夏季号・日本の戦争責任資料センター・七二頁

（36）裵姈美・酒井裕美・野木香里「朝鮮人特攻隊員に関する一考察」『視覚表彰と集合的記憶』森村敏己編集代表・二〇〇六年・旬報社

(37) 裵・野木前掲「特攻隊員とされた朝鮮人」七二頁。なお、この論文では次のような結論になっている。「崔貞根は四月二日に出撃し、通信不能な状況のなか生死不明となり、一ヶ月以上経って後も未だ不明とされていたが、その三週間後には田野本曹長によって『体当』が『認め』られたわけである。そもそも飛行六六戦隊は『沖縄附近敵輸送船攻撃』を任務としており、特攻隊として編成された戦隊でもなかったにもかかわらず、崔貞根は『特攻死』したとして二階級『特進』させられたのである」。

(38) 苗村七郎『陸軍最期の特攻基地――万世特攻隊員の遺書・遺影』一九九三年・民芸閣・四七頁

(39) 同前・五二六頁

(40) NTV・二〇〇八年八月三一日放映。「NNNドキュメント'08・アリラン特攻兵――日本と朝鮮半島の狭間で」

(41) 電波管理委員会『日本無線史・九・陸軍無線史』一九五一年・発行電波管理委員会・三四三〜三五五頁。なお、『日本無線史・一〇・海軍無線史』によると、「中央部に於いて(交信規程)を統一せず、各部隊の実施に放任した結果、次のような不都合が生じてきた。(一)当該部隊の通信以外は適用できないこと(二)他の部隊と聯合して作戦する場合には一々事前協議を必要としたこと(三)他の部隊の通信を傍受しても、発受信艦所が不明な場合が多いこと(四)搭乗及び地上通信員は転勤毎に新部隊の特定交信法に早く習熟する必要があり、(略)通信の円滑を欠くことが起こった」ことから、統一的な交信規程を中央にて制定するよう要請が強まったので、中央で検討したが、システムを切り替えるとなると一時的に通信の混乱をきたすことになるからと、慎重な態度がとられ、一九四五年一月に統一することに決まったが、実施に移らないまま敗戦を迎えた(一六二、一六四頁)。これはメカニックのことではなく、ソフトウエアの話だが、陸軍よりも進んでいたとされる海軍の通信でさえ、他の部隊とは交信できなかったと書いている。
(42) 防衛庁防衛研修所戦史室『戦史叢書――沖縄方面陸軍作戦』一九七〇年・朝雲新聞社・三〇頁
(43) 防衛庁防衛研修所戦史室前掲『戦史叢書――沖縄・台湾・硫黄島方面陸軍航空作戦』三二六頁
(44) 苗村前掲『陸軍最後の特攻基地』四五〇頁によると、高山昇は「背の高い偉丈夫で、杉谷中隊長より年長であった。満州から比島作戦に参加、そして戦力回復のために内地帰還という、文字通り、戦地帰りの荒武者の感があった。それから銚子、鉾田、所沢、黒磯、そして万世と、同じ将校室で整備の田辺少尉(注・坂井保一の旧姓)と四人が同室で起居を共にした。当時私も、三中隊の部下も、高山中尉が朝鮮出身であることは、戦後になって知らされるまで知らなかったが、非常に軍人精神旺盛な逞しい将校であった」としている。
(45) 冨永謙吾編『現代史資料・三九・太平洋戦争　五』一九七五年・みすず書房・六七二、六七三頁
(46) 同前・四三七頁
(47) 同前・三九五〜四二五頁
(48) 同前・四三六頁
(49) 同前・四八六、四八七頁
(50) 飛六六普第一〇六号「生死不明者死亡確認ニ関スル件伺」昭和二〇年七月一日によると、「分開後消息不明　死亡ノ確認ヲ得ザルモ　当時ノ状況ヲ総合シテ地域的時間的関係ヨリ戦死セルモノト認ム」となっている。この文書は防衛省防衛研究所史料室所蔵。

(51) 飯尾前掲『開聞岳』一〇六頁
(52) 苗村前掲『よろづよに』七六頁
(53) 苗村前掲『陸軍最後の特攻基地』五五頁
(54) 高木俊朗『知覧』一九六五年・朝日新聞社・一五六頁
(55) 飯尾前掲『開聞岳』二六〇頁

むすびにかえて

本書の目的は、特攻を戦争と切り離して美化するのではなく、戦争と一体のものとして評価すること、そして、朝鮮人特攻戦死者を日本に縛りつけ、いまだに囚われの状態にしている鎖を断つことにあった。そのために、史実とされていることを疑い、日本人の側が勝手につくり上げた朝鮮人特攻戦死者像を打ち砕こうとした。

この過程において、植民地支配の枠の中で、徹底した同化を強要されながらも、それに反発しつつ、しかし抵抗する手立てを持てずに、結局は「強制」の中に埋没せざるを得なかった人たちの苦悩の姿を見ることになった。また、特攻を行っていない可能性が極めて高いのに、「特攻をした英雄」とされている朝鮮人の存在も明らかになった。

朝鮮人特攻戦死者は、現時点においては、韓国側から受け入れを拒否されているが、そのことよりも重要なことは、旧宗主国である日本が、植民地支配を総括し、責任を明らかにしてこなかったために、一部の日本人が、戦前、戦中と同様に、他者を他者として認めず、「同じ日本人」として包摂することによって、彼らを辱めていることにある。

日本人と朝鮮人は同じでないのだから一緒にしてはならないし、加害者と被害者を同列に並べてはならない。


かかる日本人の行為は、日本において植民地主義が今もなお残存していることを示している。清算されることなく継続している植民地主義としては、他に、強制連行、強制労働、日本軍「慰安婦」など数多くの戦後補償問題。「文明の格差論」に基づく朝鮮民主主義人民共和国に対するバッシングと歴史的責任の未履行。靖国神社の無断合祀問題。在日コリアンに対する心と制度の差別などが社会問題として既に認知されている。

最後に、こうした全国的な問題として周知されてはいないが、本書のテーマである朝鮮人特攻戦死者と深いかかわりを持つ、「大東亜聖戦大碑」の無断刻銘問題に触れておきたい。


石川県金沢市にある「大東亜聖戦大碑」は、戦争を賛美し、民主主義を否定し、戦前への回帰を求める運動のシンボルにしようという計画のもとに建立された。これを時代錯誤と認識せず、宗教上の問題もないとする石川県は、都市公園内に碑の設置許可を与え、建立を認めた。建立後においても、元軍人や宗教家だけでなく、国・県・市会議員の一部が戦前回帰運動に参加しており、運動は孤立したものではない。

しかし、この碑が示す歴史認識に明確に反対の意思表示をする市民も存在する。意思表示をしないまでも、戦前に戻ろうという碑の主張に〝血のにおい〟を嗅ぎ取って、拒否反応を示す人も多いのだが、この碑が露骨に表現する植民地主義に対しては、双方とも、あまり反応を示さないのも事実である。

1・「大東亜聖戦大碑」

二〇〇〇年八月、石川県金沢市の中心部にある石川護国神社の参道に「大東亜聖戦大碑」なるものが建立された。高さ一二メートルのコンクリート製の塔の正面には、「日の丸」と「大東亜聖戦大碑」の文字が大きく刻まれ、その下には建立目的として、「大東亜／おほみいくさは／万世の／歴史を照らす／かがみなりけり」との文言が彫られている。裏側には「八紘為宇(1)」と、かつての戦争目的が、これまた大きく刻まれている。

日本全国には戦争の記念碑や慰霊碑など約三万のモニュメントがあるといわれており、戦後に建てられたものの多くは、戦争を否定する戦後民主主義の制約を受けて直接的な戦争賛美は避けられてきた。例えば、一九八六年、茨城県水戸市に建立された「大東亜戦争記念碑」は、建立趣旨を記した説明文には「聖戦」と書かれているが、正面の表記は「記念碑」とすることで、露骨な戦争賛美を避けている。

ところが、文字通り「聖戦」とストレートに謳う「大東亜聖戦大碑」は、そうした制約を突き抜け、先の戦争は「アジア解放のための聖戦」であったとして、戦争を正当化するのみならず、戦後民主主義を全否定して、天皇を中心とした国家体制に戻るよう求めている。

総工費一億円といわれるこの碑を建立したのは、地元、石川県の民族主義団体「日本をまもる会」を中心とする建立委員会で、建立の発意は一九九五年の「村山談話」への反発にあるという。この談話で述べられたアジアへの謝罪は、「亡国の謝罪」であり、許しがたい屈辱であるとする建立者たちは、このような謝罪が行われた原因は戦後民主主義にあるとした。

アメリカから押し付けられた民主主義こそ日本をおかしくした元凶であり、これを否定し、戦前のような一枚岩的社会に戻らなければならず、その回帰運動のシンボルにするために「大東亜聖戦大碑」は建立されたという。(2)

これは、過去に戻ればすべてうまくいくという「復古」の立場であるが、敗戦という形で一度破綻したシステムを復元し、かつてと同じように、戦争という手段を用いて、再びアジアを侵略しようと主張しているのと同じになる。

時代の変化に対応して社会の仕組みを変えていかなければ社会は破綻することから、こうした戦前のままの「戦争願望」は、現実的な意味も力も持たないように見えるが、領土問題などで他者との間で具体的な緊張関係が生じたときに、バネの役割を果たす可能性がある。また、多くの日本人が深層に抱えるマグマ（清算されていないナショナリズム）を刺激することも考えられ、侮ることはできない。

戦争を記念し、賛美する同様な碑の多くは、建立者自身が戦争に従事した人生を正当なものであると主張するためにモニュメントをつくり、つくることによって満足し、目的は達成できたとするのが通例だろう。ところが、この碑は戦前回帰運動のシンボルであることから、毎年、「聖戦祭」なるイベントが行われ、軍服姿の一団が行進し、神事とイデオロギーが合体した政教一致運動が続けられている。

この運動の喫緊の関心事は、運動の当事者である元軍人たちが高齢のために、近い将来、退場せざるを得なくなることで、これを補填するために若者の取り込みが図られている。その手段として、「大東亜青年塾」がつくられ、漫画家の小林よしのり等が青年に「聖戦」の意義を教えて、後継者が育成されている。

2・無断刻銘

「大東亜聖戦大碑」の下部の正面には、建立に関わった人物の名前が刻まれ、両側面と裏面には、賛同寄付者として個人六五〇余、団体二五〇余の名前がずらりと刻銘されている。この中に、台湾人の名前と並んで、八人の朝鮮人の名前がある。

団体刻銘の欄に、

卓庚鉉第五一振武隊。崔貞根飛行六六戦隊。金尚弼誠第三二飛行隊。朴東薫誠第四一飛行隊。

個人刻銘の欄に、

都鳳龍。李允範。李賢載。韓鼎実。

個人刻銘の、都鳳龍は在日コリアンであることが判明している。彼の場合は、刻銘のいきさつが不明なので除外するが、残りの七人はすべて特攻で死んだとされている人物である。

死者が賛同を申し出て、賛同金を支払うことは不可能なので、建立者が無断で名前を使ったのか、

団体刻銘

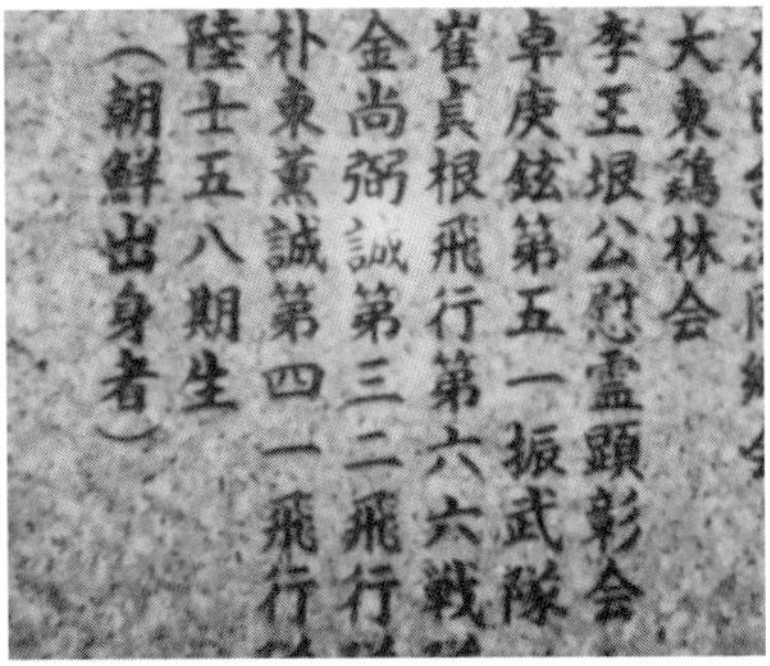

個人刻銘

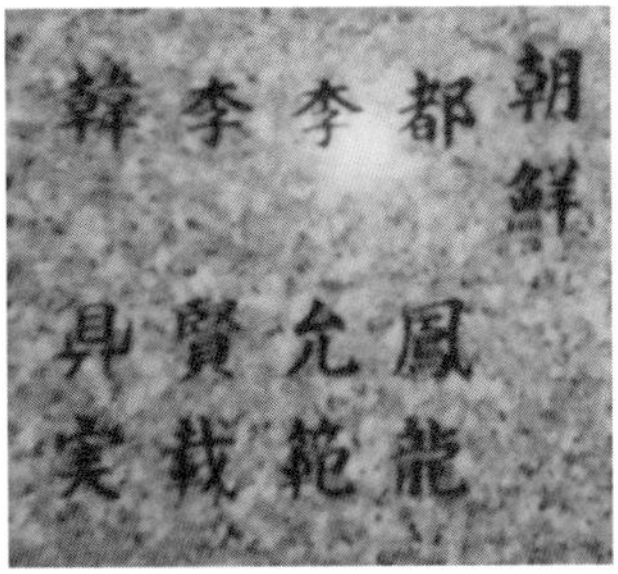

あるいは遺族が申し出たので刻銘したことになる。だが、先述したように、タクキョンヒョン（卓庚鉉）と、チェジョングン（崔貞根）の遺族は、「知らなかった」と明言していることから、少なくとも、この両者は遺族の承諾を得ず、無断で刻銘したことになる。

このことから明らかになるのは、文献などで遺族の存在が明らかになっている四人は、無断で刻銘したことが問題になる可能性があるので、個人名の下に部隊名をつけて団体のように装い、団体刻銘の欄に刻んだ。仮に、遺族から抗議されたとしても、部隊に関係のある人物が賛同を申し込み、「卓庚鉉第五一振武隊」と刻むように依頼したと、言い逃れできるようにするために。

もちろん、「卓庚鉉第五一振武隊」などという団体（部隊）は存在せず、卓庚鉉（光山文博）は第五一振武隊の一員にすぎなかった。しかし、「卓庚鉉第五一振武隊」とすることで、「アジア解放の聖戦」に「朝鮮人部隊」が参加したかのように見せることができた。既に述べたように、日本軍は集団的な反乱を恐れて朝鮮人だけの部隊をつくらなかったことから、こうした表記は史実を歪めた、歴史の偽造になる。

一方、個人刻銘欄の三人は、知覧の名簿などでは朝鮮出身の特攻戦死者となっているが、戦死の状況や遺族の存在など詳しいことは、ほとんど判っていない。だから、どこからもクレームが出ることはないと踏んで、個人欄に名前を刻んだのだろう。

この碑を見た人は、「李允範」「李賢載」「韓鼎実」が死者であることを知らないまま、「聖戦」と称する碑に、三人のコリアンが賛同していると思い込むことになる。

無断刻銘された七人の朝鮮人特攻戦死者の名前には、さらなる偽装が施されている。当時、朝鮮人は創氏改名により日本名を名乗らされており、本名を名乗ることは許されなかった。特に軍隊では。なのに、ここでは「崔貞根飛行第六六戦隊」と本名にして、一見して朝鮮人であることが判るようにしてある。「高山昇飛行第六六戦隊」では日本人部隊と見られてしまうので、「アジア解放の聖戦」に朝鮮人が参加したことを示唆するために、わざわざ本名を持ち出したことになる。

戦後、日本社会においては、戦時中の創氏改名は植民地支配のシンボルとされ、民族性を奪い、個人の尊厳を著しく傷つけるものであったことが認識され、日本名での表記はやめて、本名が使われるようになった。このことから、「大東亜聖戦大碑」において、本名を使用したことは妥当であるかのように見えるが、無断で名前を使っており、使うにあたり、歴史的な呼称である日本名では日本人に見られてしまうので利用価値はなく、一見して朝鮮人と判るようにするために本名を使ったものと判断できる。だから、利用のためのものでしかなく、朝鮮人の民族性を認めようとしたものではない。

名前の問題以外に、さらに大きな問題がある。個人刻銘の欄には四人の朝鮮人の名前が刻まれ、その横に「朝鮮」と刻まれているのだが、この「朝鮮」とはどこを指すのだろうか。大韓民国であるのなら「韓国」、朝鮮民主主義人民共和国であるのなら、その旨の表記をしなければならない。「朝鮮」とは、そのどちらでもない。

碑建立者は、先の戦争は「アジア解放のための聖戦」であったという。そうであるなら、真っ先に日本が植民地としていた朝鮮、台湾を解放しなければならなかった。だが、日本は最後まで植民地を手放さなかった。この事実だけでも「アジア解放論」は破綻し、「聖戦」の主張は日本人の自己正当化の論理にすぎないことになる。

しかし、碑建立者はこうした破綻を認めようとはせず、民主主義を否定し、戦前に戻れという。ということは、ここに刻まれた「朝鮮」や「台湾」とは、戦前、戦中の呼称であると理解しなければならないことになる。当時、朝鮮は日本の一部とされていたのだから、「朝鮮」という呼称が持つ意味は、「石川県」のような日本の一地方の呼び名と同じことになる。

これは主権国家である大韓民国や朝鮮民主主義人民共和国に対する最大の侮辱となり、そこに住む人々や、日本在住のコリアンを愚弄することになる。

日本は「白人侵略を追い出し黄色人種を救った救世主」であるのだから、「中、韓は我国に大感謝せよ」(3)と主張する碑建立者たちは、いまなお、朝鮮や台湾は日本の一地方であると考え、朝鮮人をどのように利用しようが勝手だと考えているのなら、それは個人の思想信条の領域を超え、外交問題となり、日本の国際的な信用が問われることになる。

3・チェチャングン（崔昌根）の怒り

チェジョングン（崔貞根）の弟、チェチャングン（崔昌根）は、二〇〇六年一一月、「大東亜聖戦大碑」に反対している市民グループ、「『聖戦大碑』撤去の会」[4]の招きで韓国から来日した。

金沢市の「大東亜聖戦大碑」に案内され、団体刻銘の中の兄の名前を見つけると、「兄は『天皇のために死ぬことは、できぬ』といっていたのだから、このような碑に名前を載せてはならない人物だ。それなのに『聖戦』のために死んだのだとされた。これは兄の名誉を著しく傷つける行為だ。兄のためにも、私のためにも、この息子のためにも絶対に許すことはできない」と怒った。

同行してきた彼の息子は、「韓国においては、日本の戦争は侵略戦争で、植民地支配は否定されるべきものであり、この時期を『不幸な過去』と考えるのが一般的だ。このような歴史認識と全く逆の碑に、一族の者の名前が無断で刻まれ、それが永久的に残るのかと思うと恐怖を感じる。例えば、将来、日本と韓国の関係が悪化した場合、韓国に住む私たちは、このような碑に親族の名前があることを理由に、『昔も今も日本に加担する一族だ』といわれかねない。そういう精神的な圧迫を想像してみてください、我慢できますか」と語った。

チェチャングン（崔昌根）は、遺族に無断で刻銘したのだから、当然のこととして兄、「崔貞根」の名前の削除を求めることができるはずだから、そのための法的な手続きをしようと、地元の弁護士

を訪ねた。事情を聞いた弁護士は、

（一）損害の立証

遺族の立場はよく判るが、問題になるのは、日本でどのような損害を受けたのかで、それを立証しなければならないという。遺族は韓国に住んでおり、そこで社会的な地位、名誉が脅かされるという損害の発生が予見できる。また、韓国人には到底受け入れることのできないものに名前を使われた精神的な苦痛は大きい。この原因をつくったのは日本における無断刻銘なので、原因を排除するよう求めるのは当然ではないかと質問すると、裁判は日本でやるのだから、あくまでも日本において、どのような損害が発生するのかを立証しなければならないという（遺族は韓国に住んでいるのだから、日本では具体的な損害は受けない。しかし、韓国で、ずっと恐怖に怯えなければならないことになる）。

（二）遺族の精神的苦痛

日本では、亡くなった親族のことを本や雑誌に虚偽の内容で書かれて、名誉が傷つけられたからと遺族によって、出版の差し止めや記事の削除を求める裁判が起こされるが、これと同じように、遺族の考えとは全く違うものに、名前を勝手に使われて名誉を毀損されたと訴えることはできないのか、と質問した。それは可能で、遺族が精神的な苦痛を味わったことに対する慰謝料の請求はできるという。

（三）無断刻銘の削除

それだけでなく、刻銘を削除しなければ遺族の恐怖は続くし、死者の名誉は回復されない。だから無断で刻銘された名前を碑から削り取るよう求めたいのだというと、無断刻銘という不法行為に対する差止請求ならびに原状回復要求は、本人でなければできないという。日本における伝統的な法理論では、死者は不法行為によって損害を受けないので人格権はないとされている。

本人は特攻をしていない可能性が極めて高いのに、特攻戦死したとされ、さらにこのような碑に名前を使われ、人格は大いに傷つけられている。本人は戦死してしまっているので、遺族が代わって人格権の回復要求ができないのかと聞くと、思慕、敬愛の情を傷つけられた遺族は、それに対する慰謝料の請求はできるが、それ以外の要求はできないと弁護士は答えた。

韓国人遺族として可能なことは、精神的苦痛に対する慰謝料の請求だけで、刻銘の削除の請求は不可能であるとの結論を聞いたチェチャングン（崔昌根）は、「金など要らない。求めるのは兄の名誉回復であり、韓国人である私たちの名誉を守ることだ」といい、大きく肩を落とした。すぐにでも訴訟代理人に関する委任状にサインをするつもりでいた彼は、怒りを抑え、帰途についた。

その後、複数の弁護士、法学者に意見を求めたが、同じような回答が繰り返された。その背景には、二つの裁判の影響があるように思えた。

二〇〇一年に提訴された「靖国合祀絶止要求訴訟」において、韓国人遺族らの原告は、「（親族）は日本の植民地支配下の強制動員で命を奪われたのに、侵略戦争の協力者として（靖国神社）にまつられた。意思に反する合祀は神道を信仰しない韓民族を侮辱する行為で、被害を受けた民族の人格権を侵害した」から合祀を取り消すよう求めた。しかし、二〇〇六年に東京地裁は、原告敗訴とし、民族的人格権の概念を認めなかった。

また、二〇〇九年には、遺族（日本人と台湾人）が、「意思に反して靖国神社に親族が祭られ続け、故人をしのぶ権利を侵害された」として、「祭神簿」などから氏名を消すよう求めた訴訟の判決で、大阪地裁は「遺族の主張する感情は不快や嫌悪の感情としかいえず、法的に保護するべき利益とは言えない」として、遺族の請求のすべてを棄却した。

靖国神社と「大東亜聖戦大碑」は同じイデオロギーを有しており、チェチャングン（崔昌根）の法的要求も、合祀の取り消しを求めるこの二つの裁判と似たような論旨になることから、弁護士らは裁判を起こしても敗訴は確実と判断したのだろう。


チェチャングン（崔昌根）の怒りを受けとめることとは、日本において、死者の人格を問い、死者を利用することの意味を問い、「死者の人格権」を確立するチャンスであった。また、日本が植民地支配した責任に向き合うためにも、やらなければならないことであったのだが、結局、訴訟を引き受けてくれる弁護士は現れなかった。

これでは、日本では死者の名前は勝手に使い放題だということになる。遺族がいても、金銭的要求しかできないのだから、わずかな慰謝料を支払う覚悟をすれば、死者の名前を、死者が生前どのように考えていたのかに関係なく、何にでも、悪意をもって使えることになる。日本は、永遠に死者を貶める国であり、遺族を悲しませる国だということになる。

靖国神社が旧植民地出身戦死者を無断で「祭神簿」等に載せ、合祀しているのと、「大東亜聖戦大碑」が朝鮮人特攻戦死者を賛同者として無断刻銘しているのとは、基本的に同じ行為といえよう。しかし、靖国合祀は第三者に明らかになるものではなく、閉じられた空間での行為であるが、「碑」への無断刻銘は、誰でも見ることができるところにあり、見せるためのものであった。「碑」を見た人は、「崔貞根」という外国人が、この「碑」に賛同しているとみなすことになり、衆目にさらされているという点においては、靖国合祀よりも悪質といえる。

崔貞根（高山昇）は植民地支配されていたために、日本軍の軍人になり戦死した。植民地支配がなかったら彼は日本軍に入ることはなかったし、死ぬこともなかっただろう。その意味では彼は植民地支配の被害者であり、支配者である日本に利用されて死んだことになる。

彼の死後、半世紀以上も経ってから、今度は日本の民族主義者たちが彼の名前を持ち出し、「アジア解放の聖戦」という自分たちのイデオロギーを補完するために、彼の名前を利用した。この二度にわたる利用は、自身も植民地統治を経験している弟、チェチャングン（崔昌根）にとって、はらわたが煮えくり返る思いであったであろう。だからこそ、自分しか兄の名誉を回復できる者はいないと考え、死者に代わって声を上げようとしたのだが、現在の、日本の法律では、彼の望むような名誉回復は不可能だという。

日本の植民地支配に起因するあらゆる事柄に対して、これを真摯に受け止め、事実関係を明らかにすることを手始めに、明らかになったことに対して、特別立法をして補償を行い、植民地支配した責任を果たさなければならない。それが未来を語る上での前提であると思うのだが、私たち日本人は、歴史から逃げ、現実から逃げることで、未来から逃げられようとしているのではないだろうか。

不可能といわれながらも、日本の法の壁と闘っている韓国人に、靖国合祀取り消し訴訟などを行っているイヒジャ（李熙子）がいる。彼女自身、遺族として、また太平洋戦争被害者補償推進協議会の代表として、敗訴しても、諦めずに控訴して、妥協することのない闘いを続けている。

キムギョンソク（金景錫）（不二越百年訴訟原告団団長）も忘れてはならない人である。二〇〇一年だったと思うが、会食の席で「大東亜聖戦大碑」の無断刻名が話題になったとき、彼は次のようにいった。

「今度、私が来日するときに、事前に連絡するから、コールタールを用意しておきなさい。私が、『大東亜聖戦大碑』の朝鮮人の名前をコールタールで黒く塗りつぶすから」

「そんなことをしたら器物破損で訴えられますよ」

「いいじゃないか、向こうから訴えてくれるのだから。受けて立てばよい」

「でも刑事事件になったら、行為の真意は伝わりませんよ」

「何もしなかったら、何も伝わらない」

「それもそうですが」

「日本人がやったら刑事事件になるだろうが、韓国人がやれば国際問題だ」

彼の目は愉快そうに笑っていた。

戦時中、日本鋼管の徴用工だったキムギョンソク（金景錫）は、太平洋戦争韓国人犠牲者遺族会会長として、不二越訴訟など幾つもの戦後補償裁判や靖国参拝違憲アジア訴訟を行っていた。裁判の中で彼は、植民地支配だけでなく、戦後の日本政府と日本社会の責任放棄にも怒っていた。そして、靖国神社の無断合祀や、「大東亜聖戦大碑」の無断刻銘に対して、「朝鮮人は死んでまでも辱めを受けている」と怒り、悲しんでいた。被害者を被害者と認めず、加害者と一緒に扱うことに異議を唱え、侵略戦争を行った張本人と同じところ（靖国神社や「聖戦大碑」）に押し込められている、朝鮮人戦争犠牲者とその遺族の苦痛を懸命に〝言論〟で訴えていた。彼は二〇〇六年に他界してしまった。


日本において、ようやく東アジア共同体構想が語られはじめ、近隣諸国との信頼関係がなければ、日本の安定と未来はないことが認識されようとしている。しかし、「大東亜聖戦大碑」が建つ国を、東アジアの人々が信用するだろうか。「平和」を語る衣の下に「刃」を隠しているのが見え見えでは、誰も信用はしないだろう。

「大東亜聖戦大碑」は今も、戦いを求める剣のように天に向かって建っている。今年も軍服姿の一団が碑の前を行進し、政教一致のセレモニーが行われるであろう。

このような「碑」が建ったのも、私たちが「過去清算」を怠ってきたからではないだろうか。

過去のあやまちを、きちんと清算しないかぎり、私たちは、他者に対して卑屈になるか、逆に、居丈高になって、孤立するしかないのだから、清算に向けた作業を早急に始めなければならない。

世界から孤立することなく、近隣の人々と同じ地平に立って、未来を語り合えるようになるために、必要不可欠な「過去清算」を、〝国〟がやらないのなら、〝個〟でやるしかないだろう。

各々が、各地で、各分野において、〝点〟を刻んで、それを繋げることができれば、新たな局面が生まれるであろうことを願いつつ、ここに小さな〝点〟を刻みたい。

二〇一〇年・「韓国併合」一〇〇年の年に。

山口　隆

註

（1）神武天皇が、大和を都にして大王に即位した際に「掩八紘而為宇」と述べたと『日本書紀』は書く。これに基づき、仏教家の田中智学が造語したのが「八紘一宇」で、「天下を征服して一つの家となす」という意味であった。これが「大東亜共栄圏」建設のスローガンとなり、これは勅命（天皇の命令）であることから、アジア太平洋戦争は「聖戦」であるとされた。しかし、これでは世界統一や侵略を意味すると解釈されかねないと、政府内から疑義が出され、一九四一年の日米開戦の頃より、原文に近い「八紘為宇」の表記が使われるようになった。その意味は「あまねく天皇の御稜威が行きわたり、天下が天皇を中心としてたてまつる一家のような楽しい姿になるやうに、という思し召し」だと説明された。

（長谷川亮一『「皇国史観」という問題』二〇〇八年・白澤社・一〇九〜一一三頁）

（2）「慶祝・大東亜聖戦大碑完成」大東亜聖戦大碑建立委員会、石川護国神社発行・二〇〇〇年八月四日発行によると、「終戦五〇年の年は国会決議、村山首相談話に見る通り祖国の真実と英霊を冒瀆する謝罪、反省の自虐亡者跳梁と謂うべき亡国狂乱の年でありました。（略）この亡国状態への反撃は百千万の口舌よりまず大碑建立をもって形象化すべきであると結論し、大東亜聖戦大碑の建立を誓ったのであります」とある。

なお、碑正面に刻まれている「大東亜／おほみいくさは／万世の／歴史を照らす／かがみなりけり」の意味は、「大東亜共栄圏を建設するための戦争は、天皇の戦争であり、いつの世までも、歴史を照らし出す、手本となるものである」と読むことができる。

（3）「日本をまもる天の声」二〇〇五年八月七日号・日本をまもる会発行

（4）「大東亜聖戦大碑」が建つ土地は石川護国神社の所有地であったが、付近一帯を石川県が借りて、長年、「本多の森公園」として管理し、税金を使って維持管理を行っていた。都市公園の中に碑を建てる場合は、都市公園法に基づき許可が必要であった。石川県は碑文の内容が政府見解と相反することを知りながら設置許可を出し、許可が下りる前に工事が開始されていたのを放置していた。こうしたことから二〇〇〇年に市民が集まって、「大東亜聖戦大碑の撤去を求め、戦争美化を許さない会」（「聖戦大碑」撤去の会）を結成して、石川県に対して、許可が下りる前に着工するという違法行為が行われたのだから、許可書の条文に基づき、許可を取り消し、原状回復させるよう要求した。すると県当局は、当該土地を都市公園から除外して、さらに土地の賃貸借契約を解除して、石川護国神社に返してしまった。

私有地に建つ私有物となってしまった「大東亜聖戦大碑」に対して、「聖戦大碑」撤去の会では、県の許可責任を追及しつつ、こうしたものを生み出した社会的な背景を考え、「聖戦」というイデオロギーを批判しようと、毎年八月に「撤去を求める全国集会」、二月に『紀元節』を考える市民集会」を開いて、言説での対抗を続けている。その中で、日本の「戦争責任」と「植民地支配責任」を問い、東アジアの市民の連帯を模索している。

「聖戦大碑」撤去の会――金沢市西念3－3－5フレンドパーク5階、石川平和運動センター内、「聖戦大碑」撤去の会。

「大東亜聖戦大碑」の所在地――金沢市石引4－18－1石川護国神社。

〈資料〉特攻戦死者とされる朝鮮人の名簿

（特攻戦死者である可能性を有する人を含む）

①生年月日　②戦死した日　③戦死の場所　④出生地　⑤出身学校　⑥所属（隊名）　⑦出身期　⑧階級　⑨特記事項

1・尹在雄《ユンチェウン》（松井秀雄）

①一九二四年　②一九四四年十一月二九日（二〇歳）　③フィリピン・レイテ湾　④不明　⑤開城商業　⑥靖国隊　⑦少飛一三期　⑧伍長→少尉　⑨朝鮮人特攻戦死者「第一号」とされ、御用新聞『毎日新報』で大きく取り上げられた（一九四四年一二月二日付社説「松井伍長に続こう」）。続いて松井家に総督慰問使が派遣されたこと、母校の校庭で告別式が開かれたことなどが報道された（A）。靖国合祀不明。

2・林長守（本名不明）

①一九二四年　②一九四四年一二月七日　③フィピン・オルモック湾　④大田　⑤不明　⑥勤皇隊　⑦少飛一二期⑧伍長→少尉　⑨遺族のもとに「大田徴兵翼賛会」が弔問しているように、一九四四年

九月から徴兵制により朝鮮人の入営が始まっていたことから、その状況を後押しするために、特攻戦死者を利用した(A)。山本隊長以下一〇名の隊員は富永中将自らの壮行・別盃の後、(略)山本機の通信員林長守伍長は、レイテ湾上空到着後に「我今より体当りす」と打電した後、通信は途絶した(『陸軍特別攻撃隊』モデルアート七月号臨時増刊四五一・一九九五年・モデルアート社・六一頁)。靖国合祀不明。

3・野山在旭(本名不明)
①不明 ②一九四五年一月三〇日(二一歳) ③フィリピン・ナスグブ沖 ④不明 ⑤不明 ⑥飛行一五戦隊 ⑦特別幹部候補生 ⑧不明 ⑨桝谷健夫編集『血戦特攻隊の記録』二〇〇〇年・ツバサ広業(株)発行によると、生年は一九二四年、所属は「海上挺進第一五戦隊」となっている。靖国合祀不明。

4・近藤行雄(本名不明)
①不明 ②一九四四年一一月一五日(不明) ③マニラ南部 ④不明 ⑤航空養成所一〇期 ⑥万朶隊 ⑦不明 ⑧伍長→不明 ⑨朝鮮生まれの近藤伍長は仲間から外れて一人でいるようなところがあった。万朶隊(陸軍最初の特攻隊)の最後に残った三機が飛び立った。空中集合しようとしたとき、大きな爆発が起きた。二機は空中集合を諦めて戻ったが、近藤機は戻らなかった。彼はフィリピンについてから気持ちに動揺が生じた。だから自分で爆弾の信管を外して覚悟を示した。それが爆発の惨

事を招いた（高木俊朗『陸軍特別攻撃隊上巻』三四八頁）。

近藤白英伍長は、離陸後、空中集合せずに自爆したのだが、自爆という二字に、私は強烈な意思を覗こうとさえした。勿論、彼は、特攻扱いされていなかった（飯尾憲士『開聞岳』一二九頁）。

朝鮮人「近藤白英」が発動機に故障を起こさせ特別攻撃を避けようとしたのではないかといわれている。「航軍恩第二八一号戦時死亡者生死不明者の件通牒」では本籍が東京になっているので、朝鮮人ではない可能性があり、遺族を捜して確認する必要がある（A）。靖国合祀不明。

5・岩本光守（本名不明）

①不明　②一九四五年三月二六日　③沖縄那覇沖　④不明　⑤不明　⑥独立飛行二三中隊　⑦航空養成所一二期　⑧軍曹→少尉　⑨七歳の頃に父親について日本に渡り、東京で小学校を卒業後、福岡を経て都城航空機乗員養成所へ入所した。一九四五年四月一三日付毎日新報が「先輩に続く半島神鷲岩本軍曹敵艦に必殺の攻撃」と報道（A）。在日朝鮮人である岩本光守が、なぜ朝鮮の新聞で讃えられたのかは不明。靖国合祀不明。

6・朴東薫《パクトンフン》（大河正明）

①一九二八年四月二一日　②一九四五年三月二九日（一八歳）　③沖縄本島洋上　④咸鏡南道　⑤興南工業　⑥誠四一飛行隊　⑦少飛一五期　⑧伍長→少尉　⑨第六章参照。靖国合祀。

7・河東繁《ハドンハン》（河東繁）
①一九二六年六月三〇日　②一九四五年四月一六日（一八歳）　③沖縄周辺洋上　④不明　⑤不明　⑥一〇六振武隊　⑦少飛一四期　⑧伍長→少尉　⑨靖国合祀不明。

8・李允範《イインボム》（平木義範）
①一九二一年又は一九二三年一二月二二日　②一九四五年四月二二日（二一歳又は二三歳）　③沖縄周辺洋上　④全羅南道　⑤不明　⑥八〇振武隊　⑦航空養成所五期　⑧曹長→少尉　⑨八〇振武隊の一人は基本飛行学校の教官、助教で編成され、練習機で特攻したといわれている（桐原久『特攻に散った朝鮮人』）。「留守名簿」によると父親の住所が熊本県八代郡になっていることから在日朝鮮人である可能性がある。靖国合祀不明。

9・朴正碩《パクジュンソク》（木村正碩）
①不明　②一九四五年四月二六日（不明）　③沖縄周辺洋上　④不明　⑤不明　⑥七七振武隊　⑦少飛一五期　⑧伍長→少尉　⑨靖国合祀不明。

10・卓庚鉉《タククキョンヒョン》（光山文博）
①一九二〇年一一月五日　②一九四五年五月一一日（二四歳）　③沖縄飛行場西　④慶尚南道　⑤京都薬学専門学校　⑥五一振武隊⑦特操一期　⑧少尉→大尉　⑨「留守名簿」によると父親の住所が京

都市五条区になっている。靖国合祀。

11・尹在文《ユンチェムン》（東局一文）

①一九二七年三月一〇日 ②一九四五年五月一一日（一八歳）③不明④慶尚南道 ⑤岩倉鉄道学校⑥誠一二〇飛行隊 ⑦少飛一五期 ⑧伍長↓少尉 ⑨知覧の名簿では日本人になっている。靖国合祀不明。

11・李賢載《イヒョンジェ》（広岡賢載）

①一九二六年八月四日 ②一九四五年五月二七日（一八歳）③沖縄周辺洋上 ④京畿道 ⑤不明⑥四三一振武隊 ⑦少飛一四期⑧伍長↓少尉 ⑨資料によっては名前が「李賢哉」となっている。金光永と行動をともにしていたといわれ、一九四五年五月一三日付毎日新報は「出撃を控えた半島〇〇二勇士念願は巨艦の撃沈」と報じている（A）。靖国合祀。

12・金光永《キムグァンヨン》（金田光永）

①一九二六年一〇月一二日 ②一九四五年五月二八日（一八歳） ③沖縄周辺洋上 ④忠清南道 ⑤不明 ⑥四三一振武隊 ⑦少飛一四期 ⑧伍長↓少尉 ⑨靖国合祀。

13・盧龍愚《ノヨンウ》（河田清治）

①一九二二年一二月一三日　②一九四五年五月二九日（二〇歳）　③静岡県御前崎上空　④水原郡松山面　⑤京城法律専門学校　⑥飛行第三戦隊　⑦特操一期　⑧少尉→大尉　⑨河田宏『内なる祖国へ——ある朝鮮人学徒兵の死』二〇〇五年・原書房において詳しく紹介されている。なお、一九四五年七月八日付毎日新報は「優等生に陸上選手、皇土防衛の花、法専出身の河田少尉」と讃えている（A）。靖国合祀不明。

14・石橋志郎（本名不明）
①不明　②一九四五年五月二九日（二七歳？）　③沖縄周辺洋上　④不明　⑤不明　⑥飛行二〇戦隊　⑦特操一期　⑧少尉→大尉　⑨朝鮮人であるとされているがその証拠はない。靖国合祀不明。

15・韓鼎実《ハンジョンシル》（清原鼎実）
①一九二五年四月一二日　②一九四五年六月六日（二〇歳）　③沖縄周辺洋上　④平安北道　⑤京城工業　⑥一一三振武隊　⑦少飛一五期⑧伍長→少尉　⑨一九四五年六月一二日に京城中央放送局から彼の肉声が放送された（A）。靖国合祀。

＊（A）は、裵姈美・酒井裕美・野木香里「朝鮮人特攻隊員に関する一考察」『視覚表象と集合的記憶』森村敏己編・二〇〇六年・旬報社からの引用。
＊ここに掲載した一五人全員が靖国神社に合祀されていると思われるが、確認できたものだけ「靖国合

祀」とし、確認できなかったものは「不明」とした。

＊本書で論じた崔貞根（高山昇）、金尚弼（結城尚弼）は、特攻戦死ではない可能性が極めて高いので除外してある。

参考文献

纐纈厚『私たちの戦争責任・「昭和」初期二〇年と「平成」期二〇年の歴史的考察』二〇〇九年・凱風社
金富子・中野敏男編著『歴史と責任・「慰安婦」問題と一九九〇年代』二〇〇八年・青弓社
森村敏己編『視覚表彰と集合的記憶・歴史、現在、戦争』一橋大学大学院社会学研究科先端課題研究叢書二・二〇〇六年・旬報社
小沢郁郎『つらい真実――虚構の特攻隊神話』一九八三年・同成社
森本忠夫『特攻――外道の統率と人間の条件』一九九二年・文藝春秋
高木俊朗『知覧』一九六五年・朝日新聞社
飯尾憲士『開聞岳――爆音とアリランの歌が消えてゆく』一九八五年・集英社
桐原久『特攻に散った朝鮮人・結城陸軍大尉「遺書の謎」』一九八八年・講談社
保阪正康『「特攻」と日本人』二〇〇五年・講談社
平凡社版『朝鮮を知る事典』一九八六年・平凡社

森山康平『図説特攻』二〇〇三年・河出書房新社
森史朗『特攻とは何か』二〇〇六年・文藝春秋
朴裕河『ナショナル・アイデンティティとジェンダー――漱石、文学、近代』二〇〇七年・クレイン
大貫恵美子『ねじまげられた桜――美意識と軍国主義』二〇〇三年・岩波書店
尹健次『孤絶の歴史意識――日本国家と日本人』一九九〇年・岩波書店
水野直樹『創氏改名――日本の朝鮮支配の中で』二〇〇八年・岩波書店
小熊英二『〈日本人〉の境界――沖縄・アイヌ・台湾・朝鮮支配から復帰運動まで』一九九八年・新曜社
半沢英一『雲の先の修羅――「坂の上の雲」批判』二〇〇九年・東信堂

山口隆（やまぐち・たかし）
著書に『4月29日の尹奉吉《ユンボンギル》――上海抗日戦争と韓国独立運動』（社会評論社）ほか。

他者の特攻――朝鮮人特攻兵の記憶・言説・実像

2010年11月20日　初版第1刷

著　者――山口隆
装　幀――後藤トシノブ
発行人――松田健二
発行所――株式会社 社会評論社
東京都文京区本郷2−3−10
☎ 03(3814)3861　FAX 03(3818)2808
http://www.shahyo.com
組　版――閏月社
印刷・製本――技秀堂

printed in Japan